獻給　朱堅章老師

自由主義、民族主義
與國家認同

江宜樺 著

揚智文化事業股份有限公司
1998 年

自序

　　政治哲學通常被視爲不食人間煙火的學術研究。當一個社會股票漲跌成爲午間新聞的頭條消息時，政治哲學家還在教室裡慢條斯理地講述柏拉圖爲什麼認爲城邦家戶數最好維持在五○四○；當街頭的汽車駕駛爲了找不到半個停車位而火冒三丈時，政治哲學家猶且在研究室裡閉目遙想盧梭所說的高貴野蠻人是如何漫步於自然狀態中的田野。現代人關心房價、治安、垃圾場、八卦新聞；政治哲學家滿腦子「本質」、「異化」、「預定論」、「辯証發展」。研究政治思想因此經常被看成是知識分子的一大奢侈 —— 是一種混雜著故紙堆、深度眼鏡與無所事事的奢侈。

　　這本書的寫作動機之一，是爲了改善政治哲學與政治哲學家乏善可陳的形象，使那些對哲學家輕蔑憐憫兼而有之的旁觀者稍微改變他們的觀感。讀者要判斷作者這個心願是否達成，必須到下面的章節裡去找答案。所有關於這個題目該說的話，筆者都已經盡其所能地表達在文字裡了。序言雖然排在一本書的前頭，其實眾人皆知它是作者耗盡力氣結束正文之後的餘勇。這個時候作者的心靈通常充滿著對天地萬物一體同仁的感激，再也沒有衝鋒陷陣的銳氣了。

　　筆者首先要感謝東吳大學黃默教授所帶領的研究小組。一九九五年初黃教授召集蔡英文、林芳玫以及筆者共同向國科會申請一個整合型研究計畫，題目是「台灣民主化過程中有關正義社會的省思」。黃教授負責環境保護與世代正義，英文兄負責自由主義與民族主義，芳玫負責女性主義，我負責自由主義與社群主義，子計劃名稱是「族群身分、文化歸屬與政治認同 —— 論當代西方社群主義對台灣社會認同問題的啓示」。在隨後不定期的討論中，我們四個人由生疏到熟稔，彼此的刺激、批評與鼓勵是筆者從事學術工作過程中極爲難得的愉快

經驗。筆者關於「國家認同」的大部分想法，可以說孕育於這個整合計畫的討論。爲此我不僅要感謝我的戰友，也要感謝俊宏、筱綺、美華、淑雯以及所有參與過討論的東吳同學。

在兩年多的醞釀過程中，筆者也受惠於中研院社科所諸多朋友的意見交流。郭秋永先生、張福建先生、蘇文流先生、蕭高彥先生、陳秀容小姐等不僅是筆者服務於社科所時的工作伙伴，也是一生中可以信賴、請益的好友。高彥兄尤其詳細閱讀過本書若干章節的初稿，並惠賜許多寶貴意見，值得再致謝忱。台灣大學政治系的先進同仁對筆者提攜照顧，使筆者得以安心從事研究與教學。筆者特別感謝包宗和主任，以及思賢兄、錦堂兄、玉山兄等在教學經驗上的協助與研究寫作上的鼓勵。本書部分文字曾以論文形式發表於學術期刊及研討會，張茂桂教授、吳乃德教授、劉義周教授、孫同文教授、梁崇民教授、李明輝教授等分別給予許多寶貴意見或資料上的協助，筆者銘感在心。

爲了準備寫作本書的文獻資料，筆者曾於一九九五年及一九九七年開授國家認同專題的研究所課程。選修這兩門課的同學對資料的閱讀分析與共同討論，使筆者受益匪淺。筆者無法一一列出他們的名字，只能藉此機會向他們表達謝意。我想正是教學確能相長，所以教育工作才會令人無怨無悔地投入。另外，我也要致萬分謝意於先後擔任過我研究助理的同學：楚陽、舜閔、長城、玟伶。他們的負責、踏實、積極、耐心是筆者所有作品得以問世的重要條件，筆者祝福其他研究人員也能有福氣遇到如此傑出的助理。

親人之間經常因爲關係特殊反而不知如何啓齒言謝，但我還是要感謝我的家人。我的父母從來不知道我教的東西與寫的東西是什麼，但是他們始終堅定支持我求學擇業。現在他們把關愛轉移到孫子與孫女，以另一種方式繼續了對兒媳的支持。我的岳母對她的女婿敬重愛

護有加，是筆者經營家庭生活的重要信心來源。愛妻淑珍從大學起就是我生命的重心，也是我大部分文字作品的最佳讀者與批評者。不過這一次當筆者如火如荼地趕寫著作時，她也正無眠無休地趕寫博士論文。祈求上天保佑我們的寫作出版工作能在下個月同時完成。對於家裡兩個調皮搗蛋的小傢伙我比較不知道說些什麼感謝的話 —— 也許他們的調皮搗蛋就是我最該感謝的吧？我愛他（她）們：文揚與采蘋。

　　本書第三章曾發表於《政治科學論叢》（第八期）；第四章有一半左右出自〈自由民主體制下的國家認同〉，那是發表於《台灣社會研究季刊》（第二十五期）的作品；第五章宣讀於中國政治學會一九九八年年會。另外有些零散文字取材自〈族群正義與國家認同〉、〈自由主義哲學傳統之回顧〉等等，不便贅述。大體上，第一、二、六章是幾近全新的寫作，其餘三章則是不同程度的改寫。最後筆者感謝載爵兄、國賢兄、孟樊兄在出版方面的建議與協助，以及揚智出版公司葉忠賢先生的慷慨幫忙。

江宜樺序於台大法學院

一九九八年二月二十日

目次

第一章　政治哲學與國家認同問題

一、從統獨爭議到國家認同之反省

　　「統獨問題」是一九八○年代中期以後台灣政治社會爭辯最激烈、影響最廣泛的問題。所謂「統獨問題」，爭議的是台灣究竟要不要明確宣告獨立、切斷與中國大陸的主權糾葛，還是應該以一個中國為原則，使台灣與大陸再度統一。這個問題原本不是一個容許公開討論的問題，因為在解嚴之前，執政當局所採行的乃是「反攻大陸、統一中國」的政策。主張台灣獨立的言論不僅不見容於傳播媒體及教育體制，而且觸犯刑法陰謀叛亂罪的規定。然而這個問題只是被壓抑，不是不存在。政治自由化的歷程展開之後，統獨問題正式浮上檯面。每一次重要公職選舉都有候選人主張台獨，也有人強烈反對台獨。而隨著選舉動員的普及與深化，整個社會日益陷入歇斯底里的狂熱 —— 父子因此齟齬，朋友因此成仇，人事任用先問統獨立場，教育傳習也無法迴避此「大是大非」的問題。有人因此感嘆自由化與民主化造成統獨爭議。其實開放黨禁、解除戒嚴、修正刑法一百條等，只是在形勢催迫下讓統獨問題逐步公開化的對應之道，它們不是造成統獨問題的原因。

　　統獨問題的緣起很難有一致的解釋。若干比較激進的獨派支持者認為，台灣人尋求獨立乃是遠從漢人移民時期就開始。而在另外一些堅持中國統一的人看來，台灣自始至終都沒有真正要求過獨立，所謂統獨問題只是少數政客為了爭取特定選票而炒作出來的虛幻議題。但是持平地看，「唐山過台灣」並不等於台灣人要建立一個獨立的國家；而統獨爭論也不是李登輝和民進黨「暗通款曲」才成為問題。客觀的歷史事實是自一八九五年清廷將台灣割讓給日本後

，台灣開始與中國大陸切斷政治統屬的關係。在日本殖民統治半世紀後，國民政府戰敗來台，又與中國大陸的共產黨政權形成隔海對峙之局。在長達一百年的歷史中，台灣與中國處於隔離而平行發展的情勢。兩地的政治制度、經濟生產方式、教育文化及社會生活均朝著截然不同的方向發展。儘管兩邊的政權都宣示「中國必將統一」，但是實質的隔離卻成為「統獨問題」之所以形成的最基本的社會條件。

　　如果只是長期生活經驗隔絕，最多只能說明台灣住民可能會想要營建一個屬於自己的國家，但是不能解釋為何「統獨爭議」與省籍分歧始終呈現高度對應的現象。至少到九〇年代為止，省籍差異幾乎是社會上預測一個人統獨立場的常識性指標。雖然這個指標曾經產生不少歪曲誤解，而且未來應該會越來越無意義，但「外省／本省」與「統一／獨立」的聯想卻的確發揮過族群政治動員的驚人力量。要進一步解釋「統獨問題」的這種特殊性格，大概不能不歸諸二二八事件的政治效應及其長期社會影響。

　　二二八事件的原因之一是當時隨國民政府軍隊來台的大陸民眾與先前定居的本省人在語言及生活習俗等方面發生無法溝通調適的問題。不同語言文化的人群原本容易彼此疑懼，若再加上政治制度或社會措施有人為的排擠、剝削，就可能引發廣泛的族群衝突。二二八事件之後，台灣本省精英自動或被動地與政治保持距離，而民間社會則長期存在著本省人／外省人的對立與猜忌，雖經過通婚與共同生活的融合，目前仍不能說毫無族群區隔的現象。就「統獨問題」來看，一九四九年湧入台灣的各種「外省人」原先確實期望不久就會回故鄉，而且他們也不會懷疑自己不是中國人，「國家統一」的目標相當明確。但是歷經一九四七年二二八事件的「本省人」及其後代，則比較沒有這種「中國必須統一」的使命，甚至可能還

有「永遠不當中國人」的悲憤之情。由於這段歷史在過去形同禁忌，而現在又常被誇大渲染，因此我們無法確定二二八事件對統獨問題的形成有多大影響。但是我們可以確定它是省籍衝突對立的重要源頭，而當省籍對立被朝野黨派利用為政治統治或選舉動員的組織原則後，就很難不跟「統獨抉擇」這個政治問題發生對應性的關聯。

　　統獨問題會成為這個時代的核心爭議，一方面與現實政治局勢的發展有關，另方面也與「國家認同」問題在政治理論領域中的地位有關。政治理論關照的層面包羅萬象，舉凡權力的爭奪與分配、貧富階級的鬥爭、正當性權威的建立、行政效率的提升、大眾參與的普及等等，都可以是學術研究的焦點。國家認同問題的重要性在於它牽涉到一個政治共同體的成員自我命名及自我瞭解的過程。由於「自我」如何界定常常是主體產生行動的先決條件或預設條件，因此許多人認為國家認同問題是政治共同體最「根本」的問題。譬如 Lucian Pye 等人就列舉「認同」、「正當性」、「政治參與」、「深入化」、及「分配」為大部分國家政治發展之必經挑戰，而「認同」與「正當性」則具有「危機序列」（Crises and Sequences）上之特殊地位，是一個共同體比較深層的結構性問題（Pye, 1971：102, 110）。

　　國家認同的建立雖然是結構性的工作，但是它會不會浮現成為政治共同體的主要危機，還要看特定社會的政治發展。原則上，對一個疆域明確、主權完整、歷史文化歸屬有相當共識的社會而言，國家認同是一個爭議不大的問題。但是對一個族群並立、文化歸屬歧異、領土主權範圍曖昧的政治體而言，國家認同就會成為極具爆炸性的問題。臺灣社會在過去四十幾年裏，由於思想言論的高度限制，凡是違反執政當局基本政綱的意理都遭到壓制，不得廣泛流通

與討論。這些年來言論尺度大幅開放，舉凡公共政策的得失，政府
體制的安排，以及統獨抉擇等問題，紛紛成爲朝野各界可以公開討
論、辯駁的議題。可是我們發現：在這些政治議題的討論中，有些
原來不必然隱含尖銳對立的事項 —— 如婚姻與繼承，大陸傭工的權
益，中央與地方政府組織架構的調整，以及公民投票是否可行 ——卻
都因爲牽涉國家認同立場之歧異，而演變成互不相讓，沒有妥協餘
地的問題。這個現象不僅印證了若干政治學者所言「認同」比「政
府體制」、「公共政策」等問題更具根本性的說法[1]，同時也說明了
「認同問題」對臺灣未來政治發展的關鍵性。

　　我們到目前一直交叉使用「統獨問題」與「國家認同問題」，
因爲這是社會上的習慣用法。但是統獨問題雖然可以籠統地說是國
家認同問題，事實上兩者之間仍有相當的差別。簡單地講，統獨問
題爭論的是台灣要不要明確宣告獨立、切斷與中國大陸的主權糾葛
，還是應該以一個中國爲原則，使台灣成爲中國的一部分。相對地
，國家認同問的是一個人「確認自己屬於那個國家，以及這個國家
究竟是怎樣一個國家」的心靈性活動。前者爲針對特定政治問題（
要統一還是要獨立？）的答覆，而後者則涉及「什麼是認同？爲什
麼要有認同？認同於什麼？」等抽象性、哲學性的思考。雖然討論
「台灣」的國家認同問題可能會影響一個人的統獨立場，但是兩者
的問題層次及問題意識有別。[2]本書所處理者爲「國家認同」問題，

---

[1]　參閱 Rustow（1967：35-38），胡佛（1987：27-28）。

[2]　目前台灣學術界通常混用「統獨問題」與「國家認同問題」，但也有少數
人認為兩者必須區分，如吳乃德即界定統獨立場為「國家選擇」的問題，
而「國家認同」指的是感情的依附和歸屬（1992：40-41）。筆者並不認
為「統獨」與「國家認同」的分割點是在「選擇」與「終極性的感情價值
」之分，因為正如吳乃德所說：國家的選擇可以根據「理性的現實利益考
慮」、「規範性的民主理念」或者「情感性的族群認同」，而國家認同也

亦即試圖分析一個人如何決定其國家歸屬、如何看待國家歸屬與私人生活秩序的關係。至於「統獨」問題，則將作為「台灣呈現其國家認同問題之特有形式」而被討論。

　　關於臺灣社會「國家認同」問題的研究，自從一九九三年《族群關係與國家認同》（張茂桂等著）一書出版之後，學術界的討論似乎找到了一個可以著力的焦點。雖然先前已陸續有人探討過相關的問題，但在此書付梓之後，國家認同的問題日漸成為社會學者、民族學者、政治學者、歷史學者、乃至經濟學者與文學研究者共同關懷的焦點。不同學術背景的研究人員分別從族群政治、投票行為、臺灣史溯源、經濟結構與成本效益分析、以及語言政策等等角度，對同一個核心問題提出不同面向的觀察。這些研究時而涉及某些基本的政治理念（如自由憲政、民族主義、多元文化、族群認同等），但基於學科特性又往往未深入探討這些理念或意識形態與國家認同問題的關係。筆者不揣簡陋，希望從政治哲學的角度出發，把這些概念兜攏起來，重新對國家認同問題提供一些觀念上的釐清與反省。因此本書的目的不在取代學術界各種研究國家認同問題的論述，而是要嘗試對同一個問題進行哲學性的思考，以與目前其他各種論述互補參照，增進我們對此一重大政治爭議的瞭解。

二、國家認同的基本定義

　　從政治哲學的觀點來看，國家認同所牽涉的基本議題至少有如

「不可避免地會受到現實條件的影響」（1992：42-43）。因此事實上「現實考慮」與「感情價值」都是統獨及國家認同的構成基礎，並不能用來區辨兩者。另外，劉義周也區分「統獨立場」與「國家認同」（1998），其詳細分析見本書第六章第五節。

下幾項：（一）什麼是國家認同？（二）爲什麼要有國家認同？（三）國家認同如何形成？（四）國家認同和其他集體認同有何關係？（五）國家認同可否改變？爲什麼可以（或不可以）改變？這些問題都沒有單一的答案，而且正因爲沒有單一的答案，所以才會形成不同的思考國家認同問題的方式。本書從第二章以下，將逐一檢討各種政治哲學理論對上述五個問題的回答，但是在進行詳細的分析之前，我們可以先對這五個問題的意義稍加鋪陳。

首先是關於「國家認同」這個概念的意義。爲了清晰起見，我們不妨先把這個詞彙拆解成「國家」及「認同」兩個部分來談。

「國家」本身是一個複雜的概念。通常我們用「國家」指涉一切治權獨立的政治共同體，因此它可以籠統地包括希臘「城邦」、羅馬「帝國」、近代「民族國家」、東方的「專制王朝」、以及非洲的「部落」等等。每一個統治權大致完整，對內足以號令成員、對外足以抵禦侵犯的政治實體，即爲國家。這個廣義的「國家」相當於英文裏的 body politic（政治實體）、political community（政治共同體）或 polity（政治體）。它不僅僅指涉近代興起的「民族國家」（nation state），也可以泛指民族國家出現前的各種政治共同體（Forsyth, 1987：503-506）。

但是，「國家」也有一個比較狹義的用法，就是專門用來形容近代以後才出現的「民族國家」（nation state）。當「國家」意指「民族國家」之時，它同時表達了「治權獨立」的政治性格以及「民族統一」的族群文化意涵。以狹義方式使用「國家」一詞的人認爲，古代及中世紀的政治組織型態並未具備「民族」（nation）的特色，同時它們也欠缺實質上「壟斷武力使用之正當性」（the legitimate monopoly of physical force）。只有十六世紀左右萌芽的西方民族國家，以及隨後全世界模仿此種典則而建立的新興國家，才是真正的

國家。

　　本書所討論的「國家認同」，其中「國家」一詞乃是上述廣義
的國家，也就是「政治共同體」。筆者之所以做此區辨，部分原因
是爲了克服一個中文用語與英文翻譯上的困境。中文的「國家認同
」，其英文的對等用語是 national identity。可是英文的 nation 不僅指
涉中文的「國家」（即英文的同義詞 state, country, commonwealth）
，也可以指涉「民族」（即英文的同義詞 people, tribe, nationality）
，而當一個「民族」以追求獨立自治、建立「國家」爲政治目標時
，nation 亦可被理解成「國族」或「族國」（即 nation state 或 national
state）。因此當我們看到 national identity 時，我們不確定原作者談
的是單純的「國家認同」、「民族認同」，還是兼有二義的「國族
認同」。這個區別對本書的討論是重要的，因爲在目前學術界關於
nationalism 的討論中，由於許多人認爲「民族」本身是一個十足政治
性的建構，與國家的起源不能畫分，因此 nationalism 只宜翻譯成「
國族主義」，以表彰「國族打造」（nation-building）過程中政治因
素與族群因素互爲表裏的特質。對支持台灣獨立運動的人而言，「
國族」點明了現階段建立「台灣共和國」與形塑「台灣民族主義」
必須雙管齊下的綱領。而對於批判台獨運動的人，「國族」一詞也
正可以指出「台灣民族」概念的虛僞性，因爲這是依附於台獨建國
運動而創造出來的。然而這兩種立場都不太顧及字詞本身的歧義性
以及「族」「國」分離的可能。

　　事實上，民族不必然是帶有建國意圖的集體人群（赫德的德意
志民族主義基本上是文化性質的，希伯來民族有一段很長的時間也
不積極考慮復國建國），而國家也不必然預設民族基礎的統一性（
如澳洲、紐西蘭、加拿大）。所謂「民族國家」（或「族國」、「
國族」）只是「文化族群」與「政治共同體」相互組合的眾多可能

情形之一，不是唯一的可能。就理論上講，民族所代表的族群單元
與國家所代表的政治單元可以有四種不同的組合：（1）單一民族國
家（nation state），（2）多民族國家（multi-national state），（3）
同一民族成立不同國家（one nation, many states），以及（4）眾多
的多民族國家。在西方的歷史經驗中，希臘城邦是「同一民族，不
同（城市）國家」的典範，羅馬帝國、鄂圖曼土耳其帝國、亞歷山
大帝國是「多民族國家」的格局，近代英、法、德、義等國號稱是
「單一民族國家」，其實她們（與後來世界上陸續成立的國家）都
是（眾多的）「多民族國家」。把 nationalism 翻譯成「國族主義」
，是刻意壓縮我們理解歷史經驗以及尋找國家認同出路的空間，讓
我們只能在「一個國家、一個民族」和「國家創造民族」的論述中
打轉，這是十分不妥的。除非我們假定國家必須為民族國家（即 nation
state）——這個假定是筆者反對的——否則以「國族」表達 nation
勢必會使得國家認同的討論陷入死胡同。因此為了確保概念上之細
微區別，我將儘量使用中文思考這個問題，而「國族」一詞則只對
傳達若干英文著作之原意有效，在本書中屬於特定的用語。

其次，我們要看「認同」（identity）有什麼意義。按照我們日
常用語及學術討論情形來分，「認同」似乎指涉三種不盡相同的涵
義。第一種意義是「同一、等同」（oneness、sameness）。當洛克
（John Locke）在《人類理解論》討論到「同一性」（identity）問題
時，他說：「我們如果把一種事物在某個時間和地點存在的情形，
與它在另一個時地的存在情形加以比較，就會形成同一性（identity
）和差異性（diversity）」的觀念。……一個事物不能有兩個存在起
點，兩個事物亦不能有一個起點。……因此，凡具有一個發端的東
西，就是同一個東西；而發端於不同時間地點的東西，就與此東西
不相同，而是相異的」（1975：328）。以「同一」界定「認同」，

要出現在哲學問題的討論。不過政治學中也不乏這種使用法,譬如亞里斯多德(Aristotle)就很關心一個城邦如果發生了政體上的變動,或是人口的遷移等等,該城邦能不能稱爲同一個城邦,而與先前存在的城邦具有「同一性」?他說:

> 城邦本來是一種社會組織,若干公民集合在一個政治團體以內,就成為一個城邦,那麼,倘使這裡的政治制度發生了變化,已經轉變為另一品種的制度,這個城邦也就不再是同一城邦。以戲劇為喻,一班優伶(合唱隊)一會兒扮演著悲劇的角色,合唱了一齣慷慨淒涼的哀歌,隔一會卻又改為喜劇人物而登場,合唱一齣輕鬆愉快的樂曲。優伶雖還是原班的優伶,這兩齣戲劇總不是同一的戲劇了。合唱隊這一譬喻,對于一切其他團體,以及一切組合事物都是適用的;凡組合的方式(體制)相異的,就成為不同的組合物。同樣一些音符,或編配為杜里調,或編配為萳呂季調,就成了兩種不同的樂調。由此說來,決定城邦的同異的,主要地應當是政制的同異。〔種族的同異不足為準;〕無論這個城市還用原名或已另題新名,無論其人民仍然是舊族或已完全換了種姓,這些都沒有關係,凡政制相承而沒有變動的,我們就可以說這是同一城邦,凡政制業已更易,我們就說這是另一城邦(*Politics*, 1276b2 - 14)。

因此,「認同」可以意味著「同一」,是指某種事物與另一時地之另一事物爲相同事物的現象。雖然在中文的日常用法裏,我們很少以「認同」指涉「同一」,可是這層含意在特定情況下是存在的。[3]

---

3 關於「國家認同」的「認同」究竟與洛克等所講的「同一性」有無關聯,參閱 Jonathan Rée 與 Ross Poole 的辯論(Rée, 1992:8-9;Poole, 1992:15-17)。筆者同意 Poole 所說,Rée 對洛克的「同一性」証成方式稍有曲解,但是我並不認為「認同」與「同一性」完全沒有關聯。

　　「認同」的第二個意義是「確認、歸屬」（identification, belongingness）。「確認」是指一個存在物經由辨識自己的特徵，從而知道自己與他物的不同，肯定了自己的個體性。「歸屬」是指一個存在物經由辨識自己與他物之共同特徵，從而知道自己的同類何在，肯定了自己的群體性。這兩個貌似相反的辨識途徑其實是相輔相成、缺一不可。因為世界上沒有任何一個事物是完全獨一無二、自成一類。同時也沒有任何事物不是與同類分別存在，否則它們必然被視為一體，而非各自具有個體性的存在。因此我們可以講，認同就是「指認出自己的特色、確定自己屬於那一種類屬、不屬於那一種類屬的活動」。《牛津英文字典》中定義 identity 的含意，除了上述「同一、等同」之外，也提到這個「確認、歸屬」的用法：「（認同是指）歸屬或相關於個體同一性之意，好比『認同危機』（identity crisis）一詞，是指一個成長過程中的人，在建立他跟同伴與社會的關係時，所經歷的不同程度之煎熬」。目前我們討論的國家認同、族群認同等等，主要都是這個意義下的認同問題。

　　「認同」的第三種意義是「贊同、同意」（approval, agreement）。這層含意似乎不是英文 identity 所具有的字義，而純然是中文日常對話創造出來的慣用語。當一個人說：「我十分認同您的想法」，他的意思是「贊同」您的想法。或者當一個人說：「我認同的不是他這個人，而是他堅持真理越辨越明的立場」。這時「認同」也是「贊同、支持」的意義。這個用法雖然有點突兀，但不是毫無根據。因為「贊同」還是與「同一」有關，是指一個主體某個意見與另一個主體的某一意見或表現吻合，因此縱然兩個主體並非同一個存在物，也未必歸屬於同類，卻出現偶然性的會通。通常這個用法表達出相當明顯的「主觀意志」，使「認同」帶有一種「意志選擇」的色彩（「我願意贊同、我願意支持」），與前述兩種意義偏向

「客觀辨識」的情形有別。許多人認為「認同」若為某種「確認、歸屬」，那就不應該包括這個「主觀意志選擇」的層面。但是我們不能否認「認同」確實有其主觀選擇（亦即「贊同與否」）的含意，譬如「政黨認同」，講的就是一個人自認為支持那一個政黨，贊同那一個政黨的黨綱或政策。我們總不能說一個人只能辨識他自己屬於那一個政黨，而不能選擇那一個政黨吧？

　　「認同」既然有如上三種含意，則「國家認同」自然也可能有三種不盡相同的用法。「國家認同」的第一種用法是表示「一個政治共同體與先前存在的政治共同體是同一個政治共同體」，也就是指涉一個國家的延續性與同一性問題。使用這種意義時，我們是以一個國家為完整單位，判斷這個國家的本質是否維持不變。目前台灣社會所泛稱的「國家認同危機」，其中一個意義就是爭論「在台灣的中華民國還能不能代表中國？」以及「中華民國如果改名為台灣，是否還是同一個國家？」上述亞里斯多德針對城邦同一性的討論與此現實問題息息相關，只不過我們未必完全採用亞里斯多德的判準。[4]「國家認同」的第二個意義表示「一個人確認自己歸屬於那一個政治共同體，並且指認出這個共同體的特徵」。這是目前我們使用「國家認同」一詞的主要意義，在此用法下，產生認同危機的不是國家本身，而是個別的國民。每一個人被迫回答「我究竟是中國人還是台灣人？我究竟屬於台澎金馬所構成的國度還是整個秋海棠所構成的國度？」由於許多思考這個問題的人陷入兩難的矛盾，以及回答問題的人呈現集團性的分裂現象，因此形成了我們通稱的

---

[4] 如果根據亞里斯多德的判準，則滿清中國經過革命變動成為中華民國後，就不是同一個中國了（因為政體已由君主專制變成民主共和）。而中華民國如果改變名稱為台灣共和國，則反而仍算同一個國家（因為政體不變）。亞里斯多德的判準有許多值得反省的地方，但此處無法討論這些細節。

國家認同危機。第三，國家認同還可以指涉「一個人表達自己對所欲歸屬的政治共同體有何期待」，也就是說「一個人究竟贊同那一個國家？願意支持那一個國家？」這是呼應主觀意志選擇的認同含意。在現實中，這種情緒表現為「我贊成獨立？還是贊成統一？」，「我支持自由民主體制？還是支持社會主義制度？」有人認為國家認同應該完全是情感的歸屬，不能有這種理性或現實的考慮。但是如果我們上面的分析無誤，一個人確實可以用「表達支持與否」來反映他的國家認同意向。

綜合起來看，國家認同可以有三種不盡相同的意義：（1）政治共同體本身的同一性，（2）一個人認為自己歸屬於那一個政治共同體的辨識活動，（3）一個人對自己所屬的政治共同體的期待，或甚至對所欲歸屬的政治共同體的選擇。第一個問題牽涉到許多關於共同體過去歷史發展的詮釋，不是本書討論的重點。第二個問題與第三個問題合起來，涉及許多政治判斷與哲學思考的反省，是本書所要探究的主題。為了精簡，筆者姑且定義國家認同為「一個人確認自己屬於那個國家，以及這個國家究竟是怎樣一個國家」的心靈性活動。在這個基本定義上，我們可以進而探討另外一些相關的問題。

三、國家認同的相關問題

我們分析了國家認同概念本身的意義之後，可以進一步鋪陳其他四個相關的問題，首先我們考慮的是「為什麼要有國家認同？」

如前所述，「認同」（identity）一詞指的是一個主體如何確認自己在時間空間上的存在。這個自我認識、自我肯定的過程涉及的不只是自我對一己的主觀瞭解，也滲雜了他人對此一主體之存在樣

態是否有同樣或類似的認識。也就是說，主體性（subjectivity）之證成必須透過其他主體對自己的承認與肯定。因此每個主體與其他主體都必然發生一種「互為主體性」（intersubjectivity）的現象。同理，一個人要形成充分的自我認同（self-identity），必須透過許多具有類似「認同追求」的他者來一起證立。這種活動包括性別上的認同（我是男性還是女性還是雙性傾向），家族關係上的認同（我是誰的子女、誰的兄弟或姐妹），社會階層或階級上的認同（我是中產階級還是被剝削的勞工），以及宗教信仰方面的認同（我是基督徒或是佛教徒或無神論者）等等。一個人對他（或她）在自己所著落的時空脈絡中越是有清楚的指認，就越能回答「我是誰？」這樣一個既簡單又複雜的問題。雖然在目前流行的哲學派別中，有些人刻意要否定這個問題的存在意義以及傳統上回答這個問題的方式，但是對絕大部分的個體而言，自我認同的追尋與建立仍是一個具有存在意義的過程。

「國家認同」就像其他認同一樣，是個體在回答「我是誰？」的問題時，一個具有重大意義的層面。對於一個世界主義者或烏托邦無政府主義者而言，這個層面並不是他（她）在意的部份。但是同樣的，真正具有世界公民或無政府主義心態者仍是極少數，大部分的人需要知道自己從屬於哪一個國家或認同於哪一個國家，就像他們也想要確認自己的性別、家庭、宗教、階級一樣。這是為什麼人會探尋國家認同的原因。在若干理論家的心目中，國家認同是所有集體認同中最重要的一面，因為沒有了國家就像斷了根的蘭花，再怎麼燦爛也迅即枯萎。但是也有人認為這種強烈全體主義式的說法不值得採信，因為國家應該只是個體所從屬的諸多集體之一，不見得具備道德上的優越性。無論如何，除非我們否定集體生活對人類的意義，否則國家認同就有它對個體完成自我認同的作用，雖然

這個作用是大是小將會因人而異。

　　其次，我們要反省「國家認同如何形成」的問題。這個問題相當複雜，因爲它至少又牽涉到三個更細膩的問題：（1）國家認同之所以爲一種「認同」的「同一性基礎」有何特質？（2）個別公民產生國家認同時，其所認同的標的是什麼？（3）認同的形成究竟是回溯性的記憶歸屬作用大，還是前瞻性的意志凝聚作用大？

　　我們先從第一個子題談起。當一群人認爲他們具備某種共同的聯結基礎時，這個「共同基礎」是如何爲他們所「共」？一個比較通俗的講法是：他們各自具備某種（或某些）共同特徵──譬如血緣、體貌、膚色、語言、宗教信仰或習俗風尙。這些特徵使他們辨識出彼此的相似性以及他們與「外人」的差異性，從而凝聚了他們的一體感。但是，還有另外一種「共同基礎」並不是這樣產生。人群有時候並不「分別具有某一共同特徵」，而是透過與他人「共享」某一公共空間或人際關係而形成了一體感。這個時候，他們並不「擁有」或「占有」什麼與別人相同的東西，而是因爲行爲互動或相互期待而聯結在一起。Bhikhu Parekh 認爲這種現象學式的「共享」經驗與占有式的分享大異其趣，他說：「（政治共同體）是一種成員們集體分享的公共建制。他們分享這個共同體的方式不像我們分享一塊蛋糕，而是像我們共享街道、公園、或政府機構等等。所謂『共同』並不是像人人『共同』都有兩隻眼睛，而比較像圍著桌子的人『共同』坐在桌子四周。因此政治共同體的認同〔或同一〕是在於它的成員集體地（而非個別地）、公開地（而非私下地）分享某些事物，而同時又帶有一種建制性的含意」（1994：501-502）。Parekh 本人比較欣賞後面這種「認同」的「共同」方式，因爲他認爲尋找「共同特徵」容易導致強調族群或文化性的元素，使國家認同變成排除「異類」、鞏固主體族群優勢的手段。當然這種強調

「公共空間」而非「共同特質」的路數不見得沒有其內在困境，學者們關於此一問題的討論正是本書的重點之一，我們在第四章會詳細說明。

第二個子題是問「個別公民產生國家認同時，其所認同的標的是什麼？」事實上，國家認同在本質上是一個多面向的概念（multi-dimensional concept）。亦即：當我們講到國家認同一詞時，有人聯想到的是「流著同樣血液」的血緣或宗族族群，有人則著重「親不親，故鄉人」的鄉土歷史感情，另有人則會強調主權政府之下的公民權利義務關係。國家對不同的國民來講，可能是「族群國家」，也可能是「文化國家」或「政治國家」。這三個層面通常匯合在一起，但可能以某一層面爲主要依據，再輔之以其他層面的支持。從這個角度來看，我們就可以瞭解個別的公民之所以認同一個國家，是因爲他（或她）找到了認同的標的。這些標的大致可以分成三類，即「族群血緣關係」、「歷史文化傳統」與「政治社會經濟體制」。因此，國家認同乃可以（在概念上）化約成三個主要層面來討論 ——「族群認同」、「文化認同」與「制度認同」。

「族群認同」指的是一個人由於客觀的血緣連帶或主觀認定的族裔身分而對特定族群產生的一體感，譬如猶太人在千年流離中，靠的就是族群認同（以及文化認同）來維繫某種共同體的存在。中國的僑民移居美洲大陸，有許多人仍自命爲中國人，或甚至要求下一代不能數典忘祖，根據的主要也是族群認同。當然這種認同的客觀基礎有時很薄弱（你怎麼知道某人身上的血跟你同出一源？），但是族群一體感可以被「想像力」創造出來，而這種情形之所以可能，主要還得借助文化認同的力量。

「文化認同」指的是一群人由於分享了共同的歷史傳統、習俗規範以及無數的集體記憶，從而形成對某一共同體的歸屬感。在東

西文明中，只要歷史綿亙久遠的國度都有很強的文化認同，如中國、日本、英國、埃及等等。相較於族群認同所強調的血緣關係，文化認同通常是依附於一塊範圍固定的土地而發展開來。在祖先所開墾居息過的地方，後代子孫繼續經營生活，久而久之自然形成種種禮俗、慶典、文學、歌謠與行爲規範。即使當個別成員遠離故土，仍然不易忘懷此自幼深受薰陶的文化記憶。但是，由於集體的歷史記憶在一定程度內是可以主觀建構或重新建構，因此文化認同有時也會面臨變遷或割裂的局面。臺灣社會在五〇年代至八〇年代國家認同中的文化層面主要爲中國文化認同所主導，可是九〇年代以後另外一股建構臺灣文化認同的力量急速興起，就使得整個社會的文化認同出現割裂，其劇烈之程度連帶地影響了政治認同的形成。

「制度認同」指的是一個人基於對特定的政治、經濟、社會制度有所肯定所產生的政治性認同。如果說文明古國靠的是文化認同來維持成員對該共同體的歸屬，那麼比較沒有文化傳統的新興國家，可能就得靠合理良善的制度凝聚國民的向心力了。我們可以舉美國與新加坡爲例，一般的美國公民由於族裔背景歧異，不易形成深厚的共同文化傳統，因此美國政府必須以良善的政經制度與合理的社會生活來維繫公民的愛國心。新加坡在文化傳承上的地位是中國及馬來西亞的邊陲，但國家整體表現令世人敬重，不能不歸功於制度上的不斷改良精進。在一個自由開放的國家，移民進出的比例最足以說明該共同體的制度因素在其國家認同中發揮的作用。許多第三世界的人民移居美國、加拿大，歸化爲這兩國的公民，促使他們這麼做的不是出自族群或文化的動機，而是政治經濟社會制度的吸引力。

不同思考理路，不同個性癖好的人自然會有不同的國家認同形成方式。一個比較相信種族差異的重要性，認爲不同膚色、毛髮、

體型先天就決定了智力高下或心靈取向的人，可能會認為「我的國家應該儘量只由相同種族的人組成，否則我無法辨識我的國家與別國有什麼不同，也無法產生手足同胞的自然情感」。一個願意超越自然屬性而欣賞文化建構的人，則也許不在意其他同胞是否看起來像個外國人，但是會在意別人是否分享了自己欣賞崇拜的語言宗教、歌謠禮俗或民族偉人等等。這是以文化認同為國家認同主要基礎的表現。另外，可能也有人只管國家是否在政治制度、經濟社會政策方面提供一套保障生活幸福平安的措施。只要這些方面做得好，他就願意認同這個國家，否則就不喜歡這個國家或甚至遠走他國。這些考慮指出了國家認同的內在多樣性，使政治哲學家不得不斟酌各種思想方式的優點與缺點。如何公平地看待這些成分，並找尋一個合理的結合方案，是本書主要關注所在。

「國家認同產生方式」的第三個子題是「國家認同究竟是形成於回溯歷史，還是著眼未來？」這個問題曾被 Ernest Renan 以流利的論述分析過。Renan 說：「國家之所以能形成，是因眾人具有許多共同點，也同時遺忘了許多往事」。認同與過去的歷史記憶有關，幾乎是談論認同問題的常識。我們在上面提到不管理解成「同一性」或「確認、歸屬」，認同必須指涉一組已然存在的特徵、性質或關係。就是由於要辨識這些特質是否延續不變，才有認同的「同一性」意義；也是由於要確認個體是否與他人具有若干相同的特質，才有認同的「歸屬」含意。但是，記憶雖然重要，完全的記憶卻可能造成認同的崩潰。Renan 說：「遺忘歷史錯誤才是創立國家的關鍵，這也是為什麼歷史學術的研究其進展常威脅國家意識的完整。的確，研究過去的歷史常揭露過往的暴力事件，這些暴力總見於政治體制（甚至親民愛民的體制）成形的時期。一統的局面總是藉由殘暴的手段來達成。幾近百年的屠殺與恐怖統治才促使如法蘭西與法

南（Midi）相結合。容我大膽地說，雖然法蘭西國王創立長久以來國家體制的完美典範，成就了前所未有的統一局面，但法國本身太致力研究自己的歷史以致傷害了自己完美典型的尊榮。……國家之所以能形成，是因眾人具有許多共同點，也同時遺忘了許多往事。沒有一個法國公民記得他自己究竟屬於伯根第、愛倫、台法勒，或是維斯高，可是所有的法國公民都一定已經忘了聖巴羅繆大屠殺一事，也一定不會記得十三世紀的法南大屠殺」（1995：7-8）。

　　Renan 的用心想必是良苦的。他知道沒有過去，就不會產生認同。可是執著於歷史記憶，卻是一種永無止盡的傷痛之旅。在追問自己的祖先是誰、以及祖先們有什麼悲歡情仇的過程中，我們勢必撩起許多不公不義或事理難明的歷史糾葛。這些重見天日的往事極有可能撕裂目前好不容易才彌平的傷口，或是好不容易才建立的族群諒宥。就國家認同的形成來講，這會變成反面而非正面的力量。因此，Renan 寧可世人在記憶與遺忘之間、在過去與未來之間尋求一個平衡。他說：

　　　國有國魂，是精神的導引。國魂，或是人民精神的導引是由實
　　　際上可以合而為一的兩項要件構成的。其中一項和過去緊密相
　　　連，另一項和現在休戚相關。前者是共享豐富傳承的歷史，後
　　　者是今時今日的共識，大家一致同意共同生活、同心協力、堅
　　　定意志、發揚光大傳統的價值。……過去共享榮耀、現在和衷
　　　共濟，這是聚合群體的要件。……所以，國家是由患難與共的
　　　感受和立志奉獻的情操整體凝聚而成。國家預設一段歷史，這
　　　段歷史到了現在便化約成一項明顯的事實，那便是國家認同，
　　　人民明白表達同舟共濟的願望。如果各位容許我用這樣的比喻
　　　的話，正如個人的存在代表的是分分秒秒的自我肯定，國家的
　　　存在可說是時時刻刻進行的公投（1995：15-16）。

　　Renan 的調合之道是理解國家認同形成方式的重要資產,可是不同哲學理論對「過去」與「未來」、「記憶」與「希望」的比重應該如何,仍然有相當大的歧見。我們將在下文中適時指出他們的差異。

　　接下來一個跟國家認同有關的課題是「國家認同與其他集體認同的關係」。國家認同的存在意義前面已經略作說明,但是它對一個人的自我認識究竟有多大的作用,則必須看我們如何理解國家認同與其他集體認同的相對重要性。基本上,人是一種社會性的動物。每個人同時生活在大大小小、不同層次、不同類屬的社會之中,像是家庭、村里、學校、公司、都市、民間結社、政黨組織……。隨著各種社會生活的形成,一個人就可能產生各種不同層次的集體認同。換言之,我們除了認同自己的國家、愛護自己的國家外,也會同時認同於其他團體(譬如仁愛國中、兄弟象棒球隊、民進黨、慈濟功德會等等),並且愛護這些團體。那麼,國家這個團體的相對重要性如何?我們的國家認同是否具有什麼道德上的優越性,足以讓我們在國家利害與這些團體的利害發生衝突時,義無反顧地犧牲後者、成就前者呢?

　　對比較信仰國家主義或民族主義的人,國家當然比所有其他集體重要,因為他們認為國家不只在層級上最高、範圍上最廣,而且是個人幸福生活的最終保障。西塞羅(Cicero)把這種國家主義(或公民共和主義)的立場說得再清楚也不過了:

　　　自然透過理性的力量,用共同的言語與生活將人與人的關係聯結在一起;使他們有一種可以說是超越一切的對子孫的慈愛;也使他們合群聚居,組織並參加公共集會,且供給大量物品,使其舒適而滿足其需要 ——不僅為他們,也為他們的妻子兒女和一切他應該扶養的親人。……但是,當你冷靜地考查過各種情

　　況後，就會發現，一切社會關係都沒有國家把我們聯結得這樣
　　緊密。父母是親愛的，兒女、親戚、朋友是親愛的，但祖國則
　　擁有一切同胞的愛，倘犧牲能對祖國有所幫助，真正的愛國志
　　士誰又不肯為之摩頂捐軀呢？而那些惡人，以一切暴行使國家
　　土崩瓦解，圖謀不軌、陷國家於徹底覆亡的，還有比他們更可
　　憎的嗎？（1991：6, 23-24）

然而不是每個人都像西塞羅那樣熱愛祖國。特別在二十世紀的今天
，大部分公民可能只把國家當成實現自我利益的必要工具。他們願
意貢獻一些心力於國家，卻不可能動輒拋頭顱、灑熱血，為國家而
大義滅親或犧牲生命。他們比較類似霍布斯（Thomas Hobbes）所描
寫的審慎自利者 —— 對國家的服從僅限於符合「建立主權的目的」
的行為，如果主權者命令臣民自殺自傷，臣民有不服從的自由；如
果臨陣逃亡不是出於叛逆而是出於恐懼，那就不能認為是不正義的
行為（1955：141-43）。國家認同是否強過其他集體認同，政治哲學
家向來莫衷一是，將來可能也無定論。我們所當留意的倒是：在當
前的論述系統中，那些學說以什麼新穎的方式繼續替國家認同的道
德優先性辯護？又有那些流派以什麼嶄新的論證繼續質疑國家認同
的霸權性支配？

　　關於國家認同的最後一個問題是「國家認同可否改變？為什麼
可以（或不可以）改變？」這個問題可以說是從另外一個角度再次
指向國家認同本質的爭議。簡單地講，主張國家認同不能改變的人
事實上認為國家背後有一個民族，而民族是自然生發、亙古長存的
。除非民族被外來武力完全殲滅，否則國家必當支撐民族及其歷史
文化。因此，國家認同乃是一個人發掘、認識一己小我與民族大我
正確關係的過程，認同的基礎是某種「本質性」（essential）的存在
。相反地，主張國家認同可以改變的人認為國家和民族都不是什麼

自然生發、本質不變的人群聚合。認同或同一性來自相對局限的建
構，沒有任何一個族群擁有純淨的血緣、一致的文化。我們之所以
接受國家認同的召喚，是因為在特定的時空條件下，這個過渡性的
國家組織能凝聚大眾、安內攘外。但是國家民族的本質駁雜，禁不
起嚴格的篩選過濾，如果硬要固定認同的基礎，只會導致自我衝突
與分裂。關於這個對比，學者或者稱之為「實存論 vs. 意志論」（
substantialist view vs. volitionalist view）（Parekh, 1994：503-504），
或者稱之為「原生論 vs. 現代論」（primordialist view vs. modernist view
）（Dahbour, 1996-97：2）。它與晚近歷史社會學討論民族主義的起
源問題息息相關，也是本書分析的重點之一。

四、兩大理論類型及折衷之道

　　我們在分析國家認同的五大相關課題時，不時以對比的方式顯
示政治哲學對於這些問題的考慮大致上已形成兩種主要理路。這兩
種理路如果以思想流派的名稱加以定位，則可以說成是「民族主義
」與「自由主義」兩種論述系統。關於民族主義與自由主義的要旨
，以及它們之中較具代表性的理論家如何解釋自己的國家認同觀，
我們將隨著本書的開展而一一討論。就目前來講，我們只需要鉤勒
出大致的輪廓即可。我們可以配合前兩節所提出的五大相關問題，
瀏覽一下民族主義與自由主義在這些爭議上分別抱持什麼看法。

　　一、「什麼是國家認同？」民族主義的支持者認為國家是維護
民族文化、實現民族使命的制度性組織，而認同是個別成員認清自
己所屬脈絡，從而產生歸屬感的心路歷程。由於個人確認了民族國
家對自我實現的關鍵性，所以形成了國家認同。在這個瞭解下，國
家認同也可以說是國族認同。自由主義的支持者認為國家乃是一群

人爲了保障私人的利益、防止彼此侵犯的弊病而組成的政治共同體。因此，國家認同乃是個別成員從他的考慮出發，確定國家可以滿足其自保的需要後，從而認可國家對他的統治權威。這種意義下的認同比較不強調歸屬與情感，而多了一些意志選擇的成分。

二、「爲什麼要有國家認同？」民族主義傾向的人認爲人天生是社會性的動物，而在各種社會群居生活中，國家民族乃是位階最高、道德作用最大的集體。因此，我們對國族產生認同乃是自然而然之現象，沒有國家就沒有個人。自由主義傾向的人認爲現代社會價值分歧，如果要共同從事什麼事業或防止不同價值之相互侵犯，就必須在異中求同，以各方面都能接受的方式建立某種共識，否則此一互利體系無法成立。因此，政治共同體中的成員必須對國家有起碼的承認與奉獻，這些要求通常具現於憲政法律之規範，遵守它就是展現國家認同的主要方式。

三、「國家認同的標的是什麼？」對民族主義者而言，國族認同是認同於自體生命綿延不絕的民族文化。這些認同的基礎包括血緣種姓、歷史神話、語言宗教、生活習俗等等。由於這些基礎都是形成於過去，所以認同主要表現爲一種回溯式、尋根式的活動。但是在自由主義者的心目中，認同國家意味著認同產生共識的基礎，通常這些基礎不能是太特定而實質的東西，只能是促使不同背景成員能夠對話溝通的形式程序。具體地講，認同的基礎在於憲政制度、程序規則、基本人權保障以及公平正義原則等等。這些共識基礎即使呈現某種實質性，也與民族主義所要求的實質特性不同，因爲前者是普遍性的規範，而後者是特殊主義下的價值。

四、「國家認同是否比其他集體認同重要？」民族主義與國家主義都是集體主義色彩濃厚的意識形態，它們肯定國家認同的道德優先性，因爲其餘的集體認同或者指向分裂割據的部落主義（如政

黨、派系或家族），或者指向空泛不當的世界主義（如無產階級社會或人道主義烏托邦）。這兩種選擇都不能產生延續民族文化命脈的力量。自由主義傾向的論述則認爲，國家認同只是充實個人自我認同的途徑之一，其他途徑包括性別、階級、家庭、政黨、民間結社等，都有不容忽視的重要性。這些集體認同與國家認同交叉發生作用，沒有理由認爲國家認同是其中最具備道德正當性的一環。

五、「國家認同可否改變？」民族主義者認爲國家認同不能輕易改變；即使可能，也會對當事人造成難以彌補的傷害。蓋國家宛如生養自己之父母，父母再怎麼不對或破敗，子女也不應當棄之而去。同理，國民也不應該任意脫離母國，開放性的移民代表道德上的不義或個人生命意義的斷喪。相對地，自由主義者認爲國家認同當然可以改變。雖然沒有人會鼓勵別人以變換國籍及國家認同爲樂，但我們不能把國家認同的轉變看成是嚴重的敗德或缺憾。移民是個人應有的選擇權利，不是背叛或離棄。同理，我們對外來移民也應一視同仁，只要他們確定服膺本國的憲政規範，沒有理由不賦予他們公民身分及應有之保障。

以上敘述只是政治哲學中兩種主要論述系統對國家認同的約略看法，並不能窮盡其他理論之見解。但是從它們的對比看來，似乎可預見某些折衷或調合在所難免。筆者基本上比較贊成以自由主義爲基礎，再針對若干論點加以修正，採納其他哲學理論的優點。修正或調合的標準是以「務實」爲考慮，凡是自由主義流於過度理想或不切實際的地方，筆者將毫不猶豫採納比較實際、比較切合台灣現況的意見。具體地講，本書肯定自由主義對個體自主性及選擇自由的維護，因此認爲國家認同的形成必須反映主體意志的前瞻性作用，以及容納反思批判的餘地。但是，自由主義也必須在以下幾個方面修正妥協，採納其他更合理可行的見解。

　　首先，自由主義的國家認同觀必須加強「共同體」意識，在不訴諸民族主義邏輯的前提下，承認群體生活的特殊性格及構成作用（constitutive function）。其次，自由主義必須區分平時與戰時，建立「危機時刻」（crisis moment）之對應策略。當類似戰爭爆發的危機時刻來臨時，自由主義國家一樣得訴諸民族主義及國家主義之口號。換言之，國家認同的訴求在這種時刻會超過其他認同的力量。第三、自由主義必須正視個體主義思維的侷限，同意以團體為基礎的權利要求具有正當性。這一類集體權利（group-differentiated rights）包括女性、同性戀、原住民、殘障人士等弱勢族群之要求。第四、針對台灣所面臨的內外條件限制，自由主義的國家認同觀務須考慮種種現實因素的重要性，並留意社會民眾的心聲。一言以蔽之，自由主義的務實化就是斟酌採納社群主義、公民共和主義、多元文化主義以及實用主義的若干意見，而形成一種折衷之道。

　　如果自由主義為主的思考能夠兼顧上述各種考慮，筆者相信我們可以超越自由主義與民族主義兩種純粹類型對峙下的僵局，為台灣的國家認同問題找到比較合理可行的出路。據此，本書自第二章以下的寫作策略是先檢討民族主義以及接近民族主義的社群主義之相關論述，然後再分析自由主義的主張。在這三個章節之後，筆者再依著「民族主義／自由主義」的軸線，進一步反省當前國內關於國家認同問題的論述。最後筆者提出「務實性自由主義」（pragmatic liberalism）的思考原則，試圖超越民族主義與自由主義的理論困境，以妥善解決台灣國家認同在觀念上的疑難。

第二章　民族主義的國族認同理論

一、民族、民族國家與民族主義

當前學界討論國家認同的文獻，多半與「民族」及「民族主義」的研究有關。這個理由我們已經在上一章約略提及：「國家」的狹義用法是專指西方近代興起的「民族國家」。當我們以「民族國家」為「國家」的同義詞，要瞭解國家認同自然就得先瞭解民族國家的歷史起源與確定意義。儘管筆者不同意目前這種主流的定義方式，我們還是要仔細分析此類作品的論旨，並檢討它們所導引出來的問題。否則我們無法說明為什麼以民族主義的思惟去理解台灣國家認同問題的處境，可能是一種弊大於利的途徑。

目前針對民族及民族主義問題所發表的重要研究，主要是由歷史學者、社會學者、人類學者等提出。政治學家（特別是政治哲學家）在這一方面的貢獻還不算豐富。歷史學者重視的是民族國家的興起過程，一方面要解釋這種政治組織形態與先前西方歷史出現過的城邦社會、莊園封建等有何不同，另方面要分析促成民族國家崛起的歷史因素有那些。有的歷史學者比較強調思想觀念的影響或知識階層的作用，有的則認為經濟社會結構的變遷才是民族國家興起的決定因素。前者與政治學家對民族主義作為一種意識形態的研究若合符節，後者與社會學家對民族主義作為一種歷史現象的研究自然接榫。在社會學者看來，民族主義與其說是一種意識形態運動，不如說是近代社會急遽變遷的過程中，所呈現的一種特殊歷史現象。這個現象以農業社會向工業社會轉型的現代化歷史為背景，突出了現代國家因應社會經濟變遷而展開的種種作為，而以形成某種大範圍的民族想像為其巔峰。與此關注焦點近似的是社會人類學者，

但人類學者著重人群社會語言符號系統的變遷，以及此等演變在社會行為上的整體意義。相較於這些學科的努力，政治學家通常比較注意民族國家為世界政治秩序帶來的挑戰，他們關心民族自決如何落實、種族屠殺如何避免、以及多元族群社會的政治穩定如何獲致等等問題。政治學家（及政治哲學家）在瞭解「民族國家」的起源上必須借助（或甚至依賴）歷史學、社會學、人類學的研究成果，只有在討論「國家認同」與民族國家的關聯時，才能提出較有創意的問題。

「民族主義」的歷史社會學研究在過去十幾年間有了長足的進展。筆者沒有能力逐一討論它們的個別貢獻，只能就「民族」的意義，民族、民族國家與民族主義的關係這兩個主要問題先整理出一些代表性的說法。我選擇的作品是 Ernest Gellner 的《民族與民族主義》（1983）、Benedict Anderson 的《想像的共同體》（1983, 1991）、E. J. Hobsbawn 的《一七八〇年以來的民族與民族主義》（1990）、以及 Anthony D. Smith 的《國族認同》（1991）。這些作品都是各相關領域的現代經典，但是每位作者的識見可以說同異互見。我將盡力忠實轉述他們的見解，以便稍後對照政治哲學家 David Miller 及 Yael Tamir 針對同一問題所提出的規範性論述。

Gellner 在他的名著一開頭就直接了當地宣示：「民族主義基本上是一種政治原則，主張政治單元與民族單元必須一致」（1983：1）所謂「政治單元與民族單元合一」，指的是同一民族的人群應該建立一個屬於他們自己的國家，而一個國家也必須設法使其成員由同一民族所構成。最起碼民族主義要求一個國家的統治權不能落於外人之手，否則就是對民族主義原則的莫大侵犯。據此，民族主義可以用一種普遍主義式的道德命題表現：它要求的不只是某一特定民族的政治自主，而是「讓所有的民族都有它們自己的政治歸屬（

political roofs），讓所有的民族都不必包含外族在內」（1983：1-2
）。不過，問題當然沒有這麼簡單。在現存的世界秩序中，民族的
數目遠遠超過國家的數目。因此許多民族根本還沒有（或許永遠沒
有）機會成立自己的國家，「民族主義並非同時可以被滿足的」。
如果所有的政治國家與文化民族都執意追求「合一」，它們或者必
須訴諸殺戮與驅逐，或者必須貫徹同化政策，而這些手段顯然不是
現代人所能輕易接受的。

　　儘管如此，Gellner 還是認爲民族主義的原則是一個有效的原則
，因爲這個原則與近代西方社會的變遷環環相扣。Gellner 以「農業
社會轉型爲工業社會」作爲理解近代西方歷史發展的樞軸。在這個
過程中，西方人由於工業生產的刺激與需要，促使識字率普遍提高
，以便供給足夠的技術工人與管理人才。同時，商業活動的擴展與
資本主義體系的逐步建立，也要求市場規則及經濟理性的原則必須
爲人們所接受。工商業快速發展的效果包括都市化、科層化、標準
化與同質化。整個西歐地區漸漸擺脫傳統地域成員聯繫緊密、文化
認同分殊的格局，同時又醞釀了一種相對客觀而理性的「高級文化
」（high culture）。所謂「高級文化」，乃是一套通用的語意系統。
它以抽象、普遍、形式化、規格化的方式形塑人際溝通的符碼，使
廣大群眾可以共享確定的規則，運用它們以表達並詮釋各種資訊。
「對於生活於工業化社會中的人而言，學習如何切當運用這高級文
化，以及在其中被肯認，遂是生命中最重要的，最有價值的成就：
這學習與成就是他個人就業、取得法律上與道德上意義的公民身份
，以及參與社會的各色各樣的活動的先決條件。職是之故，個人就
獲得其認同的高級文化，而且渴望安居於一政治單元（意指國家或
一政治共同體），在這個地方，各種形式的官僚科層制依照這套相
同的文化用語而運作。如果情況不是這樣，那麼，個人期望他置身

的領域能有所改變，而能符合上述之情況的要求。換言之，他是一位民族主義者」。[1] 換言之，透過這種「高級文化」的普及，西方社會才有辦法支撐日益蓬勃的工商業活動。而我們關心的民族主義，也是在此一背景下產生。Gellner 說：

> 當一般的社會條件逐步邁向標準化、同質化，而中央支持的高級文化又普及於整個人群社會，而非僅限於少數菁英階層，我們就會看到某種時機成熟了 —— 由受教育人士所認同的一致性文化成了一種機制，為人們熱烈而主動地加以認同。這種文化似乎也成了政治統治正當性的依附所在。從這個時候開始，任何政治勢力對此等文化邊界的侵犯都會被視為可恥之事（1983：55）。

Gellner 認為民族的概念就是在這種「文化整體不容政治勢力侵犯」的民族主義氣氛中才得以確定。從高級文化與中央政治組織的關係來看，民族主義不是民族所製造出來的東西；相反地，應該說是民族主義產生了民族。Gellner 發現現代國家是因應農業社會發展至工業社會的變遷中，為了確立「高級文化」的持續擴散，從而產生的現代政治組織形態。這種政治組織進一步利用普及的高級文化，營造出超越封建範疇的民族想像與聯繫，最後造就了所謂的民族。因此民族與民族主義都不可能出現在農業社會，而必然出現在工業化、資本主義化之後的國家秩序中。民族主義表彰了一個匯合政治力量與文化單元的努力，而民族則是這個龐大工程的巔峰。[2]

在 Gellner 出版《民族與民族主義》的同一年，Benedict Anderson 也發表了極具份量的《想像的共同體》。更巧合的是 Anderson 也是

---

[1] 這一段 Gellner 對「高級文化」的界定，乃引自蔡英文（1998：25）。
[2] 關於 Gellner 理論的詳細分析，可參閱蔡英文（1998）。

從近代社會經濟文化生活的變遷來解釋民族國家的起源,因此雖然他的馬克斯主義色彩明顯不同於 Gellner,兩個人的民族主義理論卻是經常被人相提並論。Anderson 自始承認民族、民族性與民族主義都極難確定、極難分析,不過如果我們不要把民族主義想得太神秘,他倒是願意以人類學的精神,試著將民族界定為一種「想像的政治共同體」(an imagined political community)。所謂「想像的政治共同體」,包含幾個重要的特徵。首先,它是「想像的」,因為「即使是最小的民族,其成員也不可能認識大部分的同胞、遇見他們、或甚至聽說過他們;然而在每個人的內心,卻有著大家共屬一體的想像」(Anderson, 1991:6)。換句話說,只要是範圍超過面對面接觸的人群聚合,基本上都具備「想像共同體」的特質。第二,民族的想像有一定的疆域,它不可能無限制擴大到包括全人類。中世紀的基督教世界曾經接近於全人類的想像共同體,不過由於教會缺乏一個與之相應的統一政權,因此畢竟不同於民族。這點進一步點出了民族的第三個特徵:它是被想像成擁有主權的。主權觀念在宗教改革之後才逐漸萌芽,表達了某些範圍有限的想像共同體追求政治自主的決心。它們對外排除教廷的影響,對內整合地方勢力的反抗,產生了一個具有主權條件的國家。最後,民族的「共同體」特質還傳達了某種平等的同胞手足之情誼。儘管每一個民族實際上永遠有內部的宰制與剝削,但是這些現實卻不至於妨礙民族被想像成一種平等的人群聚合(1991:6-7)。

　　Anderson 關於這個「想像的政治共同體」之歷史根源,有一個十分令人深省的解釋。他認為近代民族意識的勃興必須從中世紀基督教-拉丁文化的淡出開始觀察。從消極的層面來看,有三個因素頗足以說明中世紀秩序的崩解。一個是拉丁文本身的古典化,使這種語言逐漸脫離一般神職人員以及日常生活的使用需要。第二個是

宗教改革運動的擴散，使各地區新教徒大膽以民間方言傳佈聖經，並適時開發了一大群具備基本讀寫能力的讀者。第三個是各地的中央行政組織不約而同採用本國語爲宮廷或官場的正式語言，從而加速了「國家」語言（雖然還不算「民族」語言）的興起。這三個因素使拉丁文化失去其主導性地位，但是如果要從積極（正面）的角度來解釋民族的形成，還必須瞭解另外三個因素：資本主義生產體系、印刷技術、人類語言的分歧性。Anderson 認爲後三者的交互作用使得民族這個「想像的共同體」成爲可能（1991：37-42）。

　　人類語言的多樣與分歧是一種自古以來的宿命，我們無從瞭解爲何世人自始被這種宿命所制約，我們只知道語言的多元分歧使得即使印刷術加上資本主義產銷網絡也無法突破人群必然只能形成有限的疆域。印刷術的發明與運用當然影響深遠，它使得各地的主要本土語言（vernaculars）得以統一、定型，成爲相應範圍內人們讀寫溝通的媒介，並且在無形中消滅了更小範圍的地方語言（dialects），使民族成員產生一種「我群」的想像聯結。此一技術配合近代資本主義的生產方式，形成了 Anderson 一再強調的「印刷資本主義」（print-capitalism），其力量足以創造出「想像共同體」的社會感情基礎。具體地講，原來互不認識、互不往來的人群，由於閱讀了同一書籍或報紙，開始關注這些媒介所提供的問題。因此在這些印刷媒介（透過資本主義式流通）所及的範圍內，醞釀出一種休戚相關的「同族」（co-nationals）之想像，這種想像性共同文化與掌握語言權力的政治組織互爲表裏、交相作用，刺激了近代西方民族的誕生（1991：42-46）。

　　Anderson 關於民族形成的理論當然遠比上述因素分析複雜，不過這個部分卻是他的《想像的共同體》最膾炙人口的部分。就本書的關切來講，Anderson 所強調的「想像」成分，與 Gellner 所著重的

「發明」成分類似,都突出了民族(以及民族主義)人為建構的性質,這點與 Hobsbawn 的理論前後呼應,卻與 Anthony Smith 的族群根源說頗有出入。Hobsbawn 在《一七八〇年以來的民族與民族主義》一書中強調他基本上同意 Gellner 的民族主義理論。他不僅認為民族是一項「特定時空下的產物」,而且斷言民族主義早於民族的建立。用他的話說:「並不是民族創造了國家和民族主義,而是國家和民族主義創造了民族」(1990:9-10)。只不過,Gellner 比較重視傳統社會轉型到工業社會過程的質變,而 Hobsbawn 則將焦點指向十八世紀末至十九世紀初西歐所經歷的政治社會變動。

Hobsbawn 考察「民族」一詞在羅曼語系出現的記錄,發現現代意義的「民族」和「國家」都是一八八四年以後的新詞彙。在一八八四年以前,「民族」的意義是指「聚居在一省、一邦或一王國境內的人群」,或指「外邦人」。它的古老含意與血緣親屬或出生地域有關,原來可用以表示任何大型的自足團體(如行會或合作組織)、外商集團或中世紀大學中來自不同地區的學生。但是從一八八〇年左右開始,各種大字典已逐漸將「民族」界定為「轄設中央政府且享有最高治權的國家或政治體」,或「該國所轄的領土及子民,兩相結合成一整體」。換言之,一個擁有最高統治權且普為子民承認的政府已成為定義民族的重要因素(1990:14-16)。Hobsbawn 所謂「現代意義下的民族」正是強調這種政治權力至高普及的特色,「民族」等同於「國家」,它不再只是單純血緣團體的地域性聚合,而是預設了現代公民概念的政治共同體。

民族如何從一種原生性的團體擴展為現代國家,Hobsbawn 自承學術界至今仍不甚清楚。不過他個人的看法認為:民族的歷史新義可以從「革命的年代」中,人們如何有系統地運用這個概念於政治社會論述來加以理解。特別是一八三〇年代以後,「民族原則」(the principle of nationality）成爲一種重要的政治論調，討論「民族」的人經常將它與「人民」（the people）及國家相提並論，彷彿民族就是全體國民的總稱，也是一個政治共同體精神的展現。這個轉變是關鍵的，因爲經過了美國獨立與法國大革命期間革命人士的宣揚，民族漸漸擺脫了族群、語言、宗教或是其他原生性要素的限制，而朝向代表公共利益的公民共同體發展。這解釋了爲何十九世紀時，自由主義者並不見得不能接納民族的概念（如約翰‧密爾），以及爲何民族可以說是一種政治動員下的產物，而非國家的先驅（1990：18-45）。

當然，Hobsbawn 強烈的左翼觀點使他不可能只注意民族國家形成過程中，政治人物或知識分子由上而下的動員，而必然也強調社會轉型、科技與經濟發展等結構性因素的作用。他尤其堅持研究民族主義必須雙管集下，不能像 Gellner 那樣只分析現代化過程「由上而下」的力量，而必須致力於瞭解一般民眾「由下而上」的觀點。所謂一般民眾由下而上的觀點，多少與 Anderson 所說「想像的共同體」之凝聚過程有關。Anderson 已經注意到近代西方人經由印刷資本主義之影響，形成了締建民族的社會基礎。Hobsbawn 進一步追問人們爲何在傳統社會消失之後，仍然會想要營造一個想像共同體來取代原先的聚合。他的猜測是人群之間原本確實存在某種共同歸屬的情感，而現代民族國家則是以一種更大規模的團結運動在這個基礎上靈活運用。他稱這種原始的聯結關係爲「原型民族主義」（proto-nationalism）。原型民族主義的社會基礎存在於一般民眾的信仰、認知、情感，是人們簡單而頑固地區分「我族」與「他族」的分類標準之籠統集合。在一定意義上，原型民族主義對民族國家之政治動員是有支持作用的。但是 Hobsbawn 小心翼翼地指出，「單靠原型民族主義並不足以創造出民族性、民族，更遑論國家」（1990

：46, 77-79）。原型民族主義畢竟不是現代意義之民族主義，只有國家政府的廣泛政治社會化，才創造出「政治單元必須與民族文化單元合一」的民族主義，也只有在這個基礎上，西方才出現現代意義的民族。Hobsbawn 的理論進路，與 Gellner 似乎是大同小異。

　　真正與 Gellner 等人有分析理路上之差異者是 Anthony Smith。Smith 並不否認民族國家、民族與民族主義都是現代特有的現象，但是他對於「族群」因素在民族主義研究中被輕忽的情形，卻頗不以為然。在一篇專門反省 Anderson、Hobsbawn 等人理論的文章中，Smith 明白表示民族不應該說是被「發明」（invented）或被「想像」（imagined），而是被「重新建構」（reconstructed）。他認為 Anderson 等人的理論代表戰後以降，學術界對先前「演化決定論」（evolutionary determinism）的反動。「演化決定論」視民族的興起為歷史演進過程中必然發生的現象，並且多多少少視民族國家為良性的政治組織型態。Anderson 與 Hobsbawn 等人則不然，他們認為民族（或國族）基本上為人為主觀之建構。所謂一個民族的傳統，在 Hobsbawn 看來只是一八七○年代以後西方國家為了鞏固既有政治秩序而進行的一連串「發明」。而所謂一個民族休戚與共的感情，在 Anderson 心目中也不過是印刷資本主義在特定疆域內重覆營造的「想像」。就解析民族與民族國家的現代性格言，Smith 承認這些「國族建構」（nation-building）論者有其洞見。但是過度強調國族的建構性，卻忽略了「發明」或「想像」都不可能憑空而來。Smith 說：

> 通常只要一個現代國族自認為擁有獨特的族群歷史，所謂「被發明的傳統」就會暴露出它事實上比較接近於過去歷史的「重新建構」。族群的過去會限制「發明」的揮灑空間。雖然過去可以被我們以各種不同方式「解讀」，但過去畢竟不是任何過去，而是一個特定共同體的過去，它具有明顯的歷史事件起伏

型態、獨特的英雄人物、以及特定的背景系絡。我們絕對不可能任意取用另外一個共同體的過去以建構一個現代國族（1993：15-16）。

如果要具體解釋任何一個特定民族國家的起源，Smith 認爲我們必須訴諸「族群」因素。所謂族群（ethnic community）是一群意識到自己擁有與其他群體不同的歷史記憶、發源神話、生活文化與居息家園的人群。族群的本質既非純屬原始生發，也不純屬人爲主觀感受之表達，而是界於兩者之間，由歷史經驗及象徵性的文化活動（如語言、宗教、習俗）所凝聚產生（1991：20-21）。在近代歐洲民族國家出現之前，西方世界可以被理解爲各種族群並立，它們彼此之間或者爭戰不休、或者根本不知對方之存在，而隨著戰爭、天災、宗教活動等之影響，族群生滅起伏不定。一直到中世紀結束前後，若干較強大的族群透過招撫與吞併的手段將鄰近的弱小族群吸納入自己的勢力範圍，而形成「族群核心」（ethnic cores）。等到現代國家政府的組織型態出現後，這些新興的政治勢力就自然以境內主要族群核心爲基礎建立所謂的民族國家。它們繼續以國家的武力、教育、稅收等手段馴服境內及鄰近之弱小族群，以迄完成「國族建立」的大業爲止（1991：2-39）。[3]

當然，在族群核心邁向民族國家的過程中，民族主義是個不可或缺的推動力量。Smith 認爲民族主義可以指涉很多意義及應用範圍極端不同的現象，如果我們將民族主義視爲一種意識形態，那它大

---

[3] 族群核心邁向民族國家的途徑事實上還被 Smith 分成兩大類，一種是「旁衍式族群」（lateral *ethnies*）向外發展的方式，另一種則是「垂直式族群」（vertical *ethnies*）完成政治現代化的歷程。前者以英、法、西班牙、瑞典等爲例，後者以猶太人、天主教愛爾蘭人、波蘭人等爲例。詳見 Smith, 1991：53, 68-69。

概是表示「一群人民，由於部分成員自認足以構成一個事實上或潛在的『民族』，因此起而追求自治、統一以及認同」（1991：73）。民族主義在實踐上的作用可以幫助一個殖民地推翻外來統治者，也可以反過來替新興國家提供整合境內各次要族群的口號；它可以幫助不滿祖國的地區性族群爭取分離獨立，也可以協助「泛××民族運動」追求跨國性的大一統（1991：82-83）。Smith 知道民族主義不一定以建立國家為當然使命（譬如盧梭與赫德都不認為主權國家是民族解放的必要手段，而現實中蘇格蘭民族主義或加泰隆尼亞人（Catalan）也不企求獨立），但是由於國家仍然是保持「自治、統一、認同」的最有效工具，因此民族主義後來都成了國族主義（1991：74）。也就是說，族群核心透過民族主義之力建立國家，這種國家不是一般「合法武力壟斷者」而已，它是「民族國家」。

　　以「民族」作為「國家」的基礎，是 Smith 與 Anderson 等人對現代政治組織共有的體認。但是以「族群」來強化「民族國家」的性格，則是 Smith 的獨特見解。Smith 認為民族（nation）比族群更要求「領土」的具體存在，以及「權利義務」關係的確立。具體地講，民族可以被界定為：「一群分享共同的歷史領土、共同神話、歷史記憶、公眾文化、經濟體系、法律上的權利與義務關係，而且擁有自己的命名的人群」（1991：14）。這種人群，我們一般稱之為民族；但是在 Smith 的著作裡，它或許翻譯成「國族」更恰當。因為這種共同體不只具備歷史、文化、土地等非政治性的特徵，而且擁有對所有成員一體適用的政治法律體系。所以他的 nation 不只是中文裏習稱的「民族」，而該稱為「國族」。事實上，Smith 明白表示「國族」與「國家」（state）不同。後者主要指涉領土內合法壟斷武力的公共建制，與社會領域中其他建制彼此獨立有別；而國族則意味著「一種文化與政治的結合，能夠將所有分享歷史文化與家園

的人聚合在一個政治共同體之中」（1991：14）。國族的意涵似乎比民族大，也比國家大，它是族群民族與政治國家的結合。

我們分析了 Gellner、Anderson、Hobsbawn 與 Smith 四個人對民族及民族國家興起過程的解釋，固然看到他們彼此互有差異，但是某些共同點卻是存在的。首先，他們都強調民族與民族國家的現代性格，認爲十八世紀以前人類未曾形成如此大規模而又自以爲休戚相關的政治文化組織。第二，他們也或多或少同意國家（作爲一種擁有最高統治權的行政組織）事實上創造了民族，而國家之所以能成功塑造出一個民族，與民族主義此種意識形態之運用有關。第三，由於民族事實上出於建構（或重新建構），它不必然與血緣種姓等「客觀」因素有關，而多半受到特定國家選擇性政治教化之深刻影響。這種後天、主觀、人爲的因素迴避了一個國家是否必須真正出自一個民族的質疑，卻巧妙地向前推銷一個國家必須努力成爲一個民族的企劃。我們在接下來的討論中，將以這幾個觀察爲基礎，反省民族主義的國家認同理論究竟有何利弊。

二、民族主義的基本主張與類型

在理解了國家、民族主義與民族之可能關係後，我們可以開始討論民族主義的確切意義。「民族主義」既可被視爲一種意識形態，也可被視爲一種政治運動、或是制度文物之表現方式。人們將民族主義與自由主義、社會主義等相提並論時，是將它當成一種由諸多意理、信條所構成的意識形態。若是用它來描述一個群體追求獨立自治的過程，則是將它當成一種政治社會動員的過程或實現。另外，我們也常認爲某些民間習俗、文學歌謠、建築繪畫表現了某一民族特有的風格，則是將民族主義當成廣義的文化現象。在本章裏

，筆者將從意識形態的角度來分析民族主義的內涵。所謂意識形態
，當然不是一兩個口號或原則，而是指一些信念和原則的系統性聯
結。這些信念原則之所以聯結在一起，主要是從理念的邏輯關聯性
來推測。但是意識形態並不只是政治領袖和知識分子單方面想像的
觀念叢結，它們也必須具備落實於社會的潛力。也就是說，必須為
群眾所接受。因此意識形態絕非一時之學說、風潮所能比擬，它們
通常是歷史經驗中已然形成的社會條件之更精緻、更完整的語意表
達。民族主義作為一種意識形態，反映了特定群體在追求政治或文
化獨立性的過程中，發揮了導引民眾向前努力方向的作用。

　　我們從意識形態的角度來分析民族主義，可以看到它事實上分
成兩種不同詳細程度的表述方式。一方面我們經常聽到民族主義以
某種核心命題的方式被學者或一般大眾傳頌。譬如前引 Gellner 所言
之「民族主義要求政治單元與民族單元一致」，或是一次大戰之後
風靡全球的政治口號：「一個民族、一個國家」。另方面民族主義
也可以比較有系統地呈現為一種論述體系，如下文所擬介紹的幾個
例子。這兩種表述方式之區隔有其耐人尋味之處，因為就意埋系統
的內涵來比較，民族主義不管如何界定都相去不遠。但是當民族主
義倡導者將它濃縮成一句口號或一項原則，自然就會排擠其他原則
的優先性，使人們只能從那句口號去理解民族主義或評斷民族主義
。我們可以試著舉例來說明這個有趣的現象。Hans Kohn 是早期研究
民族主義的著名學者，他在《國際社會科學百科全書》的「民族主
義」一文中，開宗明義地說：「民族主義要求人民對民族國家付出
絕對忠誠，不管此國家已經存在或尚待創建」（Kohn, 1968：63）。
我們看得出這個核心表述與 Gellner 所說的「民族主義要求政治單元
與民族單元一致」完全不一樣。雖然後者在邏輯上可能推論得出前
者，但兩種表述原則基本上是不同的，而且在讀者的心中所引起的

反應也極不一樣。許多追求政治獨立的知識分子可能熱烈支持
Gellner 的民族主義定義，卻不一定對「絕對忠誠」（supreme loyalty
）的說法苟同。然而，任何讀過 Kohn 與 Gellner 著作的人大概都會
知道，其實這兩個人對民族主義意念系統之解析是大同小異的。

那麼，以比較詳細的意念系統來看，民族主義有那些基本主張
呢？浦薛鳳曾經將民族主義（他稱之爲「族國主義」）的內涵條列
爲十六項，其中矛盾重覆之處頗多（1963：170-71），如果我們去異
存同，依條目之邏輯相關性重新加以整理，則似乎可歸納成下列五
項：

（1）民族主義提倡每一個民族應當獨自組成一個國家，而民族
　　　之構成有其唯一因素，如語文、種族、地理等等。

（2）如果一個國家之中包含幾個民族，則少數民族之特點應適
　　　度保存，其基本權利應加以尊重。

（3）民族高於國家。民族乃是目的，國家只是工具。國家之存
　　　在乃是為了保護民族所產生之文化。

（4）民族主義相信自己的生活文化乃是最優良的生活文化，而
　　　且自己的國族負有貢獻於世界文明的特殊使命。

（5）國族的成員願意為自己的國族服務奉獻，不惜犧牲一切。

在這種系統化的整理中，我們就可以看清楚 Kohn 與Gellner 分
別所彰顯的核心定義如何並存於一個意念體系之中。但是，沒有任
何一個系統化整理可以號稱代表民族主義。譬如有人認爲民族主義
不必要求文化民族與政治國家合一（否則上引之（1）、（2）必然
衝突），也有人認爲民族主義不必然要求成員之絕對忠誠與無限制
犧牲（否則就成了恐怖的國族崇拜）。隨著意念系統整理方式之出
入，像 Kohn 與 Gellner 這樣的人物也會出現時而一致、時而對立的
有趣現象。我們可以引另一個著名的系統性整理來觀察比較。

Anthony Smith 曾經討論民族主義的具體內涵，歸結出下列四項基本信條：

(1) 全世界可分為不同民族，每個民族都有自己的個性、歷史與命運。

(2) 民族是所有政治社會權力的來源，對民族的忠誠必須超越對其他事物的忠誠。

(3) 人類若想獲得自由、實現自我，就必須認同於一個民族。

(4) 世界若想要有長久的和平與正義，所有的民族必須確保自由與安全（1991：74）。

　　在這個整理中，我們發現「一個民族、一個國家」的訴求明顯減弱了。Smith 並沒有說「所有的民族都必須確保政治上的獨立自主」，他以「自由與安全」含混地表達了民族在世界政治上的要求，而這種要求也許可以用「文化聯邦制度」或「高度自治」來滿足。傳統民族主義的核心訴求也許正因為太難實現，所以退居第二線了。

　　為了使下文的討論比較有確定的基礎，筆者在此擬試探性地提出一個關於民族主義基本信念的界定。這個系統性整理依據的是意理本身的邏輯相關性，至於各種具體的民族主義運動可能特別強調那一項原則，並不是此一整理所能預見或控制。據此，筆者認為民族主義的基本主張依理念推演之先後，應包含如下數項：

(1) 全世界分成不同民族，每個民族都有其獨特的民族性，如種族起源、歷史文化、語言宗教、生活空間或共同命運。

(2) 民族是個別人類在生存狀態中最重要之集體歸屬，一個人對民族的忠誠應該高於他對其他集體歸屬的忠誠。

(3) 為了確保民族的歷史文化得到良好的延續與發展，一個民族必須具備政治上的獨立自主或充分自治。

（4）政治獨立或自治的具體表徵是本族人由本族人統治，一個民族
　　的子民不接受異族統治，統治者必須為自己人。異族統治不可
　　能真正照顧、保存本民族的歷史文化與現實利益。

（5）至少在某個意義上，我們的民族乃是世界上最優秀的民族。人
　　類歷史上必然有某個階段是屬於我們民族發揚光大的時刻。

　　筆者的定義雖然看起來包羅甚廣，其實已經過濾掉一些不是十
分具有關聯性的主張。譬如 Plamenatz 在界定民族主義時，強調它必
須是一種文化上居於弱勢的民族，由於跟其他民族一樣追求「進步
」（progress），卻無力實現此種普遍理想，於是受了刺激發奮圖強
，所產生的一種「反應」（reaction）（1976：23, 27）。Plamenatz 心
目中符合這種描述的民族是十九世紀的日耳曼人與義大利人，他們
由於受到英、法統一強盛之刺激，才發展出「有為者亦若是」的富
強企圖。至於十五世紀至十七世紀的英法兩國，則只能說具有「民
族意識」（national consciousness），並沒有「民族主義」（1976：
25-28）。Plamenatz 對民族主義的界定十分獨特，幾乎是專門為十九
世紀的德、義兩國量身訂做。而他太強調宣揚民族主義的國家必然
分享了西方啟蒙運動的「進步」觀念，等於排除了非西方國家抗拒
現代化而動員的「復古式民族主義」，因此筆者不接受這種分判標
準。

　　事實上，Plamenatz 也談論到非西歐國家民族主義運動的特色，
而且正因為他對「西方」與「東方」民族主義的區別，正好讓我們
可以轉而討論民族主義分類上的問題。Plamenatz 說，西歐的民族主
義發源於同屬一種世界文明的國家，它們雖然在文化上居於劣勢，
但由於分享了同一種日益成為全世界成就標準的價值，因此他們很
快地就能躋身進步國家之林。相反地，東方式民族主義（包括斯拉
夫民族、中國、印度、非洲等）由於直到晚近才被納入一個他們原

本不熟悉的世界文明，因此他們轉化調適得極為辛苦。他們祖傳的文化無法幫助他們迅速現代化，於是他們在受挫之餘常有愛憎交加的複雜情緒，對外時而開放時而封閉，對內則常壓迫奴役自己的族人（1976：33-36）。我們在九〇年代重讀 Plamenatz 的文章，自然可以感受到西方學者在過去所流露的「西方中心主義」——一種完全以西歐經驗為準則，對非西歐國家歷史經驗的無知、誤解與歪曲。但是不幸的是，即使過了一代世代，這種西方中心主義仍然不經意地留傳下來。Anthony Smith 算是當代研究民族主義問題的翹楚之一，然而其區分民族主義類型的方式依然看不出太多改善。

Smith 首先區分民族（或國族）為兩種類型：其一是「西方的、公民的模式」（western or civic model），這種模式強調「具歷史意義的領土、法律政治共同體、成員們在法律政治方面的平等、以及共同的公民文化與意識形態」；另外一種是「非西方的、族群的模式」（non-western or ethnic model），這個傳統強調的是「宗譜與假想的族裔聯繫、民眾動員、地方性的語言、習俗與傳統」。當然這兩個類別都是理念型，任何現存的國族實際上都具有兩種類型的某些特徵，而以不同的比例混雜而成（1991：9-13）。但是 Smith 保留了這個遠從 Hans Kohn、John Plamenatz 等以降所建立的「西方 vs. 東方」分類，多少說明了他們的認知仍然不脫「西方＝理性＝公民文化＝進步平等」、「東方＝宗譜＝傳統習俗＝落後等差」的刻板成見。

Smith 根據他對「民族」的二分法，進一步將民族主義也分成兩種主要類型。一種是「領土式民族主義」（territorial nationalism），呼應上述「西方、公民、領土」模式下之民族；另一種是「族群式民族主義」（ethnic nationalism），呼應上述「東方、族群、宗譜」模式下之民族。他再度強調「東方」「西方」並非純然地理上之標

籤，而是「血緣宗族 vs. 理性文化」之區別。因此「東方式民族主義」可以發生在十九世紀的法國，而「西方式民族主義」則可能出現在亞洲、非洲等地。接著，Smith 再引入「獨立建國之前或之後」作為一個時間面向上的切割標準，從而把兩大類型的民族主義細分為四種子類型（1991：77-83）：

（1）領土式民族主義

　　（a）獨立之前：旨在驅逐外族統治，故曰「反殖民的民族主義」。

　　（b）獨立之後：旨在整合各族以建立一個新國家，故曰「整合性民族主義」。

（2）族群式民族主義

　　（a）獨立之前：旨在脫離原先宗主國的統治，故曰「分離主義式民族主義」。

　　（b）獨立之後：旨在聯合族系相近的民族成更大的國家，故曰「統一運動式民族主義」或「泛××民族主義」

　　以上所介紹的種種理論，對於我們理解民族主義的內涵自然有所幫助，但是他們所預設的西方中心主義性格也相當明顯，值得有心研究民族主義的人留意。[4]譬如在民族主義的形成解釋上，上引西方學者沒有一個不是從西歐國家（特別是英、法、德、義）的歷史經驗出發，從而斷定民族是十八世紀以後的產物。然而這些理論很少真正分析十八世紀以前西方世界為什麼談不上有民族及民族主義，更不用說去解釋非西歐地區的「民族」經驗為什麼不能稱為「民族」。他們或者聲明在先，表示自己不碰「非西方」的民族經驗；

---

[4] 關於民族主義的各種分類方式，可參考 Andrew Vincent 的整理。Vincent, 1997：275-76。

或者大膽納入比較，從而費力（但難以令人信服）地排除東方經驗產生民族主義的可能性。Anthony Smith 在《國族認同》一書中的比較研究大概是最負責任的交待，可是當他認定古埃及人、中國人、日本人、猶太人等等不算一個「民族」時，他用的標準極為嚴苛（「經濟體系不夠整合」、「法律制度無公民權利義務之平等規定」、「教育制度反映社會階級之區隔」、「政治與宗教尚未完全分離」……），不像他在賦予近代西歐國家「民族」地位時那樣有彈性。因此這些人群最多只能稱為「族群國家」（ethnic state），而不是「民族國家」（1991：45-51）。大體上看來，Smith 與 Anderson、Hobsbawn 等人一樣，都是先入為主地以英法德義等國為標準，再回頭來界定民族及民族主義運動的標準。這種偏頗的學術研究，恐怕只有等非西方國家的學者好好研究自己國族的形成經驗之後，才有可能加以矯正。

　　同理，上述學者對民族及民族主義的分類也暴露出不少值得反省的缺點。以 Smith 為例，他將民族區分為東方與西方兩種類型，再將它們融合形成一個概括的民族主義定義，試著兼顧「公民－領土」與「族群－宗譜」兩種元素。但是所謂「所有成員共享的法律權利與義務」既然是「西方或公民模式」才會強調的特徵，那麼東方「民族」原來不以這項特徵為構成民族之要件，也不會具備這種重視平等法治的政治文化，如今以之為民族主義內在的特點，當然會使東方民族皆不成為民族，或呈現不出所謂的民族主義。平心而論，非西歐地區當然有其清楚意識到的民族主義運動，只是這種集體政治動員呈現了西方經驗所未曾見過的社會現象（如日韓兩國的世仇、回教世界的基本教義運動），如果單以「不熟悉」或「非理性」為理由視若無睹，對於人們瞭解全世界的民族主義並無助益。

　　以本書的關切言，區分民族主義為「東方」「西方」似不如直

接區分爲「公民民族主義」與「族群民族主義」兩種理想類型，因爲這樣比較可以避免地域差異的不正當聯想。但是由於「族群民族主義」在目前幾乎沒有來自學術界的支持聲音，這個分類又等於一個沒有實效的分類。事實上，目前學術界（不管是歐美國家或台灣）願意挺身爲民族主義辯護的，都是支持某種程度的「公民民族主義」或「自由民族主義」，「族群民族主義」彷彿只是一個稻草人，其作用只在彰顯民族主義可以有另類的、溫和的發展可能性。因此，筆者自下節起就不再執著民族主義的分類，而直接以學者們能夠接受的民族主義爲討論對象，看看政治哲學家能從它推論出什麼合理的國家認同理論。

三、以民族爲構成原則的國家認同

Anthony Smith 所說的「公民民族主義」（civic nationalism），相當於政治哲學家所說的「自由民族主義」（liberal nationalism）。「自由民族主義」顧名思義，乃是對民族主義加以一種自由主義式的詮釋。就組成方式言，我們也可以說這是傳統自由主義與民族主義之間一種頗具創意的結合。提倡公民民族主義或自由民族主義的人，本身多半信奉自由主義的基本價值，如尊重個人權利、肯定多元秩序、反對專斷權力等。但是他們也相信人類隸屬於不同之民族，每個民族的歷史文化、生活習俗會深刻地影響一個個體的自我認知以及行爲模式，因此光談個人權利而不承認民族文化的價值是不對的。譬如 David Miller 就十分不滿自由派知識分子在面對當今民族主義蓬勃發展的局勢中，既無能決定自己的立場態度，也不知如何合理化自己的搖擺猶豫（1995：1-2）。他甚至指責知名的自由主義學者 John Rawls 只會在相對自足的社會下發展所謂的分配正義理論

，然而對一個社會如何能夠獲得自足穩定的生存條件卻一概沉默（
1997：70）。這種促使正義問題得以被討論的先決條件就是政治共
同體的邊界、成員問題，也就是國家認同或民族認同的問題。在本
節及下一節中，筆者將分別以 David Miller 及 Yael Tamir 爲根據，分
析自由派的民族主義者如何正視這個其他自由主義者不敢面對的問
題。

　　Miller 深知自由主義傳統對民族主義素來懷有疑懼，因此即使一
個知識分子內心裏已承認民族主義的正當作用，也往往必須將「民
族主義」一詞改頭換面，或者稱之爲「愛國主義」（patriotism）、
「民族意識」（national consciousness），或者區分民族主義爲兩種
，如 Hans Kohn、John Plamenatz、Anthony Smith、Neil MacCormick
或 Michael Walzer 等人所爲，從而迴避惡名昭彰的民族主義，支持
溫和可親的民族主義。但是 Miller 認爲分類事實上解決不了問題，
不如還是直接面對民族主義的核心意義，以「民族原則」（principle
of nationality）取代「民族主義」，標舉出「民族（性）」（nationality
）這個概念的正面功能，藉此擺脫「民族主義」一詞所糾纏不清的
法西斯聯想或專制主義陰魂（1995：7-10）。[5] 在這個立論原則下，
Miller 進一步提出三點主張，構成了他自由式民族主義的理論基礎。

　　第一，Miller 主張民族（nations）是具體實際的存在，不是虛幻
之想像；因此一個人的自我認知應該包括「民族認同」（national
identity）這個環節，表明自己的民族認同可以是理直氣壯的行爲。
第二，他主張民族是一種具有倫理意義的共同體（ethical community
）。我們對同族同胞付出愛與關懷、承擔相互照顧的責任完全是說

---

[5] 筆者看不出 Miller 以「民族性」取代「民族主義」，究竟比 Isaiah Berlin
　、John Plamenatz 等以「民族意識」取代「民族主義」有何高明之處，不
　過這裏姑且不深究此問題。

得通的。第三，同一個民族所構成的人群有權利要求政治自決（political self-determination），亦即自己的公共事務由自己人決定。不過政治自決並不一定要以「主權國家」的形式爲之，還有很多其他方式可以實現政治自決（1995：10-11）。

　　我們接下來就試著以 Miller 的基本主張爲根據，針對第一章所提出來的五個國家認同相關問題，逐一分析民族主義者如何建構一個完整的國家認同理論。

　　首先我們回到「什麼是國家認同」的問題。對不同的民族主義者，「國家」一詞代表不同強烈程度的民族承載。譬如在上引 Anthony Smith 的原文裏，national identity 可以被我們翻譯爲「國族認同」，那是因爲 Smith 認爲 nation 出於 state 之建構，state 只是近代初期的政治組織型態，當 state 結合了「族群核心」並擴大吸收其他邊緣族群而形成 nation state（或簡稱 nation），這個新興的政治文化組織實際上既是「國」也是「族」，所以 national identity 可稱爲「國族認同」。其他的民族主義學者（如 Gellner, Hobsbawn, Anderson）雖未如 Smith 般強調「族群」要素，卻也一致認爲 state 動員了民族主義，創造了 nation，因此他們的 nation 和（nation）state 也多少可泛稱爲國族。但是 Miller 的進路卻明顯不同。Miller 自始嚴格區分 nation 與 state，認爲前者指涉「一群企盼追求政治自決的人」（a community of people with an aspiration to be politically self-determining），而後者則指涉「一套政治制度，是前述民族所企盼擁有的組織」（the set of political institutions that they may aspire to possess for themselves）。民族與國家的區分，使 Miller 可以從容地分辨「多民族國家」（multi-national state）（如前蘇聯）、「一個民族，分裂成兩個國家」（如統一前的德國、目前的中國和韓國）、「一個民族，散居於眾

多國家中成爲少數民族」（如庫德族、巴勒斯坦人）。[6]在這種情況下，國與族可以區分、也必須區分，而「國家認同」（the identity of a state?）與「民族認同」（national idenity）則顯然有所區隔。Miller的民族主義論述關心的是「民族認同」，而不是「國家認同」。但是不幸的是，由於英文 national identity 在意涵上流動於「國家」與「民族」的可能性太大，所以 Miller 在很多地方其實談的也包括國家認同。

那麼，Miller 心目中的「民族認同」又是什麼呢？Miller 認爲構成一個民族的要件有五，而民族認同也就在這五點上形成。首先，民族的成員必須視其他成員爲同胞（compatriots），並且相信他們之間共有某種相關的特質。換句話說，民族成員是相互承認且分享共同信念的人。Miller 在此採用了 Renan 著名的分析，排除了種族血緣、語言宗教等標準，而訴諸於「願意共同生活在一起」的信念。第二，民族的認同也是一種具有歷史連續性的認同。歷史連續性（historical continuity）不僅指大家共同擁有的過去，也指向未來。第三，民族認同是一種能發生主動行爲的認同（an active identity）。這種「能動性」表現於整個民族共同的決定、共同的行動、以及共同的成就等等。Miller 認爲其他集體社群都不具備「能動性」，只有「被動性」認同（"passive" identity），唯有民族能透過其決定與行動展現「能動性」。但是爲什麼如此，Miller 語焉不詳。第四，民族認同要求一群人定居於某塊固定的領土，也就是說，要有自己的「

---

6 Miller 認為台灣與中國大陸乃同一「民族」、兩個「國家」，算是比較坦白論斷兩岸關係的西方政治哲學家。我們自己如何看待這個問題，詳見本書第六章之分析。Miller 比較欠缺說服力的地方是他區分 nation 與 ethnic group 的方式，他認為前蘇聯是一個多民族國家，而美國則已構成一個民族國家，其中的不同族裔只是 ethnic groups。見 Miller, 1995：19-21。

家園」（homeland）。Miller 認爲在這個條件上，民族才開始與國家
發生聯繫匯合的情形，因爲國家正是在特定領域上行使正當性權威
的組織。如果一個民族能在自己固有的土地上建立一個主權國家，
民族與國家兩個範疇就會結合成民族國家。第五，民族認同要求民
族成員共享某種特質，而此特質最清楚的表現就是「共同的公眾文
化」（a common public culture）。所謂公眾文化，可以解釋爲「人
群關於如何共同生活在一起的彼此瞭解」，它可以包括諸如民主法
治的信念、誠實報稅、禮讓婦孺、宗教信仰或發揚本國語文等等（
1995：21-27）。簡單地講，我們可以說 Miller 的「民族」是由（1
）共同生活之信念，（2）歷史連續性，（3）集體能動性，（4）特
定領土，（5）公眾文化等五項條件所構成，而「民族認同」就是認
同於這些條件形成的共同體。

　　我們分析了 Miller 關於「民族」與「民族認同」的定義，也等
於鋪好了回答其他問題的基礎。對於「爲什麼要有國家認同？」這
個問題，Miller 是從「相互承認」（mutual recognition）與「彼此互
惠」（reciprocity）這個角度來回答。Miller 基本上認爲人存在於各
種社會網絡之中，但是人之與其他人相聚合，不能看成是偶然湊巧
碰在一起或僅僅爲了利益之交換，而是帶有一種倫理的性質。這種
倫理性（ethics）表現於人會不計利害扶助他人、信守承諾、並且願
意加強共同生活的關係紐帶。如果進一步反省爲什麼人類會產生這
種追求倫理社群的動力，Miller 認爲有三個答案可以說明。第一，人
只要與他人建立一種人際關係，就對關係者產生某種義務感（當然
他人也會對你有同樣的義務感）；但同時每個人又有許多私人的目
標或利益有待實現。當兩者之間發生衝突，個人會陷於抉擇之困境
。這時如果人們能夠「認同」彼此所共屬的群體，則一邊付出義務
、一邊追求私利就不會形成激烈的道德衝突。因爲「群體的利益如

今也可視爲我自己的利益，……當我把自己的福祉與我所從屬的共同體縮結起來，貢獻於群體也等於實現個人目標的一種形式」。第二，當我們對共屬的群體產生了認同，一種平等對待及互惠的精神就會浮現。於是我將樂於幫助其他成員，就像其他成員也會在我需要時幫助我一樣。第三，認同於一個共同體，有助於將原先即互有善意的人際關係強化，而在這個基礎上，其他更正式、更嚴格的相互對待乃得以建立（1995：66-68, 79）。以上理由是 Miller 認爲社群生活具有倫理性、以及人們應該正視集體認同的理由。推到「民族」這個層次，Miller 則強調「民族」成員有許多其他成員身份所未能滋生的互惠作用，如保衛整個民族的故土、發揚歷史先人的美德、以福利制度扶助弱者等等。這些與公民權利義務有關的「互惠」如果沒有「民族（性）」加以支撐，將不可能獲得實現，因此培養民族認同（或乃至國家認同）是必要的（1995：68-72）。[7]

再其次，對於「國家認同要認同於什麼？」這個問題，我們從 Miller 關於民族認同的五項基礎可以看出：他所主張的認同對象是「具有歷史意義、定居於固定領土、彼此有強烈的共存意念、並且發展出獨特公共文化」的民族。如果用本書第一章自由主義與民族主義在這個問題上的對比來參照，Miller 顯然調合了部分民族主義的訴求與部分自由主義的價值。他標榜民族應該成爲國家認同的標的，甚至暗示民族是國家所以成立的泉源，但是他拒絕以種族血緣來界定民族的界線，而是突出歷史文化及集體意志的作用。可是如果說他很像自由主義，他又對程序制度本身就能產生認同力量的說法嗤

---

7 關於民族倫理意義的証成方式，Miller 強調必須採用「特殊主義」的論証，而不是「普遍主義」的方法，詳見 Miller, 1988；1995：47-65。但是，在論証我們是否對自己的同族同胞負有特別的（倫理）義務上，Robert E. Goodin 顯然並不同意 Miller 的說法（Goodin, 1988）。

之以鼻。他嘲笑 Rawls，認為正義分配完全迴避了分配給那些人、不給那些人的根本問題。在討論到先進國家是否應該介入第三世界的種族戰爭，或加強人道救援的任務時，他明白反對干涉主義及世界人權保障之類的救援活動，因為從「民族原則」推不出這種普遍主義式的結論（1995：77-80）。一言以蔽之，Miller 仍然具有頗多民族主義色彩，認為每個人都應該（優先）認同他（或她）所屬的文化共同體，而不是自由、人權、公平正義等抽象原則。他的自由主義旨在解除民族概念的原初性與排他性，但不是國家認同的構成原則。

至於國家認同與其它集體認同位階高下的問題，Miller 呈現了與傳統民族主義者極不相同的立場。他強調民族認同固然重要，卻不必然是所有集體認同中最關鍵、最不可或缺的一環。他知道強烈的民族主義者會主張國家認同高於一切，甚至要求其子民奉獻犧牲在所不惜。如費希特在《致日耳曼民族》演講中所言的：「為了拯救自己的民族，一個人必須隨時準備犧牲生命以換取民族的生存，如此他死得其所，宛如活在自己所日夜企盼的永生之中」。但是 Miller 認為這種說法「過度浮誇」，遠超過「民族」概念的意涵。他認為一個人擁有民族認同並不必然要成為這種教條式的民族主義者（1995：45-46）。事實上，Miller 只想強調一個人必須正視民族認同，承認民族認同比其他集體認同廣延（extentive）；但是民族認同既不排除其他認同，也不壓過其他認同（not exclusive and overriding）。在若干特殊情況下，他甚至還同意一個人可以有雙重的民族認同，如美國境內少數猶太裔美國人及愛爾蘭裔美國人（1995：11, 46）。不過，Miller 提出雙重民族認同的說法可能造成許多矛盾。矛盾之一是他定義民族時已說過那是一群企盼獲得政治自決的人，雙重認同如何讓兩種政治自決的企盼並存呢？矛盾之二是他說過美國是一

個民族國家，其中有各種族群但不是各種民族，現在他卻把猶太裔愛爾蘭裔當成不同於美國人的民族了。矛盾之三是 Miller 遊走於「國家認同」與「民族認同」之間，當他想強調國家政策（如福利制度）的一致性時，他用的是 nation 的國家意義；當他想表現多元寬容的氣度時，他用的是不具政治約束力的民族意義，如這裡的雙重認同。這個問題不只影響 Miller 在認同位階上的答覆，也影響了接下來的，「國家認同能不能轉變」的問題。

　　Miller 的自由主義色彩使他強調民族認同在本質上不是固定不變的。當他提出「公共文化」作爲民族認同的特徵之一時，他就默認了民族的共同性（the common characteristics of a nation）是可以經由開放式的討論來加以轉變。他認爲威權教條式的民族認同不值得一顧，只有開放辯論而形成的認同才能深入人心，因此「集體意義下的民族認同是可以隨著時間而改變的」（1995：39）。但是，在更多不經意的表述中，Miller 其實否定人們選擇民族認同、改變民族認同的可能。他說：「語言、社會習俗、節日慶典等都是歷史過程的沉澱，具有全民族的性格。因此，不管一個人想不想選擇，只因爲他已經參與於這種生活方式，他總是被迫要承擔民族的認同」（"one is forced to bear a national identity regardless of choices, simply by virtue of participating in this way of life."）（1995：42）。他又說一個民族的歷史生命既然是向過去與未來綿延數代，因此民族「不是現在這一代人所能捨棄不要的」（1995：24）。Miller 後面這種態度其實比較符合他對移民問題的看法。他的自由主義使他必須承認個人有移居他國之權利，但是他認爲輕易贊許移民的權利，形同意味此權利高於一個人對原來所屬共同體所應負有的義務，他對此深表不滿。至於一個人如果在國家有難時，移居外國以求身家安全舒適，他更是強烈譴責（1995：42, no. 50）。我們從這些地方，可以清楚看到 Miller

對於國家認同能不能改變的真正立場。

　　Miller 的自由民族主義產生了上述各種折衷調合的立場，有的令自由主義者窩心，有的令民族主義者滿意，同時雙方又都有一些難以釋懷的地方。但是，如果我們以前兩節所述民族主義的標準來反省 Miller 的理論，可能讓一般民族主義者最失望的地方，是 Miller 完全放棄「一個民族應該建立自己的國家」這個極端關鍵的訴求。我們在結束 Miller 的討論前，就來看看自由民族主義如何解釋他們放棄獨立建國的訴求。

　　Miller 基本上支持「一個民族、一個國家」，因為只有建立一個屬於自己民族的國家，才能有效地貫徹社會正義、保存民族文化、實現自立自主（1995：80-98）。但是他也深知世界上現有的民族數量遠超過政治國家的數目，而且許多民族根本就混雜居住在同一塊土地（如猶太人與巴勒斯坦人），如果貿然推動民族自決政策，將引發不可收拾的戰亂與悲劇。因此基於現實的考慮，他不得不退而求其次，希望每個民族都能有適度的政治保障，而非完全的獨立主權。他的理由包括：（1）我們必須區分族群與民族，民族比較具備要求政治自決的條件，而族群則否。如此就不必為了保障每一個族群而分成無數的國家。（2）即使一個民族要求獨立，也要先檢討它所居住的範圍內是否又包含了其他少數民族。如果這些少數民族剛好是原先被要求獨立的母國中之多數民族，則放任民族獨立只會重複多數中有少數的無奈情境，不如維持現狀。譬如魁北克之法裔要求獨立，不能不考慮境內英裔將成為少數民族的問題。（3）如果人口組成上沒有多數少數的問題，還得看看要求獨立分離的民族是否真正實力強大到足以自保？是否會嚴重削弱宗主國的國力？是否會剝奪宗主國不可或缺的天然資源？綜合以上這些考量之後，Miller 認為有資格提出獨立或分離要求的例子將十分有限，因此民族的政治

自決絕不等於放任每個民族成立自己的國家。比較實際可行的妥協方案是賦予這些民族「局部自主性」（partial autonmy），譬如給予北美印第安人保留區、給予魁北克人憲法上之文化保障、給予加泰隆尼亞人地區自治權等等（1995：112-18）。

　　Miller 對民族自決原則的修正或放棄，反映了民族主義者面對現狀時的無奈。可是民族獨立自主原本是民族主義一項極為重要的主張，一直到今天也仍然是世界各地民族主義運動普遍追求的目標。放棄了自決的要求，等於由一種政治意識形態降格到文化保護的層次，這在許多民族主義者心中恐怕是無法接受的妥協。換句話說，如果放棄政治獨立是民族主義結合自由主義必須付出的代價，那麼許多民族主義者或許寧可不與自由主義結合。但是，自由民族主義是否傾向於放棄政治獨立呢？難道自由主義所尊奉的個人自主原則不能推導出民族自主的原則嗎？為了更清楚瞭解自由主義與民族主義相互結合的可能性，也為了更確定自由民族主義在民族自決上的立場，我們轉向 Yael Tamir 的理論以一探究竟。

四、自由民族主義是否可能

　　自由主義與民族主義向來是水火不相容的兩種意識形態。自由主義以尊重個體自主性為第一原則，強調政治社會不能任意侵犯個人享有的種種權利；民族主義則以民族團結一致為出發點，主張為了追求民族的自主尊嚴，個別成員應該約束自己的私人意志以完成大我。自由主義認為價值分化乃事理之必然，社會必須培養寬容美德以鼓勵多元發展；民族主義則假定全體人民享有共同的歷史文化傳統及價值規範，成員間應有手足一體之感情。自由主義相信立憲民主、法律主治不只是西方歷史的產物，對全人類也會有適用上之

普遍性；民族主義則堅持各個民族自有發展之規律，其他民族的智慧結晶沒有理由取代自己民族的傳統制度與價值。由於這些對比以及其他種種明顯的差異，大部分自由主義的理論家不認為民族主義與自由主義可以結合在一起。譬如 Guido de Ruggiero 就在其經典大作《歐洲自由主義的歷史》中宣稱：民族主義對外必然意味著宰制其他民族，對內必然意味著以專制權威統治其子民，因此它與自由主義「在每一個觀點上都是相敵對的」。他認為民族主義的存在與發展，是自由主義的危機與挑戰（1927：415-16）。

　　然而近些年來，學術界興起了一股結合自由主義與民族主義的熱潮，首先是大家注意到 Hans Kohn 在他研究民族主義的著述中，一再強調英國民族主義的特殊性。他說：「英國民族主義自始就保持一些特色；它始終比其他國家的民族主義更忠於自己興起的宗教背景，始終充滿著對抗神權及世俗政體的自由精神。它從來不主張民族主義必須要求個人完全融入民族，而總是強調個體的重要性，以及超越民族界線的全人類社群」（1945：178）如果英國的民族主義曾經與自由主義原則齊頭並進，那就沒有理由排除個人自由與民族忠誠在理論上可以相結合。

　　事實上，自由主義與民族主義在思想史上確實有過不少攜手合作的紀錄。義大利民族獨立運動的思想導師馬志尼（Mazzini）本人就是一個不折不扣的自由主義者；而十九世紀最偉大的自由主義思想家約翰・密爾則明白肯定民族意識對於自由制度的重要性，他曾經說：「自由制度的一個必要條件，就是政府的界限應該大致和民族的範圍一致」（Mill, 1977：548）。對此問題有興趣的人如果仔細閱讀自由主義哲學傳統的經典，或許還會發現更多的線索 —— 英國的洛克、法國的盧梭、德國的康德，在某個意義上似乎都可以被當

成是自由主義與民族主義結合的先驅。[8]只不過,認爲自由主義與民族主義不能輕易融合的人恐怕更多。Lord Acton、F. A. Hayek、I. Berlin都提醒我們不要墮入民族主義的陷阱之中,Acton 說:「民族原則(nationality)既不追求自由也不追求繁榮,爲了促使民族(nation)能夠成爲國家(state)的質地及判衡,它可以棄自由與繁榮於不顧。……它也對抗民主政治,因爲它限制人民意志的表達,代之以某種更高的原則」(1985:433)。Acton 所說的「更高原則」,就是民族主義所號稱的「一個國家應該建立在一個民族基礎之上」。這個原則必然是虛幻的,因爲每一個國家都包含了兩個以上的民族。然而爲了一個虛幻的原則,民族主義可以犧牲個人的自由與權利。同樣地,Berlin 也說:「發展到巔峰狀態的民族主義主張:如果我所從屬的有機體,在需要的滿足上與其他團體的目標相衝突,那麼我(或我所歸屬的社會)別無選擇,必須壓抑其他團體,即使運用武力也在所不惜。假使我的團體 —— 就讓我們直接稱它爲『民族』好了 —— 要自由自在地實現其本性,則所有障礙都必須排除。一旦我確認民族的最高目標何在,其他妨礙到此目標的東西都不許被視爲具有同樣價值」(1981:343)。

在上述關於自由主義與民族主義是否可以順利結合的辯論中,Yael Tamir 旗幟鮮明地站在肯定的這一邊。她與 David Miller 一樣認爲自由主義者沒有理由處處迴避民族主義,因爲事實上這兩種意識形態的基本價值是可以互補的。她說:

> 自由主義的傳統尊重個體自主性、反思與選擇,民族主義的傳統強調歸屬、忠誠與團結,兩者通常被視爲互斥,但其實可以調適在一起。自由主義者可以承認歸屬感、成員身分、和文化

8　參閱 Resnick, 1992:511-12;蔡英文,1998:6。

淵源的重要性，以及因之而來的（對群體的）獻身。而民族主
義者則可以欣賞個人的自主、權利、和自由，同時也保持對民
族之內和民族之間社會正義的信奉。（1993a：6）

　　Tamir 之所以如此篤定自由主義與民族主義可以相容，乃是因為
她看出即使是號稱自由民主的國家，也必然預設了民族的存在。譬
如，要不是因為默認民族主義區辨同胞與外人的標準，為什麼自由
主義的國家也是以「出生」及「血緣」來決定國民及公民的身分？
要不是因為一個人對自己生長的地方特別有感情，為什麼自由國家
的公民會特別忠於自己的國家，即使別的國家更自由民主、更公道
繁榮？至於像福利制度的利益只限於國人分享，而不均霑於外人，
不是也說明了同胞之間存在著特別的情誼與義務？諸如此類的觀察
導致 Tamir 認定「民族的價值」（national values）必然隱藏在自由
主義的政治綱領之內（1993a：117）。

　　為了從根本處說服她的讀者相信「自由」與「民族」可以相容
，Tamir 從論述個體的存在樣態著手，主張人人基本上都是「脈絡下
的自我」（contextual self）。所謂「脈絡下的自我」，是說每一個個
體不僅是「自主的自我」，同時也是「著根於特定社會脈絡的自我
」。就自主性言，個人擁有選擇、反省、評估自己生活目標的能力
；但是一個人之所以能夠作出這些選擇與評估，也是「因為他著落
於特定的社會文化環境下，而這些環境提供了他評估好壞的標準」
。如果一個人真的宛如虛空中的原子，他將連選擇什麼目標都無從
談起，更不要講反思批判、變更理想。因此，Tamir 認為自由主義哲
學所強調的自主性及選擇能力固然是「人」的重要特質，但是文化
歸附、宗教信仰、以及善惡好壞的概念，也都是內建於「人」的本
質。「脈絡下的自我」結合了「個體性」與「社會性」，使自由主
義傳統與民族主義信念的融合有了一個正當穩固的開始（1993a：33

）。

更進一步，Tamir 試著將我們一般所謂「人是文化性的動物」加以詮釋，使人的文化要求與個體的自由權利聯結起來。他主張「文化權」（the right to practice a culture）應該被視爲一種「個人權利」（individual right），儘管我們一般都認爲文化是集體創造的結果（1993a：53）。Tamir 定義文化爲「行爲模式、語言、規範、神話以及各種其他足以增進成員們相互承認的象徵符號」。這些東西是人群互動下的產物，並且由於這些集體表徵而奠定了民族與民族的區隔基礎（1993a：68）。不同的民族擁有不同的文化，文化提供了上述「脈絡下的自我」選擇人生目標、反省成敗善惡的判準，因此，文化應該受到細心的呵護與保障。問題是許多人認爲只有群體（特別是像民族這樣的群體），才能提出保障文化的要求。然而 Tamir 不以爲然，她說文化行爲基本上也是個別主體實現自我的表現。一個阿拉伯人固然在自己的國家中可以有充分的公共設施進行其文化活動，（如上清真寺祈禱、在學校裏共同研讀可蘭經），但是即使阿拉伯人旅居異鄉，他也可以繼續透過服飾、齋戒、在家禮拜等方式實踐其文化活動。雖然此時這些活動受到的限制較大，但其得以繼續表現則說明了它們也可以看成個人的權利。反過來講，我們一般以爲自由民主國家的公民權（civil right）——如言論自由、集會遊行自由——是標準的「個人權利」，其實這些權利有很大部分也是透過集體行動來實踐，至少不會比齋戒禱告、迎神賽會等來得更「個人」。因此，如果傳統的公民權算是個人權利，那麼要求文化生活的權利當然也可以看成個人權利（1993a：53-56；1993b：901-903）。這是 Tamir 以自由主義的精神重新詮釋民族主義訴求的另一個表現。

在前述基礎上，Tamir 明確指出，自由民族主義所要求者正是這

種保障民族文化,使之生機蓬勃、足以滋養個體生命的訴求。它不像一般民族主義那樣爭取政治主權的獨立,而是要求民族文化生活的自決。Tamir 承認傳統的民族主義者都以營建獨立國家爲「民族自決」原則的最高實現,但是她認爲「追求政治獨立」不應當是「民族自決」的唯一落實方式。在一個民族數量顯然超過現有國家數量的世界裏,「民族自決」的理想詮釋應該是「追求文化自主」。這兩種不同的、詮釋「民族自決」的方式標示了「政治途徑」與「文化途徑」的差別。「政治途徑」界定民族爲一群接受共同統治者的人群,因此民族自決等於要求每個人都能參與統治過程,其具體表現是「民主制度」的建立與「人民自治」的確保。反之,「文化途徑」界定民族爲一群分享某些客觀特徵(諸如語言、歷史、土地)以及主觀文化自覺的人群,因此民族自決意味著民族成員有權利保障他們的特殊生活方式,使大家過一種具有文化意義的生活。它要求的不是「自治」(self-rule),而是自決(self-determination)。只要一群人有權利安排自己的社群活動、形成相互承認瞭解的空間,就算是「自決」(1993a:66-70)。

我們只要回想一下 Miller 的理論,就會同意 Tamir 與他呼應之處甚多。其中最重要的是兩人都區別「政治民族主義」與「文化民族主義」,放棄前者而發揚後者。但是,Tamir 的自由化民族主義似乎對「文化與政治的區分」強調得有些過頭。她說在極端的情形下,追求文化自決不一定要成就政治民主,而政治民主也不一定保証文化自決。「人們對民族自決的嚮往不同於,或甚至於牴觸,自由民主人士爭取公民權與政治參與的努力。事實上歷史昭示,有時人們爲了確保民族的地位與尊榮,不惜扼殺他們自己的公民權利與自由。⋯⋯民族自決可以說與公民權及政治參與沒什麼關係。它不是一種追求公民自由的活動,而是追求地位與承認」(1993a:71)。

在 David Miller 的想法裡，一個民族為了確定資源的公平分配，可以力求成為自立自主的政治單元，但是 Tamir 連這個理由也不在意了。他說人群的「邊界」（border）分成兩種，一種是基於管理分配的需要而形成的框架，另一種則純然是為了保護社群文化而形成。前者比較在意「擁有自己的國家」，而後者只要求「文化獨特性必須保存」。據此，Tamir 認為魁北克人大可以滿足於不求獨立、只要文化被保障的現行政治版圖，而美國加州的墨西哥裔移民、邁阿密的古巴裔移民、法國境內的阿爾及利亞人、英國的巴基斯坦人、或耶路撒冷的基本教義派猶太人等等，也都可以自足於保存某種無形的文化邊界以區隔「族人」與「外人」，而不必計較有形的政治邊界究竟要劃在那裏（1993a：166）。一言以蔽之，Tamir 的自由民族主義不追求政治獨立，甚至也不鼓勵分離。她主張我們用其他的方式實踐民族自決，這些可能方式包括賦予社區自主性、成立聯邦或邦聯。而究竟哪一種方式最適合一個特定的民族，必須視個別情況而定（1993a：74-75）。我們上一節所疑惑的問題至此大致已獲得解答：民族主義的自由化確實傾向於放棄主權國家的訴求，它把重點轉向文化差異性的保障，從而接近於多元文化主義的主張。如果這是民族主義在今天唯一能夠被人接受的面貌，那我們得承認民族主義的國家認同觀已經與傳統的民族國家訴求距離遙遠了。

最後讓我們再回到自由主義與民族主義的價值是否相容的問題。Tamir 的論証相當有力地指出國家預設（或包含）了民族的概念，也就是成員們繼受自先人、關連於鄉土、形成於歷史文化的種種因素。固然，自由國家的公民必須具備反思批判、溝通協調的能力，如此他（她）才能扮演好理性公民的角色。但是所有的公民也必須共享一種文化認同及歸屬感，對自己生長於斯的國度有特殊的感情。如果自由主義不是因為預先已吸收了這種民族一體的概念，自由

國家根本不可能在現代民族國家的世界秩序中取得主導地位。至少它們將無法解釋爲什麼凡是出生於境內的新生兒就可以自動取得國民的資格，也無法解釋爲什麼現有國民所生的後代（一個純然血緣上的關係）就是未來的公民。而且就像 David Miller 質疑過的，如果不是預設了民族的理念，爲什麼福利分配僅止於同胞，開放移民可以設限，而對外國的人道救援可以隨便敷衍？從這些檢驗標準看，自由主義的國家確實不會全然立基於自由主義的原則，而是必須建立在某種民族的想像上（1993a：124, 129, 139）。自由主義與民族主義的關係是明分暗合 —— 在理念陳述上兩者邏輯衝突，而在實踐層次上互補並存。Tamir 及 Miller 所做的只是根據實存的現象，把理念上的衝突當成一層面紗揭去，重新覆上一張比較和諧的臉孔。因此問題不是自由民族主義是否可能？而是這種新版的民族主義能不能被人接受。

　　整個自由民族主義的基本路數是區分文化訴求與政治訴求，將傳統民族主義信念所強調的「文化單元與政治單元合一」拆解成兩個分離的問題。在「文化自立不預設政治自主」的軟性前提下，展開種種關於集體文化維護與促進的論述。這種理路重視個人鑲嵌於特定文化脈絡的必然性與必要性，但也支持個人最終擁有反省文化、批判傳統的自主意識。只是它不從自由主義式的普遍理性或人權價值來証成這些批判能力，而是把批判反省再度歸諸既存文化所提供的自我更新、自我調節機能。就哲學意義上講，自由民族主義可以說是結合了社群主義的自我觀、自由主義的權利觀念、以及民族主義的民族想像三種因素的混合意識形態。它在目前的論戰中比較常被歸類爲靠近民族主義這端，彷彿與自由主義有較大的距離。但是如果我們的分析無誤，它在各項論証上的總成效其實相當接近自由主義，因爲它肯定了自由主義最核心的「個人擁有反省批判選

擇權利」的信條，反而放棄了傳統民族主義所在意的「民族必須尋
求政治自主或獨立」之理想。雖然它十分重視民族文化的價值及影
響力，可是第一，它已經承認一個國家可以包含兩個以上的民族文
化；第二，它也同意並非每個民族都要建立國家以保障其文化，因
此它實在不太像一般所理解的民族主義，反而類似多元文化主義，
而多元文化主義當然與自由主義有極為親近的關聯。其結果是，自
由民族主義被自由主義者接受的可能性，要遠大於它被民族主義者
接受的可能性。它是民族主義的再生，也是民族主義的終結，這對
原來的民族主義者來講是好消息還是壞消息呢？我們得讓民族主義
的支持者自己來回答。[9]

五、民族主義的貢獻與限制

　　民族主義從來不是西方政治思想家樂於提倡的意理系統，但是
它在欠缺知名人士背書的情況下竟然也欣欣向榮，主導了十九世紀
以來許多政治運動的方向。這表示民族主義本身是一種深具實踐潛
力的意識形態，在一般民眾之中能夠輕易傳播壯大。直到今天，許
多關注民族主義問題的知識分子仍然沒有辦法斷言，究竟民族主義
在未來是會漸走下坡？還是歷久彌新？左翼史學家 Hobsbawn 一度
斬釘截鐵地說：

　　雖然民族主義耀眼如昔，但它在歷史上的重要性已逐漸西斜。
　　它不能再現十九世紀或二十世紀早期的風采，再度化身為全球
　　各地的政治綱領。它至多只能扮演一個使問題複雜化的角色，

---

9 西方學術界討論自由民族主義是否可行的文章已經越來越多，評價也趨於
　　兩極。參見 Levinson（1995）、Green（1996）、Vincent（1997）。

或充任其他發展的觸媒。……未來的世界歷史絕不可能是「民族」與「民族國家」的歷史，不管這裡的民族定義的是政治上、經濟上、文化上、或甚至語言上的。在未來的歷史上，我們將看到民族國家和族群語言團體，如何在新興的超民族主義重建全球的過程中，被淘汰或整合到跨國世界體系中。民族和民族主義當然還會在歷史舞台上保有一席，但多半是從屬或微不足道的小角色（1990：182）。

可是，也有人持完全相反的看法。Anthony Smith 留意到二次大戰以來，全世界日益爲區域霸權、跨國公司及全球電訊系統所影響，以致許多人整天預告世界主義及全球性文化價值將成爲人類共同的歸趨。但是他深信民族國家及民族主義並不會因此而式微，因爲其他現象並不能提供人類歸屬感及特定歷史命運的承擔。除非我們找到更好的集體認同與慰藉力量，否則民族與民族主義「會繼續提供一種根本的文化與政治認同，直到下個世紀亦然」（1991：153-60, 177）。

民族主義究竟日趨式微或日益茁壯？這個問題必須交由未來的歷史見証。我們比較關心的是，以民族主義爲基礎的國家認同概念，究竟會幫助我們更理解自身的政治處境，還是會替政治生活帶來不可預測的未來？我們究竟能不能從這種政治意理之中領悟到一些處理國家認同問題的智慧呢？

從其積極面看，以民族主義爲構成原則的國家認同彰顯了若干其他認同無法發揮的功能。Smith 說，國族認同使個別的成員超越一己短暫生命的限制，在「民族」這個大我之中獲得一種生命延續、臻於不朽的感覺。它也使得個人由於聯繫於祖先之光榮過去，而獲得一種集體的尊嚴。同時，它又培養了同胞手足相連的情誼，使得人與人之間產生一種神秘且神聖的關係。這些作用都是只有民族主

義才能產生的,所以國家認同必須奠立於「民族」之上(1991:160-63
)。Smith 的理由有點宗教化,或許令人覺得不妥,但即使從政治哲
學的角度反省,民族主義的認同觀確實具有如下數項特色,是其他
形態的認同觀難以望其項背的。

　　第一,民族主義主張個體並非孤零獨立之存在,而是著根於某
些群體脈絡之中。這基本上是社群主義式的觀察,對「人」的實存
狀態瞭解大致正確。民族主義所不同於社群主義者,乃是它特別強
調「民族」這個群體脈絡。事實上,在各種我們比較熟知的脈絡 ─
─ 如家庭、學校、社區、宗姓組織、自願結社等 ── 之外,的確可
能存在著類似民族主義者所說的民族這個脈絡。以語言為例,人與
其他使用同一種語言的人多少有親近感,他們透過共同語言所傳遞
的訊息產生了「我們可以溝通」的感覺,這就說明了以語言為基礎
的社群(a linguistic community)是存在的。依同樣道理,宗教信仰
、生活禮俗等等也可以建立或大或小的社群,而與家庭、學校、村
里等小範圍的社群有別。民族主義假定民族由語言、宗教、歷史記
憶或習俗所構成,雖然界定得十分模糊,但這些性質的社群是存在
的。

　　第二,如果超越家庭、村里、學校的文化社群確實存在,那麼
國家認同是否也應該肯定這種民族主義稱之為民族的因素,以之作
為國家認同的基礎呢?就實然面來講,Tamir 等人已經以種種例子証
明國家是預設了民族概念。也就是說,在家庭、村里、學校之上,
有一個(或一些)範圍更大的文化社群,凝聚了大家的向心力與親
切感,從而支撐了國家對國民所要求的義務(如納稅、服役),以
及國民對國家(和其他國民)所要求的權利(如治安、交通建設、
社會福利)。這種大範圍的文化社群甚至遠溯先人、前瞻來者,使
個別國民對祖先及後代也都產生了倫理上的聯結。它表現於國家行

爲上，使現在的德國人仍然要爲父祖輩在二次大戰屠殺猶太人的罪
行感到羞愧，也使韓國人振振有詞地要求現在的日本人，爲那些不
是由他們本身犯下的錯誤而道歉或賠償。如果不是承認了類似血緣
因素的作用，我們如何要求一個國家必須承擔他們上一代未了的責
任，就像我們要求別人「父債子還」一樣？[10] 不過就規範面來講，
我們是否要依此「國以族爲本」的邏輯來論斷所有涉及國家行爲或
國家人格的問題，當然還有很多爭議。我們尤其要小心避免的是輕
易切換於集體人格與個體人格之間的論述 —— 日本這個國家（或國
族）曾經侵略中國，並不表示現在任何一個中國人可以辱罵或殺害
任何一個日本旅客以爲報復。民族主義要証成國家認同中的「民族
」因素不是難事，困難的是這個因素該如何落實，以及它有什麼限
制。

　　第三，如果每一種意識形態或多或少都有吸引人的力量，我們
就得正視民族主義所反映的價值，檢討這些價值之中是否有某些言
之成理的項目，而爲其他意識形態所欠缺。大體上，人們都同意「
民族」概念蘊含了「團結」、「互助」、「忠誠」、「奉獻」等比
較屬於集體主義性格價值。其他意識形態通常比較不強調這些價值
，因爲它們另有關切的項目。因此，「國家認同」概念可以從民族
主義這邊吸收一些有意義的基本價值，以肆應各種國家可能面臨的
挑戰。具體地講，民族主義所蘊涵的價值比較適合在外敵入侵時被
提倡，因爲危機時刻常常需要集體主義式的動員，而集體主義式的
價值不是自由主義所能提供。雖然許多思想家認爲集體主義容易滋
生非理性因素，但政治的內涵包羅萬象，非理性因素並不必然永遠

---

10 在這一點上，民族國家被要求的歷史承擔甚至可能重於私人間的債務關
　係，因為民法猶且規定子女可以聲明放棄繼承，而民族的恩怨是非卻世
　代積累，不易解決。

是負面有害的力量。在危機時刻，感性動員通常要比中規中矩的理性思惟更能因應得體。

　　以上所述乃民族主義國家認同觀可能的貢獻，接下來我們還要討論它的流弊與限制。

　　以「民族」爲國家認同的構成原則，其最大問題就是「民族」無法清楚界定。傳統民族主義者認爲共同血緣、歷史神話、宗教信仰、語言、風俗習慣等約略可以劃出民族與民族的區隔，但是這些劃分標準無一禁得起檢驗。誠如 Renan 所說：種族學並不是十分客觀的學科，而且即使種族血緣的分辨技術沒問題，「種族之於人類並不像科屬分類之於齧齒動物和貓科動物那樣重要」。語言使人易於溝通結合，但它沒有強迫人們非如此不可的力量。美國與英國使用相同的語言，並沒有統一成爲單一國家；瑞士人民使用三、四種不同語言，卻能夠共同生活在一起，因此語言社群與政治社群未必合一。宗教信仰、風俗習慣也面臨同樣的問題，譬如英德兩國的天主教徒並未合組一個國家，而幾乎任何一個國家都有兩種以上的宗教人口（Renan, 1995：9-15）。想要以民族作爲國家認同的基礎，卻無法確定民族根據什麼客觀標準來劃分，這是傳統民族主義理論上的致命傷。至於晚近的民族主義者轉而強調共同意志或建構出來的共同意志，這等於承認國家先於民族產生，因此所謂「以民族爲國家認同之根本」不如說是「國家建構下的民族認同」。既然「民族」是虛構的，它就喪失了支撐國家認同的正當性，我們根本可以考慮代之以任何其他虛構的東西，或者根本放棄國家認同。

　　進一步講，在「民族」定義不明的情況下，民族主義者不管提倡「一個民族、一個國家」或「一個國家、一個民族」，都蘊含著絕大的任意性與暴力性。這種「國族合一」的認同觀設立了單一民族的假象，想盡辦法使原本並非單一的族群結構趨於單一。於是輕

則同化、重則滅族，完全以主要族群的利益去決定少數民族的存亡。在國際上，由於目前全世界的國家疆界與各種主觀認定的「民族」疆界完全不一致，各個強大的政治勢力乃動輒以「民族統一」爲名，不斷號召政治疆域外的同族群體伺機起義回歸母族，或甚至強行兼併鄰國之本族聚落，造成國際間之緊張情勢。而在國內政治方面，則爲了維持「國族合一」之假象，統治者乃以強凌弱、眾暴寡的政策對待少數民族，使之永無翻身壯大、威脅既有統治族群之機會。因此民族主義式的國家認同最多只是滿足了主體民族的統一慾望，卻往往是少數民族的噩夢。

第三，就民族主義所採用的社群主義思考或「脈絡下的自我」理論言，我們固然同意每個個體都應當認知自己歸屬於各種大小不同的社群脈絡，但是社群脈絡的種類繁多，「民族」並不必然具有相對的道德優越性，因此「民族認同」也不必然比「家庭認同」、「村里認同」、「學校認同」、「性別認同」、「職業認同」等更有資格成爲一個人思考是否認同於一個國家的根據。事實上，對不同的人而言，他（她）之所以認同一個國家，其主要原因必然千差萬別。有的人是因爲熱愛自己生長的小村子，而連帶願意認同於包含小村子在內的國家。這時他的鄉土認同重要性遠甚於抽象而空泛的國家認同。依同樣理由，我們可以想像許多人的「性別認同」、「宗姓認同」、「社團認同」……等才是他們認同一個國家的關鍵。現在民族主義者要求他們相信「民族認同」才應該是他們的最愛，這只是強人所難。因爲一個人由於眷戀鄉土而承認國家之權威，還有種種解釋過去的理由（譬如說政府提供安全保障及修橋鋪路的服務）。然而我們爲什麼要接受一個抽象而模糊的「民族」概念，並且強迫自己相信民族認同至上呢？「脈絡理論」只能說服我們「民族」也是一個對個體存在有意義的脈絡，卻無法証明「民族」應

該成為國家認同的主要基礎。[11]

　　最後，如果民族主義者放棄上述第二、第三點，不再堅持「民族與國家合一」，也不再堅持「民族認同比其他認同更重要」──換句話說，如果民族主義轉化為上文所講的自由民族主義，那麼新的民族主義國家認同觀是否就沒有問題呢？筆者承認自由民族主義理論家用心良苦，而且在若干理論上切合實際。只是筆者不認為兩種意識形態的結合毫無扞格痕跡。基本上，自由主義所謂的「自主、選擇、反思批判」並不會完全排斥民族主義所重視的「團結、忠誠、奉獻犧牲」。不過在具體案例中，兩種價值系統可能還是有衝突，必須彼此折衷、各有退讓，而非順利平安地聯結在一起。譬如，David Miller 為了強調民族的歷史延續性，堅持民族文化不是任何個人可以隨便宣佈放棄、不予繼承。另方面他為了尊重自由主義的個體意志，又改口說每個人都可以反省、批判其所屬脈絡之歷史文化，甚至理性地選擇別的文化作為自己的資源。然則在「自由選擇」與「著根繼承」之中必須有一個價值優先於另一個價值，否則這個論述充滿矛盾。Yael Tamir 也面臨類似問題，他一方面肯定個體選擇人生目的之能力，另方面又認為此選擇必然要行使於既定文化脈絡所提供的資源。這樣一來就無法合理面對個人文化資源轉換的問題，更不用說會輕易贊同移民的權利了。自由民族主義試著在自由主義與民族主義之間搭起一座橋樑，基本上是值得鼓勵的，但是我們也不能忘記兩種價值體系實存的衝突。在特定的論點上，一個人可以決定採用自由主義，或決定採用民族主義，但不可能處處都以自由民族主義一詞含糊地交待過去。我們必須承認衝突與妥協，而不

---

11 關於「脈絡論」或「著根論」能否推論出「民族」的倫理優越性，Andrew Vincent 寫了一篇極為精闢的分析，他批評的對象包括了 Neil MacCormick、David Miller 及 Yael Tamir，詳見 Vincent, 1997：285-89。

是假裝天下太平。

第三章 社群主義與歷史文化共同體

一、社群主義與國家認同問題

　　民族主義國家認同觀的討論，使我們注意到許多民族主義思想家在發展民族認同理論時，或多或少得力於社群主義關於「認同」問題的研究。社群主義並不等於民族主義，因爲前者關心所有社群脈絡的存在意義，而後者偏重於「民族」這個社群。但是民族主義者所討論的若干議題 —— 如「脈絡下的自我」、「視民族爲一文化社群或語言社群」、「文化社群對個體的構成作用」等等，事實上都出自晚近社群主義思想家的著作。我們甚至有理由猜測，若不是最近社群主義針對自由主義的弊端發表了一連串犀利的批判，上一章所提到的自由民族主義恐怕仍未誕生。如果說民族主義是一種具備群眾魅力的意識形態，那麼社群主義就該是民族主義在知識分子中的代用品。社群主義開發了「民族原則」所據以建立的價值，提升了民族主義理論的哲學層次。我們如果想探究民族主義的真正力量與限制，就必須徹底瞭解社群主義如何與自由主義正面遭遇，如何在論戰中建立自己的體系。

　　社群主義與自由主義的論戰，是晚近十幾年來西方政治哲學界的盛事之一。自由主義哲學長期以來位居歐美學術主流地位，不僅是自由民主國家引以爲傲的意理基礎，也是西方國家推動第三世界政治現代化的理論憑藉。但是在過去十幾年間，自由主義遭到許多學者的猛烈抨擊。這些學者在籠統名之爲「社群主義」（communitarianism）的旗幟下分進合擊，指責自由主義在構思群己關係以及政治社群的目的等方面有嚴重的理論錯誤。這些錯誤一則凸顯了啓蒙運動基本價值的缺陷，二則暴露了自由哲學在面對當代社

會問題叢生的挑戰中無能為力的窘境。但是自由主義的支持者也不甘示弱，馬上修正若干易於授人以柄的論點，並反過來批評社群主義對現代社會缺乏真正的瞭解，完全未能正視多元價值並立的事實；如果一個社會真的採納社群主義的主張，人類文明將倒退至「前現代」的境遇。

　　我們身處台灣社會旁觀歐美學界這場爭論，覺得有些議題對我們並無切膚之痛，而有些則相當具有啟示。在值得我們注意的問題中，「文化歸屬」與「政治認同」似乎是對本土社會最有關聯意義的論述。因為自從威權體制逐漸瓦解之後，台灣社會大量湧現尋求自我認定的呼聲。這種力量表現在族群身分的自我肯定，社會文化主體性的創造與追求，以及政治上更明確界定國家名稱與領土範圍的努力。這些新興主張雖然比較常以「民族」或「族群」之名展開論述，但是其關注的問題卻與「社群歸屬」、「文化認同」息息相關。因此，西方社群主義所討論的議題其實可以作為我們反省台灣族群認同問題的參考。

　　社群主義與自由主義論戰所引發的「政治認同」或「文化認同」問題，基本上是一個哲學性的問題。在對話者之中，固然不乏懷抱迫切的現實感而試圖以理論合理化政治主張者 —— 如 Charles Taylor 為支持魁北克文化自主而著書立說並投入選戰，但大體上「認同」問題的討論仍屬抽象思辨的範圍。也正因為如此，這些學者提出的論據乃有一定程度的參考價值，不致因其出自西方人之筆而無助於我們反省此地認同問題之困境。

　　簡單地看，自由主義與社群主義在「國家認同」論述上的分野似乎是這樣的：自由主義以尊重個體自主性及多元差異為核心原則，因此一方面認為個人應當有選擇認同對象的自由，另方面主張國家必須在道德、宗教、文化等問題上保持中立，以最低程度的政治

共識去包容最大限度的多元價值。相反地，社群主義以強調群體文化歸屬及共同目標爲立論基礎，因此一方面主張個體不可能任意拋棄形塑其自我認同的社群背景，另方面也主張承載共同歷史文化資源的人應該群策群力，防止共同體生命力的渙散。換言之，自由主義的國家認同觀給人一種自由、寬容但鬆散、放任的感覺，而社群主義的國家認同觀則讓人覺得團結、緊密但有點壓迫與束縛。

　　筆者認爲，自由主義與社群主義在國家認同如何構成的論述上固然各有所長，但衡諸當代政治社會的特質以及台灣現實的困境，社群主義認同觀可能產生的負面影響顯然大於自由主義。爲了証實這個判斷，我們必須客觀檢討自由主義與社群主義在國家認同論述上的優缺點。關於自由主義，筆者將留待下一章處理。本章所要討論的，則是社群主義的國家認同觀如何形成，以及這種認同理論有什麼不妥之處。由於社群主義一詞甚爲籠統，筆者擬依通例舉出四位主要的代表人物 —— Michael Sandel、Alasdair MacIntyre、Michael Walzer、Charles Taylor，[1] 並以他們的相關著述爲根據，逐一討論他們如何看待「自我」、「社群」以及「國家認同」，最後再提出一些綜合的評論。

二、著根於特定脈絡的「自我」

---

[1] 以此四人爲社群主義之代表，幾乎已成爲學術界之定論，參見 Mulhall and Swift（1992：vii），Friedman（1994：297-98），石元康（1995：95）等。但其實此四人彼此差異頗大，甚至能否稱爲社群主義者也有問題。不過，儘管他們個別有人不願被稱爲社群主義者，或是本身確實仍帶有濃厚的自由主義色彩，在本章所要討論的問題上，他們或多或少可以算是反映社群主義思惟的學者。至於值得商榷的地方，筆者在文章中會適時交待。

　　當代西方社群主義基本上是一個後起的、以批判既存主流理論為出發點的思想流派。它所批判的主流理論是自由主義，而攻擊的焦點則多集中在 John Rawls、Ronald Dworkin、Robert Nozick 等人。社群主義對自由主義的抨擊重點包羅萬象，如指責其個人主義、普遍主義、抽象主義、中立假象、放任縱容、道德虛無……等等，我們既無能也不想在此一一檢討。但是跟本書關係較直接者，則是社群主義對自由主義「自我」（the self）觀念的檢討。這個問題不僅是雙方哲學論辯的重要焦點，也影響彼此「認同」（identity）觀建構的方式，因此我們必須從這個問題開始討論。

　　社群主義經常指責自由主義的自我乃是一個「本務論式的、無承擔的、重意志選擇的自我」（a deontological, unencumbered, choosing self），而社群主義的自我則是一種「目的論式的、著根式的、重發覺認知的自我」（a teleological, embedded, cognitive self）。這個對比是從 Sandel 對 Rawls 的著名批判中形成，然後在其他社群主義者之論述中得到不同程度的呼應。Sandel 說：Rawls 在《正義論》中為了確定正義二原則會成為「完序社會」的原則，曾提出「原初狀況」的假設。在原初狀況中，人人為一層「無知之幕」所遮掩，只具備一般政治、經濟、社會、心理的常識，而不知道自己是什麼人，有何社會地位、才智能力、或特殊欲望。在此情形下，所有影響道德決定的任意性因素都會被排除，而人人也必然會以審慎的態度研議社會建構的基本原則，最後其所得出者應為（一）人人享有平等自由權利的原則，以及（二）不平等的分配若要成立，必須使社會中處境最不利者獲得最大利益才行。Rawls 稱此為「差異原則」。同時，為了檢驗此正義二原則是否符合我們對正義的常識判斷，從而修正原初狀況中應設定的條件，Rawls 又提出了「反思的均衡」（reflective equilibrium）這個概念，讓我們一方面從即將得出的原則去

構思原初狀況的設定，另方面從原初狀況的初步設定去推論是否會接受合理的正義原則。如此來回推理與修正，終使吾人對正義之常識判斷與嚴謹之正義原則相符合（Rawls, 1971）。

　　Rawls 這個理論原本旨意在於提出完序社會的分配原則，可是在 Sandel 的重構之下，卻成了自由主義關於道德主體及社會本質的典型講法。而在這個典範中，Sandel 找到了他所要批判的所有素材。首先，Sandel 認為 Rawls 的「自我」是一個康德傳統下的本務論自我。「要成為一個本務論式的自我，我必須是這樣的一個主體──就是其認同乃獨立於我所擁有的事物之外的預先存在，換句話說，也就是獨立於我的利益、目的、以及我與其他人的關係之外」（1982：55）。原初狀況中的立約者既不知道自己是誰，也不知道自己的欲望與目標，更對他人之利益漠不關心，自然就是 Sandel 所謂的本務式自我。但是重要的還不只是這種自我乃預先存在，而且它跟它的目的之間所存在的是一種「因自由選擇所成立」的關係。Sandel 認為自由主義的自我被假定為先天具有自主意志，可以透過「我要／我不要」的意念建立起（或結束）它跟欲求對象的擁有關係。因此，究竟什麼對個體而言是善，就完全決定在個體相當任意的選擇能力之上。個體可以決定成為學富五車的哲學家，也可決定成為無惡不作的強盜。人生的善惡變成沒有一定的準繩，而個人也不必受限於既存社會的約束，不必向任何超乎主體的力量負責。

　　相對於自由主義這種著重意志層面的行為者，Sandel 提出另外一種著重認知層面的行為者之概念。他認為每個人原本出自一定之存在脈絡，不是憑空想象創造出來。因此人人皆可謂先天就「著根」於特定之時空背景，在發展自我認同的過程中，因人際之間的互動而產生的自我瞭解與一己反觀內照所得之自我瞭解同樣重要。我們所謂的善惡好壞，統統是在這個人際網絡中獲得其意義，並且深

切影響我們一生努力的方向。因此人的本質是目的性而非本務性的，是群居性而非獨處性的。對於自我與外物關係之建立，乃是類似逐步發現、逐步認知到既存牽扯的過程，而不是單純以意志及佔有行動去擁有。當然在這個認知過程中並不是所有關係都平等呈現，也因此主體可以依自己之覺悟範圍形成自我的認同。但是重要的是我們必須瞭解這種自我才是真正的自我，是一個有歷史文化意義、有人際網絡基礎的自我（1982：56-65）。

　　另外一位社群主義思想家 MacIntyre 也有類似的看法。MacIntyre 說：Nozick 與 Rawls 都認為社會是由各懷私利的人所組成，這些人永遠是私利第一，社會第二。「個人利益的認定優先於，並獨立於他們之間任何道德或社會的聯結」。這種自由主義式的個體「就像是一群遭逢海難之後，被沖到荒島上的人一樣，彼此都不認識」（1984a：250）。正因為自由主義預設他們彼此並不關心，所以這些人聚合在一起之後，首要之務就是制定契約式的互動規則。他們之間未曾分享共同的價值或目標，每個人都懷抱著自以為是的人生計劃，MacIntyre 稱之為現代個人主義式的自我。在這種自我觀之下，「我就是我自己選擇成為的樣子，只要我高興，我隨時可以把那些關於我自身存在的偶然性社會特徵打上問號、置之不理」（1984a：220）。因此在 MacIntyre 的心目中，自由主義的自我也是一種無根的、無目的的、可以任意選擇存在樣態的自我。

　　相對這種欠缺深刻意義的自我，MacIntyre 提出了一種「敘事性自我」（the narrative selfhood）的概念。所謂敘事性的自我，是說一個人的人格構成乃是表現於這個人一生中首尾一貫、意義明確的種種實踐（practice）。這些實踐具有「內在的善」（internal good），可以幫助實踐者透過對該等行動的恆常踐履，而日益接近自己之所以為人的目標。譬如下棋的動作，其內在的善是精進棋藝，贏得棋

局。至於贏棋是否可獲得鉅額獎金，則是外在考量，否則下棋就不
叫做下棋。MacIntyre 說一個人不僅要經常反省自己的行為是否符合
該行為的實踐旨趣，而且這種反省必須前後貫串，形成一種敘事史
的秩序。也就是說，我們預設人的生命具有一貫之道（the unity of an
individual life），每個人都應該不斷質問自己「如何才能最成功地踐
履此一貫之道並使之圓融」。由於這種反省是以講述敘事的方式進
行，因此 MacIntyre 稱之為敘事性活動。在反省敘事之中，我們不只
追問自己人生的最後目的（the final *telos*）為何，也同時在因追問而
遭遇的挫折、誘惑、傷害、迷惘之中成長，從而增進對自我的了解
與對人生至善的了解（1984a：216-20）。但是更重要的，敘事反省
不能不放置在某個特定歷史傳統及社會網絡中進行，否則敘事不成
敘事，只會變成沒有任何歷史承載的任意性行為。MacIntyre 說：

> 我永遠不可能以孤零個體的身分去追尋至善或踐履德性。……
> 我們都是以一個特定社會認同的承載者（as bearers of a particular
> social identity）來接觸我們自己的環境。我是某人的兒子或女兒
> ，某人的表兄或叔叔；我是這個或那個城邦的公民，這個或那
> 個行業的成員；我屬於這個氏族、那個部落或這個民族。因此
> 那些對我而言是好的事情，也必然是對扮演這些角色的人是好
> 的事情。如此，我從我的家庭、我的城邦、我的部落、我的民
> 族的過去之中，繼承了各種各樣的債務、遺產、合理的期待與
> 義務。這些構成了我生命的既定素材，也是我在道德上的起點
> （1984a：220）。

因此，MacIntyre 的「自我」也像 Sandel 的「自我」一樣，是一
個必然著落在特定歷史社會的人際關係中的自我。這種自我不能假
定可以有一刻完全擺脫既定素材的影響，去進行 Rawls 式本體我的
思考；也不能假定自己擁有任意選擇環境、任意決定人生目的的自

由。就這點而言，Walzer 與 Taylor 似乎也有類似的看法，不過他們論點顯然比較不極端，比較不像所謂典型的社群主義思惟。

　　Walzer 在八○年代初期普遍被視為社群主義的另一健將，因為在他的著名作品《正義諸領域》中，他確實反對 Rawls 等人的自由主義式推理方法。他說有些人以為我們可以找到一個普遍客觀的立足點，就像柏拉圖的哲學家離開了洞穴來到觀念界一般，以不沾塵染的姿態構思正義社會該當如何如何。但是這是騙人的，因為沒有人能號稱自己完全不受特定時空條件影響。Walzer 自己寧可明白宣布哲學工作必須「站在洞穴中、居於城邦內、立於土地上」來做（1983：xiv）。關於「自我」這個問題，他也認為自由主義的說法是不切實際的。「（有人以為）個體可以完全站在制度與關係之外，而只有在他（或她）高興的時候才選擇進入這些制度與關係。但這種個體並不存在，也不可能出現在任何想像得到的社會中」。對 Walzer 來講，每個人其實都是歷史社會脈絡的一部份，文物制度與責任關係並不是憑意志創造出來的，我們只是恰好生於其中，長於其中（1984：324）。

　　不過，在自由主義與社群主義的爭論日漸白熱化之後，Walzer 反而有意識地跳出這場亂貼標籤的混戰。他一方面覺得自由主義確實有許多缺失，另方面又認為社群主義的批評最多只能看成是對自由主義的部份矯正，而不具有全盤取代的能耐。在「自我如何構成」這個問題上，他甚至覺得雙方浪費很多精力在打稻草人。因為「當代自由主義並不致力於提倡前社會的自我（presocial self），而只是要求自我對於社會化的價值應該有批判反思的能力；而社群主義批判者所做的也正是這樣的工作，他們也不可能偏激到主張社會化至上」（1990：21）。因此自由主義式自我與社群主義式自我的對立，在 Walzer 的作品中就慢慢消失了。

　　至於 Taylor ，我們可以說他的立場也是立於自由主義與社群主義之間。[2] Taylor 認爲目前「自由主義／社群主義」的論爭存在一個混淆，就是未能區分「本體的問題」（ontological issues）與「促進的問題」（advocacy issues）。在「本體論」方面，爭執的兩造是「原子論者」（atomist）與「全體論者」（holist）；在「促進論」方面，衝突的立場是「強調個人權利與自由」與「強調社群的生命與集體價值」。由於有兩組問題、四個立場，所以理論上可以有「原子論－個體主義」（如 Nozick）、「原子論－集體主義」（如 B. F. Skinner）、「全體論－集體主義」（如 Marx）、「全體論－個體主義」（如 Humboldt）等四種組合（Taylor, 1995：181-86）。Taylor 自己的立場似乎比較接近「全體論－個體主義」，因此我們不能說他是一個不折不扣的社群主義者。

　　不過就本體論而言，Taylor 確實跟前述三人同樣主張自由主義的「選擇性主體」（the choosing subject）是虛幻的構想。他說：權利至上的哲學觀必然預設某種原子論的基礎，而原子論是西方十七世紀以來關於人之本性的一個主要說法。原子論不僅主張個體是社會建構的最基本單元，而且把個體的價值界定在他（或她）可以自由選擇自己生活方式的能力之上，換句話說，原子論「賦予選擇自己生活方式的自由絕對的重要性」，而選擇能力本身乃一躍而爲人之所以爲人的特質（1985：196-97）。

　　Taylor 自己相信的不是原子論，而是全體論。他以亞里斯多德的名言爲例，說明人天生應屬社群性的動物。「亞里斯多德用自足（self-sufficiency）概念來証明這一點。人是一種社會動物，或者應該

2　參見江宜樺（1996：22），林火旺（1996：6），Mulhall and Swift（1992：164）。

說，是一種政治動物。因爲人單憑自己無法自足；在一個重要的意
義上，人只要離開了城邦生活就無法自足」（1985：189）。Taylor將
城邦生活引申爲所有文明文化，從而建立起他自己的論述。他說人
是一種居習於文化之中的存有，自文化之中我們發展出種種能力——
包括選擇的能力。自由主義以爲選擇能力是先於社群文化而存在，
並且能自由選擇社群之歸屬，這些都是錯誤的命題。事實上「歸屬
」與「對群體的義務」要優先於「權利」的主張，我們先是認淸楚
自己在世界中的定位，才能談自己擁有何種權利（1995 ：188, 198
）。

　　以上我們討論了 Sandel、MacIntyre、Walzer、Taylor 等四人對
「自我」概念的理解。如果要從他們各有特色的陳述中歸納出所謂
社群主義的「自我」觀，我想以下三點大致上是成立的。第一，自
我是著根於特定的歷史社會文化脈絡之中，社群關係是自我認同的
既定素材，無所謂純然中性的本體我。第二，自我認同的形成主要
靠成長過程中，不斷探求本身在社群脈絡中的角色而定，不是靠所
謂自由的選擇能力來完成。第三，選擇能力固然是人類諸多能力之
一，但選擇能力不至於大到可以任意改變自我在社群中的歸屬。換
言之，不管一個人的社會角色可以有多大調整，他仍然不能從所置
身的系絡中完全拔出，任意地安置到別的系絡中去。這幾個敘述的
重要性目前還看不出來，但是等我們討論社群主義對社群的看法之
後，也許就可以呈現出它們對國家認同問題的影響。

三、共同歷史文化傳承下的社群

　　社群主義批評自由主義的自我是無承載的、原子式的個體，而
其批評自由主義的社會則說它是一種沒有共同目標、沒有德性基礎

的工具性社會。相對地，社群主義者分別提出了一些主張，試圖呈現一種更有凝聚力、更有社群感的社會。我們以下逐一討論他們的主張。

Sandel 曾經說社群可以分成三大類型，第一種是工具式的社群（the instrumental view of community），在其中每個成員都是私利至上的個體主義者，人人以他人及社會建制爲自己實現欲求的工具，也因此成員們對社群本身並無感情。傳統西方自由主義所建構的契約性社會可以算是這種觀點的代表。第二種社群是情感性社群（the sentimental view of community），Sandel 認爲 Rawls 的「社會聯合體」（social union）就代表這種觀點。在情感性社群中，人人彼此有一定的善意，也會建立起穩定的合作關係，因爲他們都想互惠互利，也願意肯定集體生活的價值。可是對 Sandel 來講，這種社群的社群感仍然不足。因爲它只能產生某種纏繞式的人際關係（entanglement），卻不能建立真正相互依存（attachment）及須臾不離的決心（engagement）。要達成這些要求，只有在構成式的社群（the constitutive view of community）中才可能。所謂構成式的社群，是指社群本身已成爲一種善，「不僅可以規定公民同胞可以擁有什麼，而且規定了他們是誰；不只提供了他們像自由結社那樣可以選擇建立的關係，也提供了可以讓他們慢慢去發現的相互依存；不只成爲個體的一種特徵，也成了他們認同中的構成部分」。在這種社群中，結社可以進化爲共同體，互利合作可以進一步滋長爲分享參與，而集體屬性則演變成共同歸屬。Sandel 認爲這才是真正的社群。並且，他也認爲 Rawls 的正義二原則所要求、所預設的必須是這種社群，否則的

話，光靠情感性社群是不可能推出「差異原則」那樣的規定的（1982
：149-51；1992：28）。[3]

　　MacIntyre 對 Rawls 的誤解較多，敵意也較深。他認為 Rawls 等
自由主義者的社群只能是工具式社群，談不上有什麼感性的基礎。
他指責 Rawls 與 Dworkin「都沒有『憑才德求分配』（desert）的概
念」，也沒有「訴諸傳統以論斷是非的概念」。他們心目中的社會
「由個體所組成，人人各自競逐其私益」，而最後也是為了使競爭
有規則可循，他們才同意訂立遊戲規則。所以他們的社群不是社群
，只是某種避免互相傷害的工具。在 MacIntyre 看來，真正的社群必
須回歸亞里斯多德傳統，回歸到一個重人生目的、講道德德性的環
境中。我們綜合 MacIntyre 分散各處的討論，發現他理想中的社群似
乎要求以下幾項條件。首先，社群要有所有成員共同分享的目的，
像是追求真善美或實現真正的正義。其次，社群成員之間要有情誼
。情誼並不是私人交友之感情，而是公共領域中的重要德性，它最
主要的涵義是朋友間對於什麼是「善」有一個共同的認知，然後彼
此砥礪扶助，以促進此共善並激發對方之美德實踐為友情之表現。
第三，社群必須有一個貫串過去與未來的道德計劃（moral project）
，此計劃能召喚起社群成員的歸屬感與愛國心（MacIntyre, 1984a ：
155, 192; 1984b ：13）。符合這些條件的社群 MacIntyre 稱之為德性
的社群（virtuous community），這是他對社群主義社群觀的一種貢
獻。

　　嚴格而言，MacIntyre 似乎並不相信這種德性的社群還存在於當
代社會，也不認為短期內它們有復興的可能。在他的著作中，
MacIntyre 總是提到部落、教會、鄰里、家庭，彷彿只有這些小規模

---

3 關於 Sandel 構成式社群觀念的檢討，詳見錢永祥（1995：301-309）。

的社群還保留一點古代德性社群的遺風。至於國家層級的社群，MacIntyre 幾乎是完全不抱希望的。他曾經說：「一個新的黑暗時代已經降臨，目前重要的是如何建立地方性的社群，使其中的文明與知性、德性生活能熬過這個黑暗時代」（1984a：263）。而當別人訪問他，提到全國性的社群主義運動是否可能時，他的答覆是：「任何大規模的政治活動都不再有什麼用了，……目前還能發揮作用的政治活動都是小規模的、地方性社群的建立與鞏固，像是在家庭的層次、在社區之中、在工作場所、在教區、學校、醫療中心等等。因為只有在這些地方，凍餒無助者的需求才會有人傾聽。（就此而言，）我並不是一個社群主義者。我不相信社群的理想或形式可以拿來當做解除當前社會病態的萬靈藥。在政治上我可以說是什麼綱領都不信」（1994：51）。從這段話來看，MacIntyre 或許是所有社群主義者之中最保守也最悲觀的一個。

在 Walzer 身上，我們既看不到 Sandel 那樣對社群構成功能的強調，也看不到 MacIntyre 那樣對德性與共善的堅持。 Walzer 當然對自由主義社群不甚滿意，但是他始終認為自由主義作為一種「分隔的藝術」而言大致上是值得肯定的。自由主義在歷史上所完成的分隔工作包括區分政治與宗教、區分教會與大學、區分市民社會與國家、區分世襲皇族與政治權力、區分公共領域與私人領域等等。每一種區分都創造了一種新的自由，如宗教信仰自由、言論講學自由、商品買賣自由、職位開放自由、隱私的自由等。Walzer 認為這是自由主義的成就，值得襃揚一番。不過，當現代自由主義將區分的界線進一步推廣到個體與個體之間，Walzer 認為方向就錯誤了。個體不能被視為孤零的原了，這點我們上一節已經討論過。現在 Walzer 要強調的是社會不該看成是由一個個的個體所組成，而是由一個個的建制與結社所組成。「我們不該區分個體；我們要區分制度、實

踐、以及各種不同類型的關係。我們所劃的線要圈出教會、學校、市集、家族，而不是圈出你和我的不同。我們不必追求所謂孤獨個體的自由，而是要追求那可堂皇名之爲制度完整性（institutional integrity）的東西」（1984：314-17, 325）。Walzer 在這裡所指涉的，其實是一種多元主義的社群觀。在他的心目中，社群的要義不在全體分享的目標，甚至也不必是聯結你我的情誼，而是包容各種次級社群、次級組織的結合體。當每一個人在各種小社群中找到他最適合的位置以及最妥當的身分認同（譬如社區中的傳教士、同姓宗親會的聯絡人、或大學中的助教），那就可以說人人各得其所、社會安定太平了。Walzer 這種觀點介於自由主義與社群主義之間，因爲他既不同意社會以個體爲建構單位，也不主張社群之內必定有某種同一性。學術界有時無法對他貼上簡單好用的標籤，多少是有道理。

最後，我們再來看一下 Taylor 的社群觀又是如何。基本上，Taylor 與 Sandel 一樣都肯定社群本身是一種善。而其之所以爲一種善，則是因爲社群對我們每個個體自我認同的構成有決定性的影響，他說：要回答「我是誰？」的問題必然涉及某些既有的價值、歸屬與社群成員身份。雖然我們不能像有機論那樣，威脅說一個人離開了社群營獨居生活就會枯萎致死。但不容否認的是社群提供了我們關於什麼是最高的價值、什麼是美麗動人、什麼是至關緊要的事等問題的基本參考。如果沒有這些參考的依據，所謂自我認同將會嚴重受損，甚至使我們無法成爲一個像樣的人（"unable to function as a full human subject"）。因此，社群的意義在於它的文化資源，「文化幫助我認清自己」（Taylor, 1993：45）。

一個社群的文化包括宗教、美術、音樂、舞蹈、文學等等層面，但是 Taylor 在社群文化的諸多面向中特別提出「語言」這個面向

．或許是受到身處加拿大魁北克的處境所影響，Taylor 十分強調語言對於維繫一個社群的重要性。在他著名的「文化自主權」五段論証中，語言就一躍而成魁北克有無權利爭取加拿大與全世界承認的關鍵因素。這五段論証要回答「民族爲何應該成爲國家？」此一問題，而其內容是這樣的：

（1）形成我們認同的條件對於我們要成為完整的人類主體乃是不可或缺的。

（2）對現代人而言，認同的一個重要層面（在某些情況下乃最重要層面）是他們的語言文化，也就是說他們的語言社群。

（3）語言社群作為認同的關鍵層面是否確保，對於我們能否成為完整的人類主體至關緊要。

（4）對於使我們成為完整人類主體的條件，我們有權利要求他人尊重。

（5）因此，我們有權利要求他人尊重我們語言社群存續的條件。（1993：53-54）

　　Taylor 的論証有許多問題，其中最重要的並不是語言可不可以做爲認同的重要因素，而是語言能不能成爲爭取獨立或承認的最主要因素。就魁北克的例子來看，爭議的焦點當然是在語言政策上，但我們若想想其他被獨立運動所困擾的地方（如北愛爾蘭），就會知道文化之中的其他因素（如宗教信仰）也可能成為爭取獨立的依據。如果一個社會中這些因素交叉在一起（亦即不僅語言歧異，而且宗教或血緣等也十分複雜），Taylor 的論証就很難清楚簡單地成立了[4]。不過在此處，我們主要想點出的是：對 Taylor 而言，社群主要是

---

[4] 關於 Taylor 五段論証之討論，可參考蕭高彥（1996a：4-10）。

以語言為核心，語言創造了共同的文化，凝聚了成員的向心力，Taylor
的社群因此可以稱作「語言的社群」（linguistic community）。

　　從 Sandel 的「構成式社群」到 MacIntyre 的「德性的社群」，
再到 Walzer 的「多元主義社群」以及 Taylor 的「語言社群」，我們
可以看到每個人強調的重點不一，而在未強調的地方也不能確定是
否沒有牴觸。譬如「構成論」似乎可以成為所有社群主義者的共同
論述，另外地方式社群（如教會、學校、鄰里）也是四個人都一再
強調的重點；但是 Walzer 不愛多談社群的共同命運，也不願意接受
「情誼」仍是維繫當前社會凝聚力的首要美德（他認為「寬容」比
較有意義），這都跟 MacIntyre 明顯衝突，也跟 Sandel 或 Taylor 的
用語有所出入。即使我們置 Walzer 於不顧，MacIntyre 的亞里斯多德
主義跟 Taylor 的亞里斯多德主義也不盡相同。MacIntyre 認為整個現
代化啓蒙運動的方向都是錯的，救贖之道唯有設法恢復古代或中世
紀的道德秩序；而 Taylor 則承認現代性之中兼有理性主義與浪漫主
義兩個層面，二者缺一不可。目前的問題是平衡失調，必須稍為加
強浪漫主義、重情誼歸屬感的一面以濟理性主義原子論的不足。但
要完全回歸古代秩序，則是不可能也不必要的事。類似這種矛盾之
處一再出現，我們確實很難整理出一個社群主義者的社群觀，也許
比較穩當的作法是回到大家共同接受的起點，再看看可以推出多遠
。

　　社群主義的社群觀基本上可以與自由主義的社群觀做一區隔。
儘管在這個問題上，Sandel 與 MacIntyre 對自由主義社群的本質仍有
不同的意見，但他們的歧異不是很重要。關鍵的是自由主義的社群
以個體為建構之基礎單位，而社群主義則認為應該以次級社群（或
地方性社群）為單位。在社群主義者的想法裡，個人先是從屬於各
種不同的社區，再從屬於國家。而且個人之從屬於次級社群，也不

是完全依自由意志決定。這些社群之所以會成爲自我置身所在，必然有歷史及社會文化上的原因。它們對個體而言是偶然的、特定的，但也就在這偶然、特定的脈絡中長大成人，並由此生活經驗中獲得了自我的認同。從這個角度來看，個體對自己所從屬的社群當然會有某種親近與忠誠。雖然這不表示個體對於該社群缺憾之處不能有任何批評，但整體而言個體確實不能拋棄這個背景。用 MacIntyre 的話來講，即便是批評，也必須從社群之中發展出來的。因此，問題的關鍵就慢慢導向「究竟是什麼樣的親近與忠誠，使得一個人認同這個社群？即使有批判，也不致背離？」—— 這個問題的答案指向社群主義對社群認同的性質有一種特定的理解，而且這個理解與本書所要探索的國家認同問題有密切關係。

四、程序共和國 vs. 民族國家

基本上，社群主義者並不特別談論國家認同問題。可是，談論不多並不表示毫無意見。如果我們仔細探尋蛛絲馬跡，還是可以從社群主義者的著述中找出足夠的資料來討論他們的國家認同觀。誠如 Friedman 所說：「社群主義最終關懷的並不是家庭、朋友、鄰里等那一類親密關係的社群，而是民族國家」（1994：298）。當然導致 Friedman 下此斷言的推論筆者並不全然贊同，然而可以確定的是社群主義的社群不能永遠停留在地方層次。如果社群主義要成為一個足以與自由主義相抗衡的政治思潮，那麼它一定得討論國家這個政治社群的問題。而一旦國家成了思考的焦點，社群主義的國家認同觀就可以整理出來了。

　　從前面兩節的分析，我們可以預見所謂社群主義者在國家認同問題上的看法或許不會一致。但這只是一個猜測，是否如此仍然得由逐一檢討 Sandel、MacIntyre、Walzer 以及 Taylor 的著作來證實。

　　Sandel 在一篇討論自由主義政治秩序的文章中提到美國這個國家歷經了三個不同階段的政制變化。第一個階段是從獨立建國到內戰左右，此時美國所實行的政制可以說是一種「公民共和國」（civic republic）。其特點爲：（1）標榜參與政府決策的公民自由，（2）主張地方分權式的政府組織，（3）信奉公民德性（civic virtue），堅信此爲支持民主共和國之道德基礎。但是在南北戰爭結束之後，隨著全國經濟快速成長及大規模企業經營的普及，地方分權式的政治已無法應付新時代的挑戰。於是美國的政制開始中央集權化，進入了 Sandel 所說的第二階段 ——「民族共和國」（national republic）。這個階段的特色是許多人企圖將美國打造成一個歐洲式的民族國家，以改善過去聯邦分權政治無法配合經濟規模國家化的窘境。Sandel 引 Herbert Croly 在 1909 年所寫下的文字來說明這個心態：「只有當我們在現實上、制度上、以及精神上變得更像一個民族（nation），我們才能夠更像一個民主國」。在這個階段裡，過去公民共和國所追求的社群一體感以及共善主張（the common good）仍然原封未動地保留下來。依 Sandel 的分析，美國政體精神的重大變化是到了第三階段開始才產生的。從二十世紀中葉以來， Sandel 認爲美國漸漸變成了一個「程序共和國」（procedual republic），也就是說，美國的社會經濟變化終於使得自由主義個人至上的倫理觀站上檯面，取代了過去共和傳統的地位，其直接影響是人民不再相信有所謂全國一致的目標、使命或公民德性，反而在日趨多元的社會中決定以程序正義爲第一原則，因爲只有程序正義才能保障這種權利意識

高漲的個體不受侵犯，於是 Rawls 的政治學說因應而生成爲顯學（
1987：92-96）。

　　Sandel 對於美國政制演變的分析蘊涵了他對國家以及國家認同
該當如何的一些規範性看法。他說程序共和國不僅扼殺民主參與的
精神，也腐蝕了社群存在的基礎。其結果是現代體制中充滿了種種
矛盾（譬如擴大福利國家政策，卻又高唱保障個體利益），國民對
國家發展的方向越來越迷惘。他說：「在我們的公共生活中，我們
變得更糾纏在一起，卻更沒有相互依存的情感。……隨著政治社會
組織規模不斷擴大，我們的集體認同卻更形斷裂分離」（1992：27-28
）。Sandel 緬懷的是十八世紀的「公民共和國」，這種國家的公民
認同必須奠立在「參與、分權、德性與共善」等基礎上；如果必須
退而求其次，則十九世紀的「民族共和國」似也差強人意。但無論
如何「程序共和國」是最糟糕的，因爲將公民對國家的認同建立在
制度程序上，等於放棄了國家認同。程序正義不能成爲政治社群的
建構基礎，也不能號召真正的國家認同。

　　MacIntyre 重建理想國家的企圖是四個社群主義大將中最薄弱的
，這點我們上節已經討論過。但即使對國家悲觀如 MacIntyre，他在
《德性之後》以及一篇分析愛國心的文章裡還是透露了若干他對國
家以及國家認同的構想。基本上，MacIntyre 當然認爲自由主義的國
家根本不像國家，而這種社會也不可能激發真正的愛國心或國家認
同。「在一個社會中，如果政府不能表達或代表全體公民的道德社
群；而只是一組制度上的安排，試圖用官僚組織掌控社會，使這個
缺乏真正道德共識的社會維持統一之表象，那政治義務的本質就完
全隱晦不明了」。對 MacIntyre 來講，愛國情操主要是一種對道德的
政治社群有依附之情、連帶之感的德性。當此社群中的政府能如實
反映全體公民之道德標準，公民就會以忠於政府來具體化愛國之情

。反之，若政府與社群的道德理想脫節，或者社會中根本沒有道德共識，我們就不可能看到真正的愛國心與國家認同（1984a：254）。

　　MacIntyre 對「國家如何才能爲公民所愛」有相當強烈的主張。首先，MacIntyre 釐清所謂愛護國家並不只是一個公民對他碰巧所屬的國家有忠誠心而已，重要的是那個公民對自己國家「特定的性格、優點以及種種成就」懷抱一種「特殊的尊崇」。換言之，愛國不能是盲目的，一個人必須先知道自己的國家有何偉大之處，才能因欣賞之而愛之（1984b ：4）。但是接著 MacIntyre 又說：一個人若真的愛自己的國家，就不能像自由主義所主張的那樣，以完全理性而批判的眼光來看待母國。「愛國心既然起於身屬特定的政治社會經濟環境，其道德邏輯就不可能批判此社群生活的某些根本結構」。換言之，「由於愛國心在某些層面上必須是無條件付出的，因此在那些層面上批判是必須排除的」（1984b：12-13）。

　　那麼，究竟那些東西是公民應當無條件愛護、不要去批判的呢？MacIntyre 的答案是「視如一個發展計劃的民族」（the nation conceived *as a project*）。所謂一個「視如發展計劃的民族」乃是形成於過去、發展於未來、具備道德上的獨特性、表現於追求政治自主的一個社群。這個「民族」可以是一個曾經建立過國家、而目前四分五裂的族群，也可以是一個迄今仍奮力尋求政治獨立而未果的族群。重要的是愛國者必須清楚意識到此一「明確的道德、政治認同」，使他自己的一生與該族群的過去未來連成一氣。如此，他的愛國才有所指，並且能在必要時奉獻犧牲、百死無悔（1984b：13-14）。

　　MacIntyre 這種幾近傳統民族主義的國家認同可能令人覺得不安，因爲他比 Sandel 還明白表示國家有一個不容以理性反省批判的深

沈結構,這個部分可能是傳統文化,也可能是去之不掉的陋習。當 Sandel 談公民共和國理想時,我們嗅不到這種民族主義的氣味;而即使當 Sandel 順帶提到民族共和國的次佳選擇時,我們也沒有將他的構成論、共善說聯想到 MacIntyre 的愛國主張。如果社群主義的國家認同觀會發展成 MacIntyre 式的保守主義,所有稍具自由主義色彩的思想家恐怕都要退避三舍。這種分裂情況,在 Walzer 的身上看得最清楚。

關於 Walzer 的國家認同觀,筆者曾在另處以專文處理(江宜樺,1996),此時我們只須提其梗概即可。 Walzer 曾明白稱其國家認同理論所採取者乃「政治觀點上的多元主義」(pluralism in political perspective)。多元主義的國家認同觀基本上預設其所討論的政治社會乃是一個多元社會,在這個社會中每個人既是國家這個政治社群的成員,也同時是各種次級社群的成員。因此,一個人的認同可區分為兩大方面,一是基於公民身份而對國家產生之政治認同,另外則是基於次級成員身份(如教會、宗親會、學校⋯⋯)而對次級團體所產生的文化認同。早期的多元主義思想家在處理政治認同與文化認同之關係時,總是傾向於貶低政治認同、抬高文化認同;也就是說,貶抑國家、推崇民間團體。但是 Walzer 認為事實上兩種認同可以設法並存於國家這個層次,他的辦法是:(1)以多元寬容的心態解讀多元社會成員的自我認同,譬如說在美國,我們常看到不同的人自稱為德裔美國人(German-American)、亞裔美國人(Asian-American)等,這表示他們不願意放棄自己在族群文化根源上的認同。另外又有些人則不愛強調此族裔背景,而逕自稱為美國人。這表示他們是「不強調族裔歸屬的美國人」(anonymous American)。後者可能比較以身為美國公民這個單一身份而自豪,或甚至不承認族裔身份對他們有存在意義。 Walzer 認為兩種人都應該得到尊重,如

果前者是社群主義的表現、後者是自由主義或民族共和主義的表示，那麼 Walzer 的理論是悉聽尊便，各種主義並採。（2）在國家認同上，有人認為多元社會所成立的國家不可能有一致的文化認同，只能保持純制度法律面的認同，Walzer 不以為然。他認為當一個人決定淡化自己的文化族群認同，而寧可強調自己的公民身分，則事實上某種新的文化認同就在悄悄形成了。以美國為例，如果一個公民只願強調他是美國人，而不是猶太裔或亞裔美國人，他其實已經把政治認同方面的價值擴大至連字號左邊的文化認同，用 Walzer 的話來講，他是「美國裔美國人」（American-American）。這種人其實為數不少，而當他們人數多到一定程度，就無異表示美國在某個意義上已變成了一個民族。然而不管一個人願不願意「同化」，政治認同與文化認同都是國家認同的重要層面，他們共同創造了公民對國家忠誠的感情（1992：41-46）。

　　簡單地講，Walzer 認為多元主義使族群社會中的成員瞭解文化認同與政治認同都是人生意義的重要部分，而兩者不必然互斥。文化認同可以幫助較具族群感的人找到心靈的歸宿，但是 Walzer 希望它不要演變成狹隘的部族主義（tribalism）。政治認同是任何國家存在的基本條件，但是我們不必以積極的同化政策威脅弱勢文化族群的生存，我們事實上可以讓文化認同與政治認同並存，並且讓它們產生良性的互動與滋長。Walzer 自由主義認同觀的最高期盼不是民族主義或共和主義，而是讓每一個人自在地與他人共同生活在同一社群之中 —— 讓喜歡強調族群意識的人去辦他的文化活動，讓不愛強調族群意識的人可以安然以其公民身分為最佳身分。這樣一個尊重多元發展的多元社會最後會不會變成一個具備某種民族國家特色的多民族國家，Walzer 審慎期待但不強求。

　　我們最後要談到 Taylor。Taylor 也是一個具有自由主義色彩的社群主義者，不過在國家認同這個問題上他的社群主義還是比 Walzer 明顯。Taylor 首先根據公民尊嚴（dignity）如何建立為標準區分社會的形態為兩大類：（1）權利模型社會（rights model society）及（2）參與模型社會（participatory model society）。在前一種社會中，公民的尊嚴著落於他是否能保障應有的權利，如言論自由、財產自由、遷徙自由等等。在後一種社會中，公民的尊嚴著落於他是否能參與公共法制的建立，而所謂法制則包括種種制度與實踐。Taylor 無意暗示參與模式中個體的權利會比較缺乏保障，他主要的目的是想點出在權利模式中集體認同無法建立，因為那種社會所預設的本體哲學就是他先前所批判過的原子論。反之，在參與模式中，政治社群能否順利運行的一個重要基礎乃是成員之間要有「對社群命運的強烈認同」（a strong identification with the fate of the communtiy）。換言之，集體認同是參與型社會的命脈，有了堅強的集體認同，才會有愛國心、公民德性、為公忘私等共和精神的展現（1993：92-97）。

　　接著，Taylor 又進一步區分集體認同的構成。他說：集體認同其實包含兩個概念上可加以分析的元素。其一是對法律制度的認同，這包括成員是否覺得自己在公共事務與國家基本規範的討論上有發言餘地，是否覺得現存制度能有效地反映公共利益，是否堅信目前的政治社會實踐可以持續運作下去。另外一個元素就是對特定社群的認同，這相當於 MacIntyre 所說的「忠於自己所屬社會」的那種感情。如果一個社群本身的法律制度並不完善，集體認同的建立就要靠「吾愛吾土、吾愛吾民」的感性力量。Taylor 十分清楚現代國家不見得兩種認同元素都能具備或能均衡發展，因此考驗政治人物的大事就是如何激發之、調理之。以魁北克為例，法律制度與所有先進

國家不分軒輊，如果只以此為基礎，並不能強化魁北克獨立自主的
理據。這時必須考慮族群文化的因素，若是法語文化的生存發展可
以成為魁北克人民的共識，那麼魁獨運動（或雙元聯邦制的主張）
就能大大振奮（1993：97-98）。因此我們可以說 Taylor 也是像 Walzer
一樣注意到國家認同包含政治的以及文化的要素，只不過他在「語
言社群」觀念的指引下，比較傾向提高族群文化認同比較。這個偏
重使得 Taylor 在國家認同的問題上又回復到社群主義的陣營，也為
我們歸納社群主義的國家認同理論提供了比較清晰的圖像。

　　那麼，究竟什麼是社群主義者共同接受的國家認同觀呢？筆者
在上一節結束之處提到社群主義的社群奠基於所有成員對該社群有
一定的感情，此種感情使他們在運用理性反省批判時，會自動地豁
免掉某些深層結構的東西。這些東西用本節討論的術語來講就是文
化認同。族群文化認同與法律制度認同乃是國家認同兩個主要層面
，當一個人宣稱認同某國時，他可能既認同該國之民族習俗、歷史
文化，也認同其政治制度、公民權利、外交地位等等。但是他也可
能自覺或不自覺地只以其中一個層面為表達認同的根據。譬如當一
個人宣稱自己是臺灣人時，他可能既熱愛臺灣民俗文化也支持臺灣
獨立建國；但另一個號稱是臺灣人的人，則可能只是認同臺灣所形
成的生活文化，而不以為臺灣應該脫離中國。反過來，當一個人稱
自己是中國人時，他可能既熱愛中國五千年文化，也力促中國在政
治上統一；而另一個作同樣聲明的人，則可能只是欣賞文化中國的
資產，並肯定自己的語言思惟出於此一傳統，但不認為政治上自己
是中國人。

　　當社群主義處理到國家認同問題時，文化認同的比重顯然大於
政治認同。也就是說，社群主義眼中的國家認同主要是由族群文化
認同所構成，政治制度認同的考量是次要的。以 Sandel 為例，他批

評程序共和國的國家型態，著眼的就是程序制度根本只是次要的東西，它只反映出一個政治社群道德共識已經淪喪到無可挽救的地步，才會想到用程序正義來保障孤立個體的人權。 Sandel 認為真正重要的是成員之間由於體認到社群乃是構成自我之至善，從而對社群產生一種休戚相關、生死與共的依附感情（a sense of solidarity and attachment）。這種感情在性質上，當然比較接近文化認同。同理，MacIntyre 也認為自由主義社群的錯誤就在以「規則」（rule）來追求正義的實現，而其實正義有賴於社群成員對是非善惡美醜先有共識，才能進一步在程序中落實。所以自由主義的正義不是正義，而自由主義的社群根本缺乏亞里斯多德所稱頌的「情誼」。如果情誼存在，社會就能有共同目標，成員也自然能流露出愛國之情。因此MacIntyre 也是在一個意義上否定了政治（制度）認同的作用，確立了文化感情認同的優先性。

　　至於帶有自由主義色彩的 Walzer 與 Taylor，情況就有些不同。Walzer 的自由主義特質在國家認同問題上表現得比他在正義問題上強烈，因此他的國家認同觀與其說是社群主義，還不如說是自由主義。他同樣注意到國家認同包含政治與文化兩面向，可是第一、他主張兩者可以兼顧而且必須兼顧；第二、他認為以政治認同維繫一個國家的公民共識還是比用文化認同實際，因為現代國家都是幅員廣大的多元社會，不是希臘時代的城邦可以比擬。至於 Taylor 的想法則剛好顛倒過來。Taylor 也承認國家認同兼有法律制度面與族群文化面，但是由於語言系統對一個人的自我認同實在太重要，所以他主張後者應該比前者更關鍵。至少對那些法律制度已經上軌道的族群而言，語言文化的區隔仍是進　少主張獨立或自治的憑藉。就此而言，Taylor 的國家認同觀仍是比較接近社群主義的思惟。

五、社群主義國家認同觀的檢討

　　沒有任何一種思想對人類會毫無啓示，所差別的只是啓示的多寡，以及在特定的時空背景下利弊孰重。社群主義就其作爲一種思考自我與社群關係的意理而言，在西方歷史上亦屬源遠流長，不乏知名先驅。在最近十幾年裡，社群主義因批判自由主義及自由社會的弊端而再興，一時之間從者甚眾，不能不說是掌握到了若干問題的癥結所在。我們比較確定的是它提供了一個反省人際關係的角度，頗能點出個人主義橫行無忌所造成的困境。另外，它對道德情感的重視，雖然給人保守復古的印象，卻相當可以遏止自由開放所帶來的一些過激傾向。但是持平而論，社群主義並不能取代自由主義成爲未來政治社會的基礎哲學 —— 至少在可見的將來不會。它能夠規勸或修正自由主義的缺失，大概就已經是很重要的貢獻了。

　　在國家認同的問題上，社群主義同樣有其啓示亦有其限制。它比較有意義的發現是提醒我們歷史文化社群對每個人的認同有深刻的影響，而國家對個人若想有強烈的召喚力量，某種非制度性的感情基礎是絕對必要的。但除此之外，社群主義的國家認同觀似乎也含蘊不少危險的傾向，值得我們留意。

　　第一、社群主義提出了一種精采的「構成論」，使構成式社群隱然成爲自由民主社會的另一選項。可是構成論必然嚴重削弱社群成員對所屬社群的反省批判餘地，也會否定個體選擇其他社群開始另一種生命歷程的正當性。對社群主義來講，理性反省批判並不是特別值得標榜的人類能力，反而謙虛地探求歸屬所在及培養認同才是重要的事。這種偏重與自由主義不分對象一律加以反省批判的啓蒙立場當然扞格不入，可是我們如果冷靜思考，就當能瞭解理性批判確實是現代人之一項資產而非負債。理性批判之昂揚造成人類勇

於革除弊端陋習、探求更完善之生活秩序。尤其當反省的對象是本身所屬的社會時，理性批判更展現出一種道德勇氣，不是消極地維護既存傳統那種心態所可比擬。此外，構成論所反對的選擇能力也是現代文明的一項要素。社群主義認為人類不可能、不應該具備選擇所屬脈絡的能力，這若不是錯誤的判斷就是不正當的要求。基本上，我們同意人類的選擇能力當然有其事實上及道德上的限制，譬如人不可能選擇獨佔地球、不應該選擇以殺人為業的生活。但是人為什麼不能選擇遷徙他鄉、改名換姓、變更國籍、或改信他教？自由主義數百年來的努力正是要確保這些權利有其正當性，社群主義若想一舉廢之，使人安於無此類選擇自由之既定環境，實在不能說是合情合理的主張。

　　第二、社群主義對所認同的社群強調必須為一特定之社群，此種「特定論」有可能排除社群文化接受外部批判的機會，也可能墜入唯我式民族主義的迷思。按「特定論」或「特殊主義」（particularism）本身並無必然之不是，因為「普遍論」同樣有其幻想。「特定論」是否有意義要看它被應用到什麼情況中，社群主義的特定論主張每個文化社群自有獨特之價值標準，乃該社群所有成員培養共識的基礎，不容其他社群輕易置喙。這個思惟未必不對，但它確實比較不想接受外在批判（external-criticism），比起自由主義社會承認有普遍價值標準的基調，顯然喪失了更多挑戰的機會。其實開放外部批判不見得就要接受其他社會的標準，而只是打開了反省的大門，考慮更多的可能性。社群主義若自始即認定各族群社會為各族群社會自己之準繩，大部份改革的動力恐怕都得等自體衍生出來了。[5] 但

---

[5] 在這個問題上，即使是 Walzer 也採用社群主義式的觀點，參閱 Walzer（1988）。

是比較麻煩的是社群主義的特定論配上它的構成論，頗有可能發展出一種封閉式民族主義。在封閉式民族主義的信條中，就包括了「全世界分成不同民族，每個民族自有其特色、命運」及「人若想充分實現自我、必須認同於一個民族」、「對民族的忠誠必須超越對其他事物的忠誠」等命題。[6]社群主義的「社群」若一變而爲「民族」，社群主義與民族主義就成爲同一種意理了。

　　第三、社群主義的國家認同觀強調文化認同、輕視政治制度與程序正義之作用，這跟它堅信「共善」（common good）之立場一旦結合在一起，就會變成一種篤信文化一致性的威權統治。威權統治有許多種，文化威權統治的特色是不承認社會中有多元文化、多元價值的存在。因此在社會文化的規範上，它必須採取父權式善意威迫的手段。它不像軍事威權主義或政治威權主義國家那樣箝制人民的各種自由，但是它的手段卻可能是柔和而綿密 —— 譬如取消弱小族群之母語教學、推廣公共場所使用國語之規定、取消電視及教科書中關於國家歷史由來的多元詮釋、審查散播分離意識的文學、歌謠或美術。它的目的是要培養「文化歷史傳統一致」、「共同體命運一致」的意識，因此它在製造國家認同的過程中，會使人感到既團結、緊密又有點壓迫與束縛。平心而論，這種情形與其說是社群主義抬高文化認同的結果，不如說是「共善」主張的作用所致。但是社群主義者多半既重社群文化也重共同目的，二者的結合與變質就不能不算是他們的傑作了。

　　筆者總結以上討論，認爲社群主義的國家認同觀並不是一種合宜的理論。它對幅員狹小、社會分歧不大的社會（如古希臘城邦）

6　參見第二章所述 Anthony D. Smith 對民族主義的研究及定義。Smith（1991：74）

容或有實踐意義，但是對任何現代國家而言則宛如時空錯置的理論，因為我們既非全然由社群所構成，也非安土重遷的傳統守護者；既不認為族群文化有一致的基礎，也不相信共善可以有太實質的解釋。就台灣社會而言，我們並不存在社群主義國家認同觀實現的條件，因此任何企圖以社群主義思惟塑造民族主義激情的人，都應該考慮這種作法的妥當性。

第四章　自由主義的憲政民主認同

一、近代自由主義思想體系的形成

　　社群主義思想家所猛烈批評的自由主義，事實上是當前西方多數國家奉爲圭臬的指導思想。在當代西方政治思潮中，沒有一種學派或思想體系像自由主義一樣廣受支持、研究與批判。許多新奇而犀利的論述偶爾會引起注意，或者成爲學術圈裡的顯學，但是流行的東西總是倏起倏落，能夠跨越世代蔚爲傳承者幾希。存在主義、法西斯主義、行爲主義、批判理論等等都曾經各領風騷若干年，但如今已漸成昨日黃花，不復當年橫掃學界之雄姿。如果把時間拉長來看，真正經得起人心向背之考驗，而猶然有迎風成勢之實力者，不外乎自由主義、社會主義、民族主義等少數幾種意識形態。在這些影響深遠的思想體系中，民族主義韌性最大，但在西方世界卻始終不能取得主導地位，像是個說不得做不得的禁忌。社會主義在風行一百多年後，彷彿已暴露出實踐上的問題，紛紛在現實政治中敗下陣來、偃旗息鼓。放眼當今政治思潮，唯一口號喊得響亮的只剩下自由主義，儘管它也經常被反對者批評得一無是處。

　　關於自由主義的著述可謂汗牛充棟，但是學者之間對於自由主義的歷史起源、發展類型與核心論述仍然見解紛歧。譬如以自由主義的系譜研究爲例，有人認爲這種意識形態跟民族主義一樣，都是西方近代的產物。然而也有人尋根溯源，堅信自由主義與西方文明相始終——起於古希臘而終於當代。Watkins 與 Schapiro 是兩位頗具代表性的「考古派」學者。他們不約而同以蘇格拉底爲西方自由主義始祖，其理由是蘇格拉底一生秉持理性主義之懷疑精神，不斷反省批判未經檢驗的概念與信仰，最後還以身殉道，成爲捍衛個人思

想自由免於侵犯之典範（Watkins, 1967; Schapiro, 1958）。可是同樣把自由主義追溯至古典時期，Havelock 卻有截然不同的看法。Havelock 認爲古希臘的自由精神不在蘇格拉底，更不在其徒子徒孫柏拉圖與亞里斯多德，而是表現在反抗蘇格拉底學派的辯士傳統。他說柏拉圖發明了理型，亞里斯多德界定了人的目的與城邦的至高性，兩者皆與自由主義的精神格格不入。反而是在德模克利圖斯（Democritus）身上我們找到了原子論及政府契約論，在安提芬（Antiphon）身上看到了知識分子對民俗習慣法的攻擊，在普羅塔哥拉斯（Protagoras）身上發現了實用主義、經驗主義、以及價值多元主義等現代自由主義不可或缺的訊息。因此這些人才是古典自由主義的代表，雖然他們的主張仍稍嫌原始粗糙一點（Havelock, 1957：11-20）。

　　把自由主義的起源上推到希臘時期，當然也就合法化了從羅馬帝制及中世紀基督教世界找尋自由主義軌跡的作法。但是誠如Arblaster 所抱怨的：如果我們只因爲一點蛛絲馬跡就要無限上綱到人類文明的起點，那就難怪研究社會主義傳統的人可以把列寧的思想根源追溯到摩西，而研究保守主義的人則甚至把源頭推到伊甸園爲止（1984：11-12）。如此各種意識形態歷史悠久則悠久矣，但對時人瞭解這些思想系統的確切意義並無多少幫助。以自由主義而言，「理性、懷疑、抗拒權威」固然不失爲某種與自由主義有關聯的精神氣質，契約論、原子論等等也固然呼應現代政治秩序之某種構想，可是這些片斷的關聯並不足以預見後世自由主義論述的全貌，他們與其說具備了現代自由主義的精神，不如說還是處在古代政治社會的格局，既無政教分離的意識，也無市民社會的瞭解，這實在離自由主義還遠。

　　絕大部分研究自由主義的學者都認爲自由主義的真正起源應該

是在近代。這個時間上的推斷從十六世紀到十八世紀不等，但可以
確定的是到了啓蒙運動時期，自由主義大概已經得到觀念系統上之
完整發展。釐清自由主義與啓蒙運動的關係因此是一個瞭解其系譜
的必要工作。

　　啓蒙運動約略從十七世紀末葉開始，涵蓋了整個十八世紀，而
於法國大革命達其顛峰。在這段期間裡，傑出的思想家接踵而至，
其著名者如英國的洛克、休姆、亞當斯密，法國的伏爾泰、盧梭、
狄德羅、孟德斯鳩，德國的哥德、萊辛、康德，義大利的維科、貝
加利亞，美國的傑弗遜、富蘭克林與佩恩等等。這些人的專才與主
張當然不盡相同，但是他們所共同蘊釀成的氣氛與精神，卻足以使
後人辨識出一個約略共通的看法。這個共識的基礎在發揚理性、探
究自然、相信人的善良稟賦與社會的無限進步改良。其社會實踐則
包括破除迷信（以自然神論取代教會神學）、提倡宗教寬容、捍衛
思想自由、推廣公共教育、要求放鬆經濟管制、建立分權制衡的民
主政府等等（Schapiro, 1958：16-26；Hampson, 1984）。

　　我們很難說啓蒙運動的精神與自由主義的觀念是一回事，但是
就十八世紀自由主義在西方的萌現與成形來看，啓蒙運動確實相當
深刻地決定了自由主義的基本體質。儘管在當時浪漫主義及開明的
保守主義對界定什麼是自由的精神也有若干影響，但是這些反對理
性主義及社會進步的思想畢竟無法取得主要的發言權。於是當後來
唯心論哲學試圖重新詮釋自由主義的本質時，它只能吃力地去挑戰
這個既成的原型，而無法令人相信自由主義原本不包含個體自主、
理性至上等等。就時機而言，啓蒙運動大致壟斷了自由主義基本精
神的表述。

　　但是，在十八世紀沒有人稱呼這種開明、進步、批判的信念為
「自由主義」。文獻上記載自由主義一詞的出現是在十九世紀初期

。當一八一二年西班牙自由黨首次採用「自由派」一詞以標榜他們促進立憲政府的決心時，自由主義才開始以一種具備現代政治意義的名詞被人使用（Schapiro, 1958：9; Gray, 1986：ix）。隨著十九世紀自由主義思潮的發展，特別是由於自由主義及其社會主義對手的競爭，這個思想終於日漸系統化、教條化，而成為不折不扣、戰鬥性十足的意識形態。基本上，嚴格的意識形態與散漫的思想信念是有區別的。一般的政治思想或思潮是知識分子的專利，他們或者表達一己對人性、社會、國家的看法、或者檢討他人對類似議題的意見，但是這些思想的交流並不足以成為大規模集體行動的綱領。可是意識形態卻有一種超乎個人人格的普遍化力量。就其字義來講，意識形態乃是信念的系統性叢結，它集合了眾多思想家的精華，規定了理想秩序的見解。因此嚴格的意識形態與散漫的思想信念是有區別的，它通常包括對於人性、個人與社會國家的關係、經濟與政治的關係、以及政治目標、行動綱領等相當明確的說法（Kramnick & Watkins, 1983：1-8）。換言之，意識形態的作用是在推廣某種信念及行動綱領，它在形式上往往與其他意識形態以二元對立的方式區分，而在訴求對象上則企圖使廣大的民眾成為追隨者。

　　當自由主義日益由十八世紀的散漫信念蛻變為十九世紀的意識形態，「什麼是自由主義」漸漸有了系統性與戰鬥性的發展。邊沁與功利主義哲學的推廣使自由主義在政治、經濟、社會、歷史發展等方面形成了一套特定的看法。而約翰‧密爾的大半著作則成就了我們所理解的現代自由主義之體系。以今日的眼光回顧之，John Gray認為此一自由主義傳統的基本特點有四：（一）個人主義，（二）平等主義，（三）普遍主義，（四）改良主義；而其落實則包括保障消極意義下的個人自由、私有財產、市場經濟、代議政府等（Gray, 1986）。這些特點或主張一般而言是大家接受的觀察，不過如果要

比較有系統地瞭解自由主義，我們或許應該彷照第二章討論民族主義的方法，將自由主義的龐雜主張依理念的邏輯關聯性歸納爲幾項核心命題。

　　然則，什麼是自由主義的核心命題呢？許多人會懷疑這種「本質性」的問法根本不會有答案，因爲自由主義在過去三百年的歷史發展中始終是變動不斷，我們怎麼可能獲得一個普遍性的定義呢？

　　這個質疑基本上是有道理的。自由主義在西方歷史上並不是乍一出現就截然清楚的現象，也不是成形之後就不再改變的意理。在地區的差異性上，英國的經驗不同於法國的經驗，德國的發展又迥異於義大利的情況。自由主義只有具體存在的、差異頗大的文獻及故事，抽象的原理原則並不容易獲得共識。又譬如早期的自由主義一般都極重視自由的價值，但十九世紀後由於社會民主的潮流日益高漲，自由與平等就不得不尋求一種妥協與安頓，其結果是二十世紀的新自由主義莫不接受某些「社會正義」觀念的影響，反而堅持自由至上的古典自由主義者被大家以「放任自由主義」（libertarianism）相稱，並且被排斥到自由主義陣營的邊緣。因此 Alan Ryan 說得好——現代西方人的所繼承的不是一種自由主義，而是許多自由主義。它的定義實在難以三言兩語交待清楚（1993：291）。

　　但是，「本質性」的問題也不是完全不能提出。人文社會學科裏的概念幾乎沒有一個不是「本質上可爭議的概念」（essentially contested concept），而歷史中的現象或制度也沒有一個不是經歷種種時間與空間上的變化。自由主義原則上並不會比資本主義、封建制度、官僚體系等等更難界定。依筆者看，問題不在這些現象是否可以歸納出某些具有理論關聯性的基本元素，而是所歸納出來的元素或原理原則是否具備指涉現象的效力。就此而言，韋伯所謂的「理念型」（ideal type）確實提供了一個可能的解決方案。在這個方

案的精神下，我試圖替自由主義提出以下六項基本原則。

　　一、個人權利：自由主義是個具有濃厚個體主義色彩的信念，它的個體主義不僅表現在政治社會建構的方法預設上，也落實於權利哲學的主張。個體主義（individualism）不同於利己主義（egoism），它並非鼓吹自私自利，而是主張個體具有自主性以及個體之所以爲個體的價值。其他個體或集體（如社會、國家）必須對個體價值給予高度尊重，不能動輒以大我之名侵犯之或要求其犧牲奉獻。當這種個體哲學落實爲權利主張，自由主義就明確要求人人具有若干基本的自由權利 —— 人身自由、行動遷徙自由、思想言論自由、信仰自由、集會結社自由、政治參與自由、以及在法律保障範圍內選擇自己所愛、實現自己人生計劃的自由。

　　二、多元寬容：自由主義既然認爲人人具有自主性，每個人當然可以形成與他人不同的價值、信念與行爲模式。當這些人聚合在一起，其所組成的社會必定呈現多元紛歧的風貌。對於多元社會裏的人際關係，自由主義主張只要一個人的自由不妨礙其他人享有同樣的自由，他的思想言行就應該得到尊重。換言之，社會對於標新立異、不同於主流價值的種種奇特言行應當加以寬容，除非這些言行對他人造成傷害，否則社會不能以多數的壓力禁止之或譴責之。密爾在一百多年前替自由寬容辯護的兩大理據 ——「沒有任何主張是永遠無誤的」以及「個體性乃創造力及人類文明進步的根據」 ——在今天仍然是自由派人士視爲理所當然的定理。

　　三、立憲政府：由於自由主義視個體之自主性及個人幸福爲重要的價值，因此傳統上傾向於把政府當成是必要之惡。國家的成立若不是爲了更有效地保障個人原當享有的權利，根本就不會有正當性。爲了防止這個大權在握的統治工具轉變成難以駕馭的怪獸，必須以種種方法限制其濫權之機會。方法之一是以憲法爲根本規範，

將前述種種自由列為不可侵犯的基本人權，此即法律主治傳統的確立；方法之二是分散權力的執掌單位，以避免政治權力的專擅，此即分權制衡的設計。唯有如此，才不致出現 Lord Acton 所擔心的絕對權力的腐化。本世紀以來，由於政府職能擴大已為勢之所趨，「有限政府」的說法乃日益失卻效力。但這畢竟只是社會經濟層面的變化，就政治面而言，法律主治與分權制衡所共同構成的立憲主義仍然是一步也未放鬆。

四、國家中立：自從宗教戰爭以後，西方人從歷史經驗中覺悟到政教必須分離。這個原則後來進一步世俗化並擴大其運用範圍，結果演變成「國家不得成為任何特定族群、宗派、階級、黨派等之統治工具」，我們一般稱此為國家中立原則或法律之前人人平等的原則。在當代政治哲學的討論中，國家中立原則是飽受批判的一項主張，因為許多人認為國家事實上並不中立也不可能中立。譬如一個民主國家總是會獎掖促進民主價值的公民團體，或是推行有利民主理念傳佈的公民教育，它不可能真的對顛覆體制的社會團體維持同樣的態度。這個批評是對的，但是我們仍然得承認自由主義確實試圖盡量以程序正義取代實質正義，從而使大部份的決策反應社會中多數成員的偏好。這跟統治階層自有主張或刻意維護特定集團利益的作法，在原則上還是有差別的。

五、私有財產：對許多自由主義者而言，私有財產具有與生命、自由同等價值的神聖性。在早期的論述中，「私產神聖」的觀念落實在（一）未經人民代表同意，政府不得任意徵稅或將私產充公；（二）私人財產可以自由買賣、利用、遺贈，而繼承人擁有完全之繼承權。這些觀念到了本世紀都經歷了劇烈的變化或挑戰。譬如國營事業的興起、福利制度的推行以及透過累進稅率所推動的財富重分配等等，都可以說是對私有財產原則的限制。不過，只要一個

國家仍同意人民有權享有私產，而非試圖將生產工具收歸國有或採嚴格的配給制度，就仍然是自由主義的經濟制度。

　　六、市場經濟：這項原則與私有財產彷彿孿生兄弟，但是就運用上來講，市場原則可以無遠弗屆。基本上，這個原則要求的是以自由開放競爭的方式，決定社會經濟（乃至政治）供需之平衡。商品買賣固然是以市場機制為調節，就是人才甄用或教育資源分配也可採取自由競爭之方式。自由主義的市場原則反對過多的干涉、管制，並且相信（有時近乎迷信）無形的力量自然會導致最佳的配置狀況。這項原則受到的批評極多，但孰是孰非不是本書關切的問題。

　　以上六項原則是筆者理解自由主義的起始點。這六項原則與 John Gray 所說的自由主義特色有相當的重疊，但是 Gray 的整理比較偏向自由主義哲學層面的特徵（如普遍主義、平等主義），筆者的分析則偏向政治社會經濟的原則，我們之間並無衝突。接下來，筆者將以這些核心命題為根據，試圖推演出自由主義的國家認同觀，並且分辨它與民族主義或社群主義的差別。

二、以憲政制度為基礎的國家認同

　　我們在第一章曾簡略對比過自由主義與民族主義兩大思想體系關於國家認同各項子題的看法。經過第二章民族主義國家認同觀的反省，以及自由民族主義是否可能的討論，我們進一步瞭解自由主義不太容易接受民族主義關於國家屬性的界定，也不太可能放棄個體自主選擇的權利以遷就民族主義所說的繼承式認同觀。現在，我們可以從上述六項核心命題出發，正面分析自由主義如何發展其國家認同理論。

　　首先，就自由主義所標榜的個人權利而言，個人權利預設個體具有自主性，不預設個體從屬於一個高度同質性的團體。自由主義在方法論上深受近代契約論影響，認為國家之成立乃是個別締約者為了脫離自然狀態，追求自然權利的更佳保障而來。這個設想與古典哲學傾向有機論全體主義的設想完全相反，因為有機論認為國家之出現乃是必然的，個人之於國家並非選擇或創造的關係，而是發現或證成。「共同的歷史文化」或「集體回憶」對有機論是理所當然，但是個體主義的契約論並不以此為先決條件，因此文化認同不是自由主義重視的要素，反而一個主權政府能否提供個人權利的適當保障才是要點，而後者正是制度認同的精髓。從另一角度看，個人自由權利的範圍不僅包括人身、思想言論、集會結社等等，也包括個人有權利擺脫族群、宗派或階級等集體認同的拘束。在自由民主社會中，一個人只要奉公守法，就不必擔心他是不是要遵奉特定民俗慶典或宗教規範。如果他愛強調自己的族裔背景或文化歸屬，國家悉聽尊便；如果他選擇不去承擔任何文化使命，國家仍然保障他活得愉快，這就是為什麼自由主義國家認同觀可以不講文化認同的道理。

　　其次，自由民主社會提倡多元寬容，這是因為自由主義相信任何社會都具有多元的價值。這些價值很大部份來自不同的族裔文化背景，譬如一般認為華裔文化重視孝道、日裔文化強調犧牲奉獻、德裔文化崇尚守法、法裔文化要求普遍人權等等。一個政治社會只要不是清一色由同一族群（或民族）所組成，就必然會有文化認同雜然並存的情形。在文化認同歧異的情形下，政治社會的共同基礎不能訴諸這些文化認同，只能以各個族裔都接受的東西為準。這個部分比較可能在政經制度方面尋得，例如憲政共識、基本公民權、經貿體系、福利措施等等。自由主義的信念是不管一個人生活的精

神泉源是來自基督教、猶太教、佛教、回教、或任何其他宗教，也不管一個人在族裔文化上自覺歸屬於華人、猶太人、英國人、義大利人……，他（她）們都會珍惜自由民主體制本身，會樂於享有這種體制所保障的各種權利。在這個基礎上，他們可以形成足夠的國家認同，並且視其他宗教文化族裔的成員為公民同胞（fellow citizens），而對他人的價值信念與文化認同予以適度的尊重與寬容。

有人認為自由主義的多元寬容事實上也是一種「文化」，因此自由主義不能說不需要文化認同。這個質疑在某個意義下是成立的，因為輔助自由民主體制的各種德性 —— 如寬容、平等、守法 —— 若能普遍深入人心，甚至進而取代各種原初性文化的地位，那麼自由主義的價值就可以變成一種「文化」。只不過我們仍得區辨這種文化本質上是一種「制度文化」，不是「族群文化」，它不像族群文化那樣指涉特定民族之道德規範（如孝順）、宗教信仰（如一神論或祖先崇拜）、節慶習俗（如賞月、划龍船、感恩節或齋月）。換言之，自由主義由於倡導制度認同而附帶形成的制度文化，是一種具有普遍適用性的抽象價值文化，這跟民族主義所強調的具地方特色的族群文化仍然有重大不同。

第三、立憲法治、分權制衡、私有財產、市場經濟—— 這些自由主義的政經制度就是自由民主社會國家認同的主要憑藉。自由主義的制度並不是世界唯一的制度，與它相對立的制度包括專政制度、威權主義、生產工具國有、控制經濟等。自由主義相信前述制度比其他的制度設計更符合人性，也更能創造一個合理的生活秩序。有些人質疑說：如果一個政治共同體的國家認同是建立在這些制度原則之上，而這些制度卻又具有超國界的普遍性，那麼我們如何區分一個自由民主國家與另一個自由民主國家的國家認同？他們豈不是產生一致的國家認同了嗎？對於這個疑問，自由主義者可能有兩

種答覆。第一種說法是強調「制度原則」不同於制度落實以後的細節安排，而細節安排卻是因地而異的。同樣採行立憲政府的原則，英國的議會內閣制就不同於美國擁有司法審查設計的三權分立制。同樣採行私有財產市場經濟，瑞典的福利制度也不同於法國的制度。各國公民所熟悉、所認同的是本國的政經制度，他們並不會因政經制度類似而分不清楚本國與他國。但是，較激進的自由主義者有另外一套說法，他們認為憲政制度的認同確實超越國界。不管是基本人權保障、立憲政府設計或公平正義的分配制度，都具有全人類一體適用的普遍性。因此自由國家與自由國家之間的疆界終究必須打破，使全人類都成為「世界公民」。在此理想遠景中，國家認同確實沒有多少道德意義。我們稍後再來詳細討論這種自由主義式世界公民的理想。

最後，國家中立這項原則對於國家認同的影響，主要在於國家中立所蘊含的「公私領域區分」之預設。所謂國家中立，解釋的方式之一是「國家只管公民就其公民身份而言，是否在公領域中善盡奉公守法之公民義務。至於每個公民在私領域中的作為，只要不對其他人之私領域生活造成侵擾，國家對其價值、信念、品德修養、文化認同等抱持不過問之中立態度」。自由主義對國家角色所提出的這個原則，經常被保守主義者或社群主義者批評為過度放任。由於國家沒有積極教化公民、培養優美的德性，終於導致現代自由社會人慾橫流、道德淪喪的後果。其實，社會道德的低落是否該歸罪於自由主義的流行，是一件不易証實的指控。但是我們必須澄清的一點是：自由主義區分公私領域絕不代表它要標榜公領域的重要性、貶抑私領域的價值，那是極權主義或共和主義的作法。自由主義之所以區分公私領域，其實是認為私領域比公領域更重要，因為寬廣自由的私領域才是一個人發展自己特性、實現自己人生價值的最

佳場域。換言之,人人可以在市民社會中從事各種自發性的活動,包括成立加強自己文化認同的結社團體、舉辦各種表現自己文化優越性的活動,國家對這些活動一視同仁,既不偏袒任一強勢族群,也不打壓任一弱小族群。自由主義相信唯有這麼做,全社會的成員(或絕大部分成員)才會心悅誠服,以身為該國之國民為榮。

　　因此,我們可以總結地說:自由主義對國家認同的處理基本上是採取強調制度認同、減低文化認同的作法。它鼓勵一個自由民主體制中的公民多想想自己所要認同的國家,在政治經濟社會制度方面是否具備足夠合理的設計,而不是思索自己認同的國家是不是由一個同質性的族群所構成,以及她是否反映自己所鍾愛的文化風尚。自由主義抗拒族群或民族主義的召喚,因為它認為這種虛構的集體認同固然有助團結,但現實上的代價太高。另一方面,它反對文化認同在國家認同上扮演積極角色,則是因為在多元社會中文化傳承是紛雜的,不可能提供政治社會所需要的基本的統一。能夠提供這類共識基礎的,應該只有政治經濟制度。當制度良善時,公民自然以自己的國家為傲。當制度不合理時,徒然呼籲全國人民犧牲奉獻也不會有積極的回應。制度的精進與否,遂成為衡量合理愛國心與合理國家認同的最佳指標。

　　自由主義這種強調憲政制度的國家認同觀,在許多當代自由主義哲學家的著述裡都表現得很清楚。我們可以舉 Jürgen Habermas,John Rawls,Ronald Dworkin,Martha C. Nussbaum 等人為例,進一步說明自由主義如何以截然不同於民族主義的思惟建構其國家認同理論。我們先從 Habermas 開始,因為他是當前知名自由主義理論家中,最能直接面對民族認同和國家認同問題的人。

　　Habermas 嚴格區分「民族」(nation)及「國家」(state)為兩種不同的人群聚合型態。「民族」概念自古即有,如古代羅馬人以 *natio*

指涉未經文明開化的野蠻部族。這種古典用法歷經中世紀到近代初
期，都仍然存在。它主要代表一群出自共同血緣的人，這群人聚居
繁衍，形成擁有共同文化（如語言、習俗、傳統）的團體，但是還
沒有整合成一個政治型態的國家。換句話說，「民族」是「前於政
治」的人群組織（a "prepolitical" entity），帶有濃厚的血緣傳統色彩
。相對地，「國家」（staat）在德文裡是個深具法律意涵的用詞，
它指涉的主要是一種政治法律秩序，透過合法武力的壟斷與行政機
能的分工，對外代表不容侵犯的主權權力，對內構成爭議裁決的最
高權威。換言之，它是 Staatgewalt、Staatgebiet 與 Staatsvolk 的綜合
體，而以後者（亦即「公民全體」）為主要底蘊（1992：3；1996：
126-27）。

　　「民族」與「國家」匯合成現代的「民族國家」，在 Habermas 看
來純然是歷史的偶然發展。他認為法國大革命動員了所有法國人民
的愛國心與同胞手足之情，使得「民族」政治化、「國家」民族化
，產生一種「國家以民族為基礎」的嶄新組織型態。更重要的是，
這時「民族」的意義徹底轉變，不再著重血緣文化屬性，而是強調
公民共同實踐政治權利的集體意志。因此公民對國家的認同基礎，
也由血緣文化因素轉變為憲政制度因素。某種「共和主義」的精神
貫穿了法國人的國家認同，使法國的民族運動呈現出典型的公民民
族主義（1992：3-4；1996：127-28）。從今天的角度回顧此一歷史
發展，Habermas 認為民族國家的出現確實有其積極意義，因為它一
方面建立了以人民意志為依歸的「正當化」模式（a democratic mode
of legitimation），另方面也成功完成了廣泛而抽象的「社會整合」
（social integration）。在法國的公民民族主義模式上，傳統的「私
民」（private subjects）獲得參與政治、表達意見的合法管道，成為
享有權利意識的現代「公民」（citizens）。而且這個轉化普及於全

國，使所有的新公民都擺脫傳統地域、宗派、血緣的限制，共同聯
繫於一個崇高的民族國家。法國的成就也因此可以看成是現代民族
國家的成就（1996：128-30）。

　　但是二百年之後，Habermas 認為民族國家的氣數已經走到了盡
頭。從理論上分析，「民族國家」所試圖結合的「公民」（*Staats
bürger* or citizens）與「族民」（*Volksgenossen* or nationals）原本不
是體質相容的概念。前者鼓勵個體以自由平等身分選擇所欲結合之
團體；後者要求成員共享某種繼承而來、不可改變的歷史命運。因
此「在民族國家的自我瞭解之中，永遠存在一種衝突：一方是平等
法律共同體所彰顯的普遍主義，另方是共同起源、命運所形成的文
化共同體所代表的特殊主義」。兩者終須分道揚鑣（1992：5；1996
：131）。從實務面來看，二十世紀下半葉以來的政治局勢發展也不
利民族國家格局的維持。因為每一個民族國家的內部，都日益浮現
多元文化族群要求自立自主的聲浪，使過去所謂「共同歷史文化、
共同傳統習俗」的假象破滅，同質性的「族民」觀念不再為人所接
受。而在全球局勢方面，也由於國際分工體系加速形成，國與國之
間的高度互動使「主權至上」的原則名存實亡。諸多全球性問題（
如環境保護、金融自由化、電子資訊流通……）迫使各個民族國家
越來越不能自行其事，必須開放無形「國界」，與他國共同謀求對
應之道（1996：133-35）。因此，某種取代民族國家「公民」觀的構
想呼之欲出，而徹底擺脫「族群」因素的思考也勢在必行。

　　Habermas 針對此一情境所提出的對策就是「憲政認同」。他說
：「雖然民族主義曾經是民族國家成功發展的動力，但是現在民族
國家卻必須毅然捨棄民族主義所造成的曖昧性格。……民主的公民
身分必須扮演比法律地位更大的角色，它必須成為共同政治文化的
焦點」（1996：132-33）。Habermas 的意思是要我們以基本人權、

民主憲政爲國民凝聚向心力的焦點，而這樣的國家認同需要的不是
特定民族歷史文化的支撐，而是所有足以培養公民德性的政治文化
，譬如理性、妥協、溝通、寬容等等（1996：131）。Habermas 說：

> 多元文化社會的國家（如瑞士和美國）証明了培養憲政原則所
> 需要的政治文化並不要求所有公民分享相同的語言、族群或文
> 化根源。相反的，政治文化本身就可以作爲憲政愛國主義的共
> 同基礎。這種愛國主義同時強化了我們的信念，讓我們知道雖
> 然多元文化社會中有許多不同的生活方式，卻可以並行不悖，
> 維持同異互見之局。在未來歐洲各國所合組的聯邦共和國之中
> ，相同的法制原則也應該這樣去解釋，也就是從不同民族的傳
> 統與歷史出發，每個國家都可以貢獻自己的民族資產，與其他
> 民族輝映互補，誰也不會以己驕人。這樣的建構有賴於某種交
> 疊共識（overlapping consensus）的形成，而共識則來自歐洲共
> 同體諸國之間培養出超越民族之上的共享政治文化。如此「人
> 民主權」與「基本人權」乃得以獲得某種特殊主義方式的落實
> ，卻又無礙其普遍意義（1992：7）。

Habermas 上述關於歐洲國家整合方式的原則性構想，與他針對任一
特定國家安頓多元文化族群的建議，基本上都出自自由主義對政治
共同體屬性的理解。根據此一理解，族群因素與歷史文化因素必須
讓步於憲政制度（及其政治價值）的考量。國家認同可以建立在這
種抽象普遍的理念之上，而其制度性落實則保存了個別國家特殊主
義的一面，這是十分典型的自由主義國家認同論述。

二、多元社會、交疊共識與政治社群的集體生命

　　Habermas 並不是當代唯一論及國家認同問題的自由主義學者。

其他一些人討論國家認同的方式也許比較間接，但他們對自由主義政治社會哲學的建構，貢獻並不在 Habermas 之下。在這些自由主義理論家中，我們尤其不能不提到 John Rawls，因為過去二十幾年來，他的名字幾乎與自由主義劃上等號。Rawls 理論關注的不是認同問題，然而他的若干重要概念 —— 如「交疊共識」、「理性公民」、「公共政治文化」等 —— 卻是自由主義者討論國家認同不可或缺的工具，因此我們有必要分析一下 Rawls 的自由主義哲學。

　　Rawls 稱他自己的自由主義為「政治自由主義」，標明「政治」兩個字是為了表示其適用範圍僅限於政治社會的基本結構，同時也表明此理論不依附於任何特定的道德哲學或形上學體系，因此可以與各種哲學學說相容。Rawls 之所以做此強調，部分原因是想修正他早年在《正義理論》中對正義原則的定位。原本他提出一種改良性的社會契約論，以之紹述洛克、盧梭、康德的自由主義傳統（1971：viii）。但是後來他發現若是將正義理論奠基於特定的道德哲學，勢必成為其他道德哲學系統抗拒採用的藉口。因此他決定去除正義理論的形上學聯想，使正義概念「政治化」，成為一個「不預設特定立場的觀點」（a freestanding view）（1993：xv, 11-12）。因此，我們可以說 Rawls 的理論關懷歷經了一種轉移。早年的《正義理論》是援引契約論傳統去駁斥功利主義，以建立平等自由權原則與差異原則；而《政治自由主義》則是要在這兩項正義原則基礎上，去考慮合理的多元主義（reasonable pluralsim）對民主政治所造成的問題，以及其化解之道。誠如 Rawls 在該書緒論所言：「政治自由主義所關切的問題是：在一個由自由平等公民所組成的社會中，由於公民們各自擁有合理但又互不相容的宗教、哲學、道德信念，想在他們之間維持一個長期穩定又公平的社會，要如何才可能？」（1993：xviii）

　　Rawls 所提出的問題及其解答，涉及了若干重要的理論概念。首先，他認為現代社會的基本事實是各種信念價值紛立並呈。這些信念若涉及人生觀、人性論、或理想人際關係的主張，就稱為「整全性信念」（comprehensive doctrines）。講理的整全性信念不排斥與其他整全性信念對話，但是彼此之間也許互不涵攝，終究各成體系，Rawls 稱這種情形為「合理多元主義的事實」（the fact of reasonable pluralism）。現代民主社會必然出現「合理多元主義」彼此競爭的情況，因為自十六世紀之後，西方世界再也沒有統一的宗教、倫理信仰。展望未來，我們也看不出多元社會有可能被單一的價值體系所取代。因此「政治自由主義」必須以此事實基礎為基本框架，尋求公正而穩定的社會建構原則（1993：xvi-xvii）。

　　Rawls 進一步主張，在這種多元主義基礎上建立的社會若想確保體系的穩定性，就必須找到各種整全性信念重疊部份的主張，或是各種信念都可以接受的共識，Rawls 稱此為「交疊共識」（overlapping consensus）。他認為這種共識在自由民主社會中是存在的，並且依他的看法，這個共識就是「政治上的正義概念」（a politcal conception of justice），其內容包括人人擁有平等的公民自由、機會均等、相互尊重、經濟互利、尊重公共理性等等（1993：139-41）。Rawls 強調「交疊共識」並不是一般民主社會的「妥協」（compromise）。因為「妥協」代表協商的各方面人馬都必須放棄一些堅持，以換取他方對自己另外一些主張的接納，這過程自然會讓某些人覺得若有所失。但是「交疊共識」乃是各方面人馬就其理念涵蓋的範圍中，尋找可以同時被他人接受的部分，以之作為共同協議的成果。因此它不涉及讓步或委屈求全，而是雙贏式的局面（1993：169-70）。

　　「交疊共識」之所以可能，是因為 Rawls 預設社會中存在著「公共的政治文化」（public political culture）。凡是分享此一公共政

治文化的人，都能以最起碼的理性能力與他人溝通，並尋求解決社會問題的方案（1993：150）。因此在 Rawls 的政治理論中，什麼構成「公共的政治文化」乃是一個關鍵的問題。Rawls 說，每一個政治社會都必須具備解決問題的能力，而社會以何種方式解決問題則視其應用何種「理性」而定。在民主社會中，人們運用「公共理性」（public reason）處理他們面臨的問題。所謂「公共理性」意即「公民的理性」（the reason of its citizens），是所有享有平等公民地位及權利的人所表現的道德能力。這種理性所思考的目標是整個公共領域的「善」——包括社會應該建立什麼基本制度，以及社會應該追求什麼目標與理想（1993：213）。當平等的公民以此身分與他人進行協議與溝通，就能產生一種具有政治德性的公共文化。或者說，公民們就能藉此而培養出適合民主社會運行的政治德性。Rawls 列出了這些重要的政治德目，並且為它們的存在提出辯護。他說：

> 雖然政治自由主義在人生目標上保存中立，只求各方可以接受的共同基礎。但是也必須強調它仍然肯定某些道德特質的優越性，並且鼓勵一個社會培養某些道德德性。因此，「正義即公平」包括了若干政治德性——亦即，公平進行社會合作的德性——諸如文明與寬容、講理以及凡事力求公平等等（1993：194）。

由這些政治德性所構成的公共文化是交疊共識得以產生的條件。因此，所謂「政治認同」就是指一個人對這些政治價值的接受與肯定。如果一個社會中絕大部分成員願意實踐上述民主社會的政治德性，以之作為彼此解決社會爭議的憑藉，則政治共同體就獲得公民們的認同，也獲得了穩定。在這個理論架構中，我們看不到任何族群因素或民族歷史文化傳統的作用。真正決定共同體（或 Rawls 所謂的完序社會）存亡的是民主憲政秩序所預設的價值，其說法與

Habermas 並無二致。

　　Rawls 這種「迴避整全性道德信念、尋求政治制度共識」的方針，是當前許多政治自由主義者處理多元社會政治認同的典則。[1] 但是西方自由主義陣營中，還有另外一種理路，並不認為自由主義必須迴避系統性的倫理哲學。Rawls 稱這種進程為「倫理自由主義」（ethical liberalism），其代表人物包括 Ronald Dworkin、Joseph Raz 等（1993：135, no. 1）。我們就以 Dworkin 為例，說明倫理自由主義與政治自由主義有何重要差別，以及它所演繹出來的國家認同有何特色。

　　Dworkin 早期作品的理路與 Rawls 並沒有太大差別，他同樣關心分配正義的問題，同樣標榜「以權利為基礎」的政治理論（right-based theory），也同樣肯定社會契約論作為自由主義哲學方法的適當性（1977：171-73）。但是隨著他對「中立性」問題的反省越來越深，終於改變了若干主張，變成與政治自由主義有所區別的理論家。原本，Dworkin 在《原則問題》（*A Matter of Principle*）一書中認為「政府中立」是自由主義的重要特徵。其他政治理論（包括社會主義、保守主義、社群主義……）都主張政府必須或多或少依據某種「良善生活」的概念來決定政策，只有自由主義堅持政府施政不應該預設任何一種「善」的理念。政府必須在諸多「良善生活」的爭議中維持中立，如此它才能確保所有公民都獲得「平等的關懷與尊重」（equal concern and respect）（1985：191-92）。但是，後來 Dworkin 開始疑惑為什麼自由主義要完全迴避「什麼是良善生活」這個問題。他警覺到自由主義由於力持倫理中立，結果飽受各派社會思潮批評嘲弄，同時也日益喪失原先自由主義對人民大眾的吸引力。於是

---

[1] 政治自由主義的健將包括 John Rawls、Charles Larmore、Bruce Ackerman 等。關於他們的學說，可參閱林火旺（1996；1997）。

Dworkin 改弦更張，放棄他先前對「中立性」論旨的定位，轉而主張
自由主義必須與「何謂良善生活」發生關聯。用他的話來講：

> 那些主張自由主義本質上屬於「權利理論」而非「良善理論」[2]
> 的人是採用了「限制性的觀點」在看待自由主義，他們面臨一
> 個困境，就是無法說明人們為什麼要成為自由主義者。為了解
> 決此一問題，他們採取了我所謂「中斷的策略」（strategy of
> discontinuity），試圖尋找某些人們基於自利或道德所產生的動
> 機，以解釋為什麼他們在從事政治性活動時，必須把他們關於
> 良善生活的想法擱置一邊。我認為自由主義者應當拒斥這種限
> 制性的觀點。相反地，他們應該試圖聯結倫理與政治，建構一
> 種關於良善生活特質與特徵的理論，使自由主義的政治道德可
> 以和哲學界關於良善生活所提出的精采論點發生聯繫，而非中
> 斷（1990：5-6）。

具體地講，Dworkin 認為自由主義的本質與某些良善價值不可分。他
有時明指這些核心價值包括自由、平等、與共同體的聯繫 —— 也就
是「自由式平等」（liberal equality）（1990：7）；有時為了彰顯他
的自由主義與 Rawls 自由主義的不同，則說是「整體性」（integrity
）（1986：165）。然而不管那一種說法，我們都可以察覺到他逐漸
拋棄「中立性」論旨，並開始強調「共同體」因素，以及「共同體
」所蘊含的德目（如整體感、博愛）。在這個轉變過程中，Dworkin

---

[2] right 與 good 是當代政治哲學的重要概念，但是它們所傳達的意思卻不易
翻譯成中文。right 是「權利」，the right 則有「正確、對錯」之意（與 the
wrong 對比）。good 是「善」，the good 則有「良善、好壞」之意（與 the
bad 對比）。因此 Rawls 的名言 "the priority of the right over the good" 似
應翻成「是非優先於好壞」，或「對錯優先於好壞」，但目前許多人寧可
翻成「權利優先於價值」或「權利優先於善惡」。此處筆者將 a theory of
the right 譯為「權利理論」，主要是為了行文流暢以及呼應 Dworkin 先前
提到的「以權利為基礎」的理論（a right-based theory）。

形成了一種與「政治自由主義」有別的「倫理自由主義」。

　　當 Dworkin 轉型為倫理自由主義後，他對原先契約論式的自由主義就感到不滿了。他認為契約論政治哲學的優點是提倡了「公平、正義以及正當程序的美德」（the virtue of fairness, justice, and procedural due process），然而卻忽略了一般政治學所在意的「一視同仁」（"we must treat like cases alike."）。「一視同仁」的意思是說政府在處理民眾事務時，必須依據同一原則、以同樣語調、保障所有公民的實質公平與正義。Dworkin 認為這個德目與公平、正義、正當程序等有別，是一個關係共同體是否團結、是否有情有義的重要美德。他很正式地賦予它一個名稱，叫作「政治整體性」（political integrity）。[3] 政治整體性跟公平、正義、正當程序等不僅有區別，在若干情形下甚至會產生衝突。Dworkin 之所以特別提出這項德性，乃是為了說明政治共同體也可以適度「人格化」（personification），使共同體像個別的主體一樣，具有生發行動的意義。其他的德性（如公平、正義）都經常被視為個別公民伸張權利的表現，唯有「整體性」點出政治共同體具有它自己的生命，具有一種超乎所有個體集合之外的獨立性（1986：164-78；1992：209）。

　　在 Dworkin 的倫理自由主義中，「整體性」（integrity）或「整合」（integration）扮演一個關鍵的角色。他認為一般的自由主義論述太強調公民的個體性，彷彿政治社會是由互不關心、各為私利的原子所組成。其實自由主義的政治共同體一樣可以產生群體關係，關鍵在於成員們必須有一種意識，認為整個社群的成敗與自己生命的成敗息息相關。譬如在一場交響樂團演奏會中，個別團員縱使賣

---

[3] integrity 也是一個雙關語。兼有「正直」、「整全」兩種含意。此處筆者採用《法律帝國》大陸譯本的譯法。

命演出，如果整個表演被喝倒彩，再傑出的演奏者也會視之爲自己的挫折。Dworkin 認爲我們如此看待個體與整體的互動，就能瞭解整體在此意義上具有倫理上的優位性（ethical primacy）。順著這個推理，個體會開始珍惜整體的生命，希望它茁壯美好。而個體與個體之間也會產生一種結合性的義務（associative obligation），感受到彼此的團結與整合。凡是具備這種整體性的共同體，才是真正的共同體。凡是主動關懷此一共同體生命的榮枯者，便是對共同體有認同（1986：188, 206-16；1992：209, 219-23）。

　　不過，Dworkin 在自由主義社群的建構上固然比 Rawls 更重視倫理意義，當他談到政治認同議題時，卻依然堅持制度因素才是共同體號召認同的唯一憑藉，從而與 Habermas、Rawls 等人沒有重大不同。Dworkin 說：「當一國之公民視其身處之社群具有社群生命，而且承認個人生命的成敗在倫理意義上依附於社群生命的成敗，那麼他們就認同了這個政治社群」（1992：217）。可是所謂政治社群的生命，Dworkin 卻界定爲代表社群集體機制的所有正式活動（the formal acts of the collective agency of a political community）（1992：212）。他說：

> 政治社群的集體生命包括其官方所有的政治行為：立法、司法、強制執行、以及政府行政部門的其他功能。一個整合後的公民會把上述正式政治行動所表現出來的社群成敗，當成是影響自己生命、損益自己生命的泉源。就自由主義的立場來看，整個社群的正規政治行為應該就是一個政治實體社群生命的全部，我們不必再添加任何東西。公民們只就這個結構上的意義一起共同行動（1992：217）。

由此看來，Dworkin 的「政治認同」概念是相當法制化的概念，他使公民對國家的認同集中於憲政制度及政府施政作爲。如果一個

政府能對所有公民給予平等的關懷與尊重，就是一個值得認同的政治共同體。他跟 Rawls 及 Habermas 一樣，不輕易讓族群因素或歷史文化等等進入國家認同的形構之中。縱然他的自由主義社群比別人強調倫理性與整體性，但是後者並非來自民族文化或傳統習俗，而純然來自憲政制度。因此，我們可以斷定 Dworkin 的認同理論仍然是典型的自由主義理論。

四、從自由國家的國民到世界公民

自由主義者所建構的國家都是憲政民主國家，在這種政治體系中，個人理應享有種種合理生活的保障。但是自由國家的國民是否應慶幸自己生在一個憲政民主國家，而對國界之外因災荒戰禍而飽受煎熬的人視若無睹呢？我們先前在討論 David Miller 時，已說明民族主義者可能抱此態度。因為就民族主義的邏輯來推，沒有一個民族有權利或義務去干涉另一個民族的生活，個別國家人民的生活幸福與否，是個別民族及其統治者的事。但是，自由主義的邏輯卻不容許自由主義者袖手旁觀。如果保障基本人權是對的，如果憲政民主及其預設的政治德性是普遍有效的，那麼自由國家的人民當然應該協助其他「貧窮落後」國家的人民，使大家都能維持作為人類的基本尊嚴。這個思考解釋了過去半個多世紀來，西方「先進」國家對第三世界的救援與干涉，也解釋了自由主義如何可能一躍成為世界主義（cosmopolitanism）。

Habermas 再度提供了我們一個很好的例証。在第二節中，我們已經看到 Habermas 對西方民族國家的格局不以為然，而現實政治的發展，更讓 Habermas 深感民族國家的界線只是人類尋求全面解放的限制。Habermas 觀察歐洲共同體的形成過程，覺得這個整合全歐洲

的雄圖大業正面臨一個弔詭的局面：在經濟與社會政策上，歐洲已
經統合到具備超國家（supranational）分工體系的水準；然而在政治
層面，舊有的民族國家組織型態仍然緊握著所謂「國家主權」不放
。於是歐洲人民的政治參與不僅沒有提昇到與經濟社會活動相匹配
的水平，甚至還倒退到各國內部行政效能滿意與否的層次（1992：
8-10）。這個不相稱的發展刺激了 Habermas 去思考是否「國界」本
身已經是個不合時宜的現象。

　　對於民族主義或社群主義而言，人群團體（特別是民族國家）
的邊界（boundary）當然不是偶然形成、沒有意義的。國家邊界之所
以形成，肇因於一個民族世世代代在特定的土地上活動。而國家成
員之構成，也以分享共同歷史文化、語言宗教者為限。然而 Habermas
卻認為，「民族」與「國家」的結合，從一開始就僅僅是西方歷史
偶然的發展。即使目前各主要國家皆彷彿與某一民族界域相吻合，
也不能在規範層面找到任何合理化的解釋。他說：

> 從規範的角度看，一個憲政國家的領土與社會邊界乃是偶然因
> 素造成的。在現實世界中，什麼人最終會握有權力去界定政治
> 共同體的領土與社會邊界，完全留待歷史的偶然發展。決定上
> 述邊界的，往往是各種出乎意料的事件，像是戰爭或內戰所造
> 成的任意結果。……所謂共享同一血緣、語言、歷史的民族意
> 識，多半只是人為虛構的想像（1996：131-32）。

　　Habermas 之所以敢如此輕蔑民族主義者所珍視的歷史領土，仍
然與他的自由主義思想有關。自由主義眼中只有普遍人權、正義公
理、民主憲政，這些目標或德性在本質上皆跨越血緣、階級、性別
等藩籬，具有全球一體適用的特性。事實上從啟蒙以來，西方自由
主義的主流思潮就相信人性共通，只要加以適當的教育，必能充分
發揮理性，掃除一切迷信無知，追求文明進步的生活環境。現實中

國家疆域的存在雖然標示了各地發展遲速不一，但國界並不足以構成全人類徹底解放的障礙。歐洲共同體的萌現不僅表示西方人可能復合為一，更暗示全球人口終將統合於民主憲政與自由經濟的模式之下。這是 Fukuyama 在《歷史的終結》中的大膽預言，也是眾多自由主義者心中的美夢。

　　如果個體確實如自由主義所預設那樣自主自立，Habermas 當然有信心要求德國人放眼全歐洲，要求全人類關照世界每個角落。如此一來，政治上首當其衝的自是目前各個憲政國家採行的代議政治。蓋代議民主以「主權國家」為前提，試圖在限定的範圍內提供人民表達意見的管道與程序。Habermas 認為這種依主權國家疆界而劃定的政治溝通方式，並不是一種真正容納意見自由交流的理想對話方式。他主張人們採行「審議式民主」（deliberative democracy），使談論的話題不限於特定共同體的特定人民，而是「不記名式的、彼此交流聯結的溝通與對話」。Habermas 對「審議民主」的細節語多閃爍，但他似乎樂觀地認為某種非正式、但充滿活力的溝通表達方式可以形成一個「公共領域」（public sphere），使原來民族國家框架下的公民重拾參與的樂趣。簡單地講，Habermas 對「歐洲公民」（European citizenship）理想的實現，確實抱著審慎樂觀的態度（1992：11-12）。

　　除了「審議式民主」之外，Habermas 還主張全球有識之士應繼續推動跨國性的「新社會運動」（new social movements）──如和平運動、生態保育運動、婦女運動等等。這些運動不僅主題正確，同時具有聯繫不同種族、不同國度自主性運動的潛力。透過此類國際性連線活動的推展，人類更能感受世界一家、民胞物與的心懷。即使一時之間未能號召全世界都動起來，至少在歐洲地區，Habermas 相信也已經看到某種共同的政治文化正在形成。新的政治文化尊崇

憲政民主的價值，與各國原有的民族文學傳統、藝術、歷史書寫、哲學成就等並行不悖，基本上相當於一個國際性的多元文化主義。Habermas 甚至認為此中將能培養出「全歐洲的憲政愛國主義」（European constitutional patriotism），而使他原先主張的「憲政愛國主義」達到巔峰（1992：12；1996：136）。

　　最後，Habermas 把關注轉到難民與移民的問題。在晚近十幾年間，西歐各國或多或少都面臨外籍難民及移民湧入的問題。由於難民及移民瓜分了不少社會福利，搶走了若干就業機會，並升高了族群衝突及犯罪率，許多歐洲人變得敵視外來移民，紛紛要求政府設定更嚴格的歸化政策。Habermas 認為從理論上反省，這些排斥難民移民的作法都缺乏道德上的正當性。譬如功利論者主張一個國家只接納那些能促進該國產業發展的人口，社群論者主張移入人口不得威脅、變更原有民族之歷史文化認同，但是 Habermas 認為這些要求都不正當。從自由主義的精神出發，Habermas 再一次呼籲：「一個政治共同體的認同主要依靠於政治文化所培育的憲政原則，而不是所謂整體的倫理文化生活，因此它不太可能會被移民所撼動。這也解釋了我們為什麼要求新加入的公民應該致力於吸收新國家的政治文化，而不要求他們必須拋棄原屬國家的文化生活。我們所要求於他們的『政治文化調整』（political acculturation）並不意味著要他們全盤社會化」（1992：17）。因此，Habermas 認為正確的處理原則是歡迎各種族裔的移民歸化，只要他們「重疊於一個共同的政治文化」，他們的族群文化可以平行發展。因此歐洲各國應該採取更自由開放的移民政策，使不同民族文化相互交流，對共通而普及的憲政原則加以有創意的詮釋。換言之，「只有民主的公民身分才能鋪設人類邁向世界公民身分的坦途」。原來住民與移民不必斤斤計較，最終大家都會成為世界一家的公民（1992：14-18）。

　　Habermas 的「世界公民」理想,在大西洋彼岸獲得另一個著名哲學家的回應。Martha Nussbaum 在一九九四年寫了一篇文章,題爲〈愛國主義與世界主義〉。她針對 Richard Rorty 與 Sheldon Hackney 先前發表的言論提出質疑,因爲後者主張美國人應加強民族意識、培養更多愛國情操,而 Nussbaum 則認爲美國公民教育所需要的不是更多的愛國主義,而是擴大胸懷的世界主義。Rorty 等人之所以提倡民族意識與愛國情操,乃有鑑於美國近年所興起的文化多元主義思潮極力倡導「尊重差異,打破同一」,頗有將美國撕裂爲分割社會的態勢。Rorty 希望美國人記取自己整個民族過去的輝煌成就,不要輕易否定「統一」對實現公平正義社會的重要性。但是在 Nussbaum 看來,「民族主義政治」(the politics of nationalism)與「差異政治」(the politics of difference)相去並不遠,兩者都以狹隘的眼光看待一己所屬團體的利害,都沒有理解人類原來聲氣相通的特性。如果人們要追求真正的自由、平等與正義,只有「世界主義」才是正確的途徑,世界主義是唯一可以超越「同一」與「差異」之糾纏的思想(1996：4-5)。

　　世界主義的思想在西方源遠流長,Nussbaum 以其古代哲學史的專業素養指出戴奧真尼斯(Diogenes)替這種思想奠下了根基。當戴奧真尼斯自稱「我是一個世界公民」時,他所企圖超越的就是現實政治中城邦彼此交戰、帝國不斷擴充的暴虐格局,他寧可從人性普遍的關懷與期盼自我定位。在戴奧真尼斯之後,斯多葛學派(the Stoics)繼承他的理想,把「世界公民」(kosmou politês)概念發展得更爲淋漓盡致。無論是西塞羅(Cicero)、西尼卡(Seneca)、或普羅塔克(Plutarch),都相信人性(humanity)本身超越種族國家的界線,體現人之爲人的道德意義與能力,是我們首當肯認的對象。因此,當康德在十八世紀提出著名的「目的王國」(kingdom of ends

）說法時，他其實是承襲了一個偉大的普遍主義理想，將人的理性與道德能力置於所有偶然形成的界域之上。人首先是作爲人類一員而存在，國籍、性別、語言、宗教等等都是第二序的屬性，它們不該成爲我們看待彼此的先決條件。我們可以保持這些集體歸屬與認同，但沒有任何一種認同在道德意義上高於全人類的認同（1996：6-9）。

　　根據這種世界主義的理想，Nussbaum 指出美國的公民教育應該加強對全世界各種不同地方、不同人群的瞭解，而不是閉關自守地一味高唱愛國主義。國家當然有其存在意義，然而國家只是以個體爲中心向外不斷畫出的同心圓之一環。圍繞著個體而且對個體具有意義的圈圈包括家庭、宗派、鄉土、種族等等，國家的道德正當性並不必然比其它圈圈重要。而最後超越所有大小圈圈的則是人性，人性表現於眾人生而自由平等、具備思考與道德實踐的理性、以及凡人皆無可避免的生老病死、喜怒悲歡（1996：9, 132-33）。Nussbaum 希望美國人教育其後代敏銳地認出人性所在，尊重人性的普遍本質及其個殊表現。如此，他們才可能由「民主或民族的公民」邁向「世界公民」（1996：11）。

　　就正當性而言，Nussbaum 認爲強化「世界公民」的理想與教育，至少有下列四個不容否認的理由。第一，個別國家的視野皆屬有限，透過世界公民教育，我們才能清楚分辨何者爲人性之共同本質，何者爲局部差異，從而幫助國民認識自我。第二，未來世界互動緊密，許多全球性問題（如環保、糧食供量、人口控制等）若不藉由國際合作及全球人民同心協力，將不能有效解決。第三，我們相信凡人生而自由平等，具有不可剝奪的天賦人權。然而所有的信念都必須落實，而落實的最基本步驟乃是教育推廣。從思想觀念到教育推廣，再從教育到社會實踐，人類才不會言行不一，形同僞善。

第四，在目前標榜人人平等的社會中，我們原則上已經打破了性別、種族、階級等藩籬，然則爲何還堅持國界差異之作用？Nussbaum 認爲 Rorty 等人唯恐愛國情操減弱，實乃出自抱殘守缺的保守心態。如果一個人眼中繼續維持國界這道任意的牆垣，那我們又如何期待他放棄性別、種族等其它心理障礙呢？（1996：11-15）

因此，Nussbaum 就像 Habermas 一樣，是個不折不扣的自由派世界主義者。她說：「世界公民的關鍵問題是如何提倡多元歧異而又不流爲高下有別。自由主義信奉多元歧異，但同時也相信平等。……因此在我看來，推展世界公民身分的挑戰，在於如何營造一種事務狀況，使所有的差異都能不分高下、不按層級地被瞭解」（1996：138）。在這個立場中，我們感覺得到 Dworkin 以「平等」實現「自由」的用心，也可以分辨出 Habermas 轉化「民主公民」爲「世界公民」的理想。自由主義的邏輯使它的支持者或多或少必須看輕國家認同，而其極致則是完全超越國家及民族，努力成爲世界公民。

五、自由主義國家認同觀的評價

對於自由主義國家認同理論以及超越國家認同的理論，筆者同樣分成優點與缺點逐一討論，以下先討論其優點。

第一，自由主義的國家認同觀是一個最能減輕民族主義流弊的辦法。我們注意到無論是訴諸族群根源或傳統文化的國家，大體上都相當肯定民族主義的作用。民族主義或者發揮提振民心士氣抵抗外侮的力量，或者合理化國家向外擴張建立霸權的企圖，它始終是統治階級一個非常有用的意識形態。但是自由主義認爲民族主義本質上太不理性，民族主義所能激發的浪漫感情固然能達成某些政治上的目的，其蘊含的代價卻不是人道主義者所願付出的。民族主義

在創造同仇敵愾的情勢時，總是壓制了異議分子的聲音，也歪曲了
國家資源的合理配置。（在毛澤東「超英趕美、中國第一」的全面
動員下，有多少人民死於非命？有多少建設歸於幻滅？）而在民族
主義得勢之後，又有幾個國家不變成窮兵黷武、向外侵略的國家？
自由主義抗拒以族群因素爲基礎的國家認同，其用意不僅在於避免
民族沙文主義的氾濫，也在於保障「多族群國家」（polyethnic states
）中的優勢族群不致演出種族淨化的悲劇，並且降低國際間衝突的
根源。

　　第二，自由主義減少文化認同在國家認同中的比重，是爲了保
障每個公民以其自認合理的方式形成自我之認同。自由主義並不否
認文化認同就像性別認同、階級認同、宗教認同等一樣，是形塑一
個人自我存在的重要元素。可是國家認同不同於自我認同，這是一
個公領域之中對政治共同體最起碼的共識基礎，它要求的不是豐厚
的文化素養、宗教情操、或性別自覺，而是「我屬於這個國家，我
願意與其他公民和平共處、保護這個國家不致潰敗」的心理。其他
公民是否具備與我一樣的性別、文化、宗教認同並不重要。只要我
們都認爲這個國家的政經體制還算合理，也還算尊重我們個別的自
我認同，那就值得我繼續支持它。尤其是當別種意識形態認爲我該
如何如何認同我的血緣親族或歷史傳統時，自由主義倒是寬大地保
障了我選擇放棄這些包袱的權利，也提供了改變文化歸屬、改變宗
教信仰、乃至改變性別屬性的機會。這應該是任何一個具備自主意
識的人所樂於接受的方案。

　　第三、自由主義認爲保障基本人權及實施憲政民主是人民對國
家產生認同的最主要憑藉，証諸本世紀全球政治發展的經驗，有相
當的說服力。雖然目前世界上仍有頗多以民族主義爲號召的國家，
但是從大部分國家都陸續接納民主憲政的原則來看，似乎說明自由

主義所提倡的基本價值是人們肯定的價值。同時，自由主義的國家認同觀雖然是以制度認同（特別是政治制度認同）爲核心，但是這種制度是立憲政府型的制度，不是國家主義型的制度。這個區別的重要性在於：另外有一些意識形態雖然也強調公私領域的畫分，或者強調以公領域的層面來界定國家認同，但是它們有的抹煞了私領域的價值（如極權主義），有的將公領域架設成一個令人難以接受的大我（如國家主義或比較威權型的共和主義）。自由主義幸而不走此極端。對自由主義來講，民眾的自發性永遠是政治社會最可貴的力量。在公領域裏面政府只是行爲者之一，其他絕大部分的戲碼是由非政府部門的民間團體演出。只有鼓勵人民積極成立各種會社，彼此磋磨出合理的遊戲規則，才能創造一個生機蓬勃的公共領域。否則凡事由政府張羅，豈不倒退爲開明專制的政治秩序？

第四、自由主義的國家觀念既然最重視制度，不重視族裔或文化背景，因此它也是最開放的政治體系。當別的國家會以族裔身分或文化認同來區隔國民與非國民，或過濾移民的數量，自由民主體制卻是最能接納本國人移出、外國人移入的社會。Tamir 曾批評即使是自由主義也預設族群界線，否則哪會區分本國人與外國人（1993a：117）。但是她忽略了自由民主社會也是對移民最友善的社會。雖然在現實上自由民主社會並非完全開放體系（這個問題我們稍後再討論），但是自由主義卻提供了到目前爲止心態最開放的移民政策之理論。其激進者如 Michael Walzer 甚至主張凡外籍勞工（他所謂的「客工」guest workers）皆應享有公民身分（1983：56-61）。一個人只要認同並願意遵行一套政經制度，就可以成爲該國之國民，而不問族群背景或宗教信仰，這是開放社會最典型的實踐。

然而，自由主義的國家認同觀也有一些困境，似乎會嚴重限制它在實踐上的效力。

　　首先，自由主義所擅長者乃是國家秩序既成之後，憲政規範如
何確立、社會資源如何分配、教育文化如何反映社會分歧等事務。
但是對於國家如何生成的根本性問題，自由主義似乎沒有合理解釋
。我們上面所討論的自由主義者大都以尋求「交疊共識」或建立「
公共政治文化」為處理國家認同的理論，但是「交疊共識」能否解
決國家認同的歧見卻大有疑問。Rawls 在《政治自由主義》中坦承社
會爭議的問題若是過於激烈，則交疊共識未必能順利形成（1993：
157）。筆者認為北愛爾蘭的分離運動、加拿大的魁北克獨立運動、
以及台灣的統獨爭議等，都是典型的「高度分歧性議題」，可能都
不在 Rawls 理論處理能力範圍之內。更進一步講，自由主義傳統中
以社會契約論作為政治共同體形成之主要解釋，這種解釋雖然有規
範層面上的意義（如「人人具備平等的溝通地位與能力」），卻早
就被十九世紀自由主義者以違反事理拋棄。於是二十世紀的自由主
義者或者如 Rawls 般先「假定」自己的理論適用於一個無移民進出
的封閉體系，而不交待封閉體系從何而來；或者根本三緘其口，只
能在既定的國際版圖上推銷憲政民主的適用性。筆者認為自由主義
的國家認同理論確實只能在「邊界」大致浮現之後的共同體中發揮
合理化的作用，至於亂局中國家如何產生，並非自由主義所能完滿
答覆。可是這並不表示我們只能接受傳統民族主義的解釋，其他的
理論途徑或許可以補足自由主義的不足。我們留待最後一章再仔細
討論這個問題。

　　第二，自由主義刻意壓低族群與文化因素在國家認同中的作用
，但是族群及文化因素「事實上」也是構成國家認同的部分因素，
不能完全忽視不顧。更麻煩的是，即使在一個自由民主社會，有時
候這兩個因素就是比制度因素更能解釋公民對國家認同的表現，制
度因素反而並非關鍵所在。譬如台灣近年來自由民主化的腳步很快

，可是比起先進國家仍有一段距離。在政治經濟社會制度的合理性及完備性方面，台灣顯然不如英美德法等國。這可以部分說明爲什麼有些台灣人到了上述國家，欣羨該國的制度，從而歸化爲該國的公民。這個時候，制度認同在這些移民的國家認同形成上是有解釋作用的。可是相對地還有更多的人到了國外，欣羨別國的制度，但仍然決定回到台灣，並不因爲本國政經制度不如人而離去。這個時候（除了移民條件的限制能否克服之外），很大一部分的原因是無法放棄族群或鄉土文化的認同。制度的好壞，顯然不足以構成選擇國家認同的唯一根據。抑有進者，在政經制度水平相去不遠的國家之間，我們如何解釋一個人就是寧願身爲甲國人而不歸化爲乙國人？具體地說，一個英國人即使明明喜歡民主共和制度甚於君主立憲制，但是他爲什麼就是寧可留在英國批評英國王室，而不乾脆移民美國算了？這種例子點出了國家認同之中制度因素的侷限性。英國人認同自己的國家不完全因爲自己的制度是民主的，還因爲這是個盎格魯撒克遜人的國家，是莎士比亞、洛克、牛頓所居息過的國家。我們不能不承認制度認同有時而窮，國家認同畢竟不能割棄族群與歷史文化的因素 —— 即使是在一個邊界已然確定的自由民主國家之中亦然。

第三，從規範面講，自由主義對「族群」或「民族」是否要全然排斥，也是大有商榷餘地。自由民主社會之所以不願承認「民族」或「民族主義」對國家認同的作用，是認爲多元社會中無法假定公民們從屬於一個共同的民族。這個考慮基本上是合理的，可是即使在一個多族群國家中，當國家認同已初步建立，往後隨著時間的漫長發展中，也很難避免這個國家逐漸演變成一個具有民族色彩的國家。我們姑以美國爲例，早期許多人認爲美國是一個移民雜燴的社會，美國本身並無民族性可言。但是 Michael Walzer 認爲在剛開

始美國或許是一個「無共同族裔名稱的國家」（anonymous nation）
，然而在第二代第三代移民後裔眼中，美國是他們先人居息的土地
，是他們本人生長的地方，這塊土地承載了他們共同的歷史回憶，
產生了獨特的文學、藝術、音樂和舞蹈。他們在此有先人的墳墓可
掃，有世交的朋友可訪，如果這還不是一個民族，那是什麼？當然
，這個「民族國家」與歐洲其他的民族國家有一個重大不同，就是
別的單一民族國家強調自己民族血統純潔一致，美國卻以「多元寬
容、尊重差異」爲其民族精神；當別的民族國家可以信誓旦旦地以
民族主義爲國家獨立自主之憑藉，美國這個「民族」至今仍不致形
成符合 Anthony D. Smith 定義的「民族主義」（Walzer, 1992：41-42
）。換句話說，只要時間夠久，任何一個穩定發展的自由民主社會
都有可能形成一個具有文化特色的民族。而這種民族由於先天自由
主義立國精神的影響，又不致產生一般所謂的民族主義，自由主義
與某種特殊意義下的「民族」似乎不是互斥的。

　　再其次，自由主義的國家認同觀並不是完全自由形成的，它有
時包含著相當的強制性在內。按國家這個共同體與國家之中其他一
般的自願結社並不相同，在一般結社中（如合唱團、登山社），成
員身分的獲得是自願的。一個人必須以其經常性的參與（有人稱之
爲「實踐」practice），或是主動付出的關懷，才能證明自己身爲某
某會社的一員。例如一個球迷必須愛看球賽或找明星球員簽名才像
球迷，一個登山社員必須經常爬山才算山友，一個戲迷也必須常看
戲或自家哼哼唱唱才算戲迷。但是在國家之中，能夠證成一個人公
民身分的「實踐」（包括選舉、服兵役、納稅等等）卻不一定是每
個人都樂於從事。有的人天生對政治反感，既不參與任何投票，也
不納稅當兵，這種人既不認同自由民主制度，照道理就是沒有國家
認同的人。可是他們卻又不承認自己是無國之人，他們認爲自己在

地緣、血緣及文化習俗上都是理直氣壯的國民。換言之，他們是一群有族群文化認同而無制度認同的人。國家對這種人事實上無法完全容忍，儘管他們本身拒不從命，國家還是會依法律課以逃兵逃稅的刑責。這種情形暴露了洛克以降契約論同意說的致命傷，也暴露了自由主義關於國家認同論述虛偽不實的一面。也就是說，國家認同並不是完全建立在自由意志選擇的制度認同之上，沒有任何一個國家的正當性是完全的，即使是自由主義的國家認同，也隱藏著暴力與強制。

最後，關於自由主義世界公民觀的問題，我們首先必須指出「世界公民」的理想並不是所有自由主義者的共識，譬如 Nussbaum 發表〈愛國主義與世界主義〉之後，就引發眾多自由派學者（包括 Amy Gutmann、Hilary Putnam 等）對她的反駁與糾正。所以世界主義是否可以當成自由主義的自然推論，還有商榷餘地。我們只能說世界主義最有可能從自由主義的原則推論出來，卻不能把自由主義與世界主義畫上等號。其次，即使世界主義主要是依附在自由主義的原則與價值之上，我們也可以質疑這種理想究竟有沒有足夠的現實根據，有沒有自相矛盾之處。Amy Gutmann 等人認為世界主義的人道理想如果有實踐的機會，主要還是因為有許多現存的國家努力所致。在一個沒有國家的環境中，生態保護、人口控制、資源重分配等將無負責推動的有效機制，而國際合作也成為空話。除非 Nussbaum 想要建立一個全球性的政治共同體以取代分立的國家，否則無政府的烏托邦無法產生集體行動；然而果真建立全球政府，這種龐大組織又註定難逃專制之弊（Nussbaum, 1996：68, 76）。另外，Poole 曾經從一個角度反省 Habermas 的「世界主義」，指出 Habermas 的憲政愛國主義有自相矛盾之處。他說 Habermas 一方面拒斥族群因素，強調一個人只應當以普遍主義式的憲政認同為獲得公民身分之條件；

另方面卻又要求德國人承擔納粹時期所犯下的錯誤，對猶太人及世界各國表達歉疚之意。Poole 認為這兩種主張是衝突的，因為如果不必顧慮民族的因素，那我們憑什麼要求這一代的德國人為上一代的錯誤負道義責任（即使這一代人奉公守法，完全實踐了自由憲政體制的政治美德）？反過來講，如果我們對祖先的光榮與羞恥皆應感同身受，那我們又如何企盼成為平等往來的世界公民，不受歷史文化承擔的影響？（Poole, 1992：17-18）簡單地講，世界主義無法解釋我們對親人、同胞、或相同性別的人群可以有特殊的感情與義務。那是社群主義及民族主義擅長之處，也是自由主義及世界主義的理論困境。

筆者以上所舉出的問題，顯示出自由主義的國家認同論述並非無懈可擊。有的問題讓我們知道自由民主體制的國家認同不可能只靠制度因素的力量，族群、文化往往在制度因素解釋不下去的地方，證明了它們在公民國家意識中的份量。自由民主社會有時候甚至還要靠這兩種因素來拉攏不同制度認同的人，使他們願意繼續留在一個共同體中進行爭辯與對話。另外一些問題則點出了國家認同的本質並非如自由主義所設想的那麼自由開明，當一個人不願意在制度層面認同國家，而又不願離開國家領域時，他（她）事實上會被強加以一種不曾允諾的義務 —— 國家的壟斷性暴力會強迫他低頭，使他好像先前已經認同這套制度的遊戲規則一樣。

這些問題能不能證明自由主義的國家認同論述是失敗的呢？筆者認為這要看我們從什麼角度來想。許多人都知道自由主義不是萬靈丹，它在各個實踐領域都產生一些問題。譬如它的尊重私產原則是社會貧富不均的源頭，它的市場經濟原則是眾多人文價值不斷商品化的重要原因，它的國家中立只能在有限的意義下說說，它的多元寬容也不是真的什麼言行都不加管制……。在國家認同這個問題

上，自由主義主張的策略是貶抑族群文化、彰顯制度認同，它所對比的是民族主義的策略。我們最後發現族群文化因素不能盡免，固然表示自由主義的企圖過於天真，但是不能說是自由主義方向不對。除非我們認為與它相反的策略 —— 也就是民族主義重族群文化輕制度認同的策略 —— 更有道理，否則我們只能說最後的答案是在自由主義與民族主義兩者之間求妥協，在族群文化與自由民主制度之間求平衡。更重要的是，這個平衡點似乎比較靠近自由主義這一端。也就是說，一個合理而又可行的國家認同觀點還是應當以尊重個人自主性的自由主義為基礎，然後在上面添加一些民族情感與文化歸屬；而不是先以民族文化的集體認同為基礎，再去移植自由民主體制的原則。在現實中，這兩種作法的差別不易分辨清楚，可是在理論上，我們仍然必須知道自己行事的原則是什麼。這也是我們區辨自由主義與民族主義，乃至自由主義與自由民族主義的意義所在。

第五章　當前台灣國家認同論述的
　　　　理論類型

一、當前台灣國家認同論述的三種基本類型

　　從第二章到第四章，本書討論了西方學術界關於國家認同問題的主要觀點。在這一章，筆者擬直接分析國內學術界關於「統獨問題」的理論性資料。根據本書第一章的區分，「統獨問題」與「國家認同問題」是略有區別的。「統獨問題」關心台灣究竟要不要與中國大陸切斷主權糾葛，另成一個獨立國家。「國家認同問題」則討論什麼是國家認同、為什麼要有國家認同、國家認同的基礎何在、一個人的國家認同能不能改變等問題。前者為特定現實問題之決斷，所涉及的知識背景包括中國與台灣在歷史上的關係、台灣國際地位的特質與全球戰略形勢的變化、兩岸關係的發展與可能性、台灣社會民意的動向等等。後者為比較抽象的哲學性思考，所要求的知識訓練為一般政治學、社會學、歷史學、人類學、道德哲學等學科對集體認同的研究。這兩個問題雖然不是涇渭分明，但問題意識有別，所以回答的方式也不一樣。目前國內社會關於「統獨問題」的爭議可以說泛濫成災，但各種爭論意見中真正能超越「立場宣示」的層次、達到「哲學思考」水平者仍屬鳳毛麟角。本章將試圖從統獨論戰的資料中，過濾出具有理論意義的陳述，並加以分類整理。

　　筆者的處理原則是：儘量避開統獨論戰的宣示性政治修辭，專注於「一個人依什麼思考方式決定其國家認同」的問題。在處理的方法上，則以若干關鍵性的作品為例，針對其涉及國家認同思考上

之論點加以摘述、分析;如果有必要,筆者也會提出一些自己的看法。不過基本上,本章的目的是從理論類型的角度,重新反省既有的國家認同論述資料。筆者個人的想法,將留待下一章陳述。經過初步整理後,筆者把這些「國家認同思考方式」的理論分成三大類,而各類中又包含一些變化。第一大類是以「民族主義」的思路回答國家認同問題,討論的重點在台灣是否具備一個獨立的民族國家的條件,或是依然不出中華民族的範圍。這也是目前統獨爭論中最常見的論述策略,不過其中對於什麼構成一個民族則眾說紛紜。其次,有不少人試圖循著「自由主義」為主的理路來反省國家認同問題,通常他們強調憲政制度或公民權利才是決定一個人國家認同選擇的要件,族群歸屬或文化傳統都不該扮演決定性的角色。這一派學者不排除民族可能是有意義的存在,但國家認同不必以之為基礎,也不必遵循民族主義的思惟。最後我們還要處理各種激進(基進)主義的立場,這一類思考者不滿國家認同被提昇至如此重要的地位,以至於完全忽略社會中最該關切的「族群」(女性、勞工、同性戀、殘障、外勞、原住民……)。對他們來講,統獨皆不能改變邊緣族群被剝削宰制的命運,只有超越統獨、訴諸邊緣戰鬥及國際性結盟,才能面對真正的問題。筆者認為他們不是不談國家認同,而是以最激進、顛覆的方式來處理國家認同,因此值得嚴肅分析。

基本上,每一種論述策略都有其優點也有其弱點,每一種論述都既可能用之於「獨立」也可用於「統一」。這種現象在民主社會中十分正常,筆者也希望這樣的整理有助於不同立場或思惟方式之主體更瞭解社會中其他人的想法。但是為了避免誤解及過度引申,筆者必須強調以下所舉出的論述只反映各個被引用者在該引用資料中的立場,而不是他(她)唯一可能的立場。由於大部分的理論工作者,都可能不斷修正或改變自己的研究發現與理論基礎,本文的

引述不應該被當成對各個作者的「定位」，而是在解釋幾種思考理路時的例子。各個理論家的「終極立場」或「心路歷程」並不是本文所能處理的問題。以下筆者即依照民族主義、自由主義、基進論述的次序，逐一分析台灣國家認同論述的各種看法。

二、中華民族主義 vs. 台灣民族主義

　　談論國家認同問題最常見的理論途徑是民族主義的思惟。這個現象不難理解，因爲第一，當前所謂的「國家」乃是以近代西方所興起的「民族國家」（nation state）爲典範，而民族國家通常被界定爲「由同一個民族（或主要由一個民族）所構成的政治共同體」，因此國家認同無可避免與民族意識或民族主義發生關聯。以民族主義理路來思考國家認同之內涵，似乎是最「自然而然」的方式。第二，許多中國人認爲「中華民族源遠流長，上下五千多年」，不是歷史短淺的西方「民族國家」可比。如孫中山所講：「民族主義就是國族主義，在中國是適當的，在外國就不適當。……因爲中國自秦漢而後，都是一個民族造成一個國家。外國有一個民族造成幾個國家的，有一個國家之內有幾個民族的」。以孫中山爲代表的這個說法從清末民初被建構出來後，就成爲華人共同接受的信念。[1]因此儘管中華民族的「民族」與西方民族國家的「民族」意義南轅北轍，以民族意識及民族主義來界定中國人的國家認同，仍然是華人文化圈普遍的作法。第三，近來知識界討論國家認同問題時，或多或少以西方既有的理論爲基礎，而英文直接對應「國家認同」一詞者

---

[1] 關於中國人的「國家」觀念及其變遷，詳見中研院近史所編，《認同與國家：近代中國歷史的比較》，尤其是朱浤源（1994）、陳儀深（1994）、陳其南（1994）等三篇。

乃 "national identity"。Nation 不必然指「國家」，有時指涉「民族」或「國族」，因此國家認同又跟民族主義或國族主義發生糾葛。學術界雖然對此混亂情形深感不滿與無奈，但迄今仍無妥善的解決方案。[2] 而只要「國家、民族難分難捨」的語言問題存在一天，以民族主義考量國家認同就永遠不乏其人。

那麼，以民族主義切入國家認同所呈現的思惟方式究竟如何呢？扼要地講，民族主義主張所有具備相同種族血緣、歷史文化、語言、宗教、或共同生活習慣的人構成一個民族，這群人珍惜他們的民族遺產，不接受其他民族的統治，因此要求政治上的獨立自主或自治。伴隨著這個核心定義而來的主張或許還可以包括「我們的民族乃是世界上最優秀的民族」、「民族乃是目的，國家只是實踐民族使命的工具」、「民族忠誠必須高於個人利害選擇」等等，我們在第二章已討論過這些細節，此處不必重覆。值得一提的是：以民族主義思考國家認同者，大抵主張國家必須以民族爲基礎，此一民族或者出自單一種族，或者以某一主要族群爲核心，再結合其他次要族群，以形成一多少具同質性或有同化基礎的社會實體。但是，由於構成民族的因素向來隨地而異，因此眾人對民族成立的標準並沒有普遍的答案。有人認爲種族血緣是最客觀的辨識基礎，有人認爲歷史文化（包括語言、宗教、習俗等）才是主要因素，另外也有人主張共同的命運與利害才是妥當的判準。這些爭議歷久不衰，儘管經過法國學者 Ernest Renan 著名的剖析（Renan，1995），各種構成要素還是不乏支持者。

我們若是以上述簡略說法作爲民族主義國家認同思考途徑的核

---

2 關於中英文翻譯上所引起的問題，可參閱較早期的浦薛鳳（1963：166-73），或是晚近的朱浤源（1988：118-25）、陳光興（1994：163-64）、邵宗海（1995：25-39）、江宜樺（1997b：97-98）。

心，將不難發現國內現有關於國家認同的理論大多屬於此一範疇，不管是統派或獨派皆然。當然民族主義是個籠統的標誌，有的人固然從血緣、文化到利益都認為中國（或台灣）是一個完整不可分割的民族，但也有人只是啓用了民族的某個標準（如共同歷史記憶或生活經驗），他們彼此之間對民族主義的內涵其實認知極為不同。這些差異我們在討論時應仔細保存，但無可否認他們都以民族為國家構成上之重要基礎，而國家認同也因而含攝了民族的考量。這種思路與下兩節所談的自由主義和後現代主義思路有原則上的差別，因此比較適合放在一起。以下筆者即以若干較具代表性的論述來說明統獨雙方如何運用民族主義思惟，並儘量分辨他們依賴「種族血緣」、「歷史文化」及「共同利益」的輕重程度。

　　以民族主義方式論證國家認同，並從而得出台灣必須與中國統一的理論，自來是國內公民教育的主流。這也是國民黨政府遷台以來，官方所提倡並容忍的唯一說法。不過民族主義統一論的支持者倒不侷限於親國民黨政權的學者，事實上連批判當局的自由派學者或左翼知識分子也不排斥在國家認同問題上採用民族主義的思惟。我們姑以王曾才、胡佛、陳映真、陳昭瑛等人之論述為依據，討論民族主義國家認同觀如何跨越左、右意識形態的藩籬。

　　王曾才的論述簡單而清楚，足以代表戰後官方國家認同的主要說法。他在談到民族主義與國家認同的關係時，開宗明義地講：「國家的認同是民族主義所要解決的問題。民族主義（nationalism），依照其最普通的解釋，是『每個個人認為各個個人均應向其民族國家效其世俗的忠悃的一種心態。』它是一種把民族國家的福祉看作最為重要的政治或社會哲學或信條」（王曾才，1994：201）。既然國家認同要以民族主義的信條加以理解，王曾才乃進一步說明中國這個國家的民族根源及發展。他說：「在中國，民族國家的建立要

較西方爲早」。雖然夏商周是否爲民族國家尙有疑義,但「至遲到秦統一六國(西元前 221 年),中國便已成功地締造爲一個統一的,也是單一的民族國家」。此後儘管分分合合,「一個中國」的觀念已經鞏固,也不會再改變了(1994:205)。當然,中國的民族成分頗爲複雜,包含了「漢、藏、阿爾泰(金山)、南島、印歐等不同的族系」(請注意台灣原住民所從出的「南島族系」也包括在內),不過少數民族對以漢族爲主體所創造發展出來的中華文化「也大多能夠接受」,所以中國認同極爲堅固。所有中國人都認爲「統一」是常態而「分裂」是變態,因此台獨運動不可能爲中共所接受,而企圖以「民族自決」或「公民投票」的方式達成建國目的者,則「既缺乏主觀條件,又不具客觀條件」(1994:206 -209)。

王曾才的民族主義統一論以種族血緣爲主要根據,但也兼採歷史文化與共同利害的考量。他說「華夷之辨、夷夏之防」的著眼點乃是文化而不是血統,又說中共目前的經濟成長突飛猛進,台灣產業的出走正表示經濟利益正在「塡平海峽」(1994:206,212)。這其實是三管齊下,試圖說明中國統一的必然性。我們對此論述既不陌生也不驚奇,因爲過去國民黨政府透過教育與傳播媒體宣導的正是這個理論。真正讓我們稍感驚訝的是批判國民黨威權統治不遺餘力的自由派學者中,也有不少人願意在國家認同問題上採取民族主義、而非自由主義的立場,我們以胡佛先生爲此論述的代表。

胡佛在一篇討論國家認同問題的專訪中,明白指出「認同」可以依範圍之廣狹分成幾個層次:國際主義(以全人類福祉爲認同的對象)、種族主義(以整個中華民族爲認同的對象)、國家主義(以大陸和台灣合併在一起的大中國爲認同對象)、分裂性認同(認同在台灣的中華民國,但不包括大陸)、省籍認同(本省人外省人彼此區隔的認同)、地方認同(以地方社區爲認同對象)。這些層

次不一定互相牴觸，譬如一個青年應該既關懷全人類福祉，也忠愛祖國或關切地方。但是對「一個政治體系的穩定性」來講，認同的架構仍應以國家的認同爲主，因爲在目前「整個世界仍以國家的利益爲最重要、最優先的考慮」。至於國家認同如何安頓才算妥當，胡佛認爲以種族血緣爲基礎，而又尊重海外華人已脫離母體之國家主義層次較爲合理。他相信「本省外省都是同一血緣」，不存在種族或社會的根本問題（原住民問題在此文中並未提及）。國家認同危機之解決，「必須在前提上肯定中華民族的整體尊榮感，因爲這是認同上最高的象徵，在性質上它應是高於一切利益之上的」。一個人的國家認同「必須將中國大陸列入我們認同的對象，因爲只有在這種『認同的共識』之上，將來中國統一的問題才能以和平方式獲得解決」。至於台獨理論或「任何企圖割離台灣與中華民族之間血緣關係的理論都是不足取的」，分離主義必然走上流血一途，且必然失敗（胡佛，1983：17-19）。

　　胡佛明白承認他的考慮兼有「民族情感」及「政治利害」的衡量，而這裏的「民族」一詞，如同上文所示，乃是與「血緣關係」不可分的。我們之所以對自由派學者如胡佛等之國家認同理論感到訝異，並不是因爲他們採取了統一的立場 —— 沒有人說自由派就必然支持獨立 —— 而是因爲他們引用了相當多民族主義的論述。[3]自由主義原來主張個人權利優先於國家民族的整體尊榮，在這裡兩者的順位被逆轉了；自由主義原來主張國家以公民意識爲成員資格之限

---

[3] 自由派學者因爲採取「統一」立場而被打成保守派，是一件「統獨問題無限上綱」的悲劇（或鬧劇）。以胡佛爲例，儘管他在統獨立場上與原先不少自由派學者分道揚鑣，但在其他諸多議題上，並未放棄自由主義的堅持。關於台灣政治意識形態座標的轉換及知識分子的重新被定位，參見周陽山（1992：76）。

制，在這裡被改成以血緣爲標準。正是基於這些理由，我們才決定將上述理論列入民族主義的國家認同，而不認爲它們屬於自由主義式的思惟。這顯示出民族主義的影響在中國（以及台灣）確實根深蒂固，即使一個人在其他議題上（如人權、憲政主義、議會改革……）可以充分展現自由派的色彩，在國家認同問題上仍會轉向民族主義。

如果保守派與自由派都可能在國家認同上採取民族主義的思惟，那麼左翼社會主義知識分子也大倡民族主義統一論，大概就不會再令人訝異了。陳映真曾經是白色恐怖時期堅持左傾，雖百死而不悔的知識分子。但是他的社會主義思想就像早年部分的「老台共」一樣，是與中華民族的振興、統一分不開的。一九八四年他對侯德健出走大陸所做的評論，引發了「台灣意識／中國意識」的一場大論戰。而在隨後的統獨爭議中，他也從不放棄宣揚民族主義統一論的機會。反省陳映真的論述，讓我們比較清楚地看到社會主義與民族主義如何發生關聯。

陳映真認爲「龍的傳人」這首歌在台灣廣泛流行，並不是一些人所嘲弄的「空想漢族主義」一詞所能解釋。「這首歌整體地唱出了深遠、複雜的文化和歷史上一切有關中國的概念和情感。這種概念和情感，是經過五千年的發展，成爲一整個民族全體的記憶和情結，深深地滲透到中國人的血液中」。反而憤憤然指責這首歌的人才是「輕狂的小布爾喬亞」，他們業經資本主義不斷洗腦，顯得「思想幼稚」，政治判斷上帶有「嚴重小兒病」，以至於急著否定自己「經數千年歷史與文化所形成的父祖之國」。但是，儘管他們如此羞辱侯德健熱愛中國的「自然的民族主義情感」，民族主義終必撥雲見日，使我們的眼光「向著更寬廣的歷史視野擴大」（陳映真，1988：34-37）。

　　在一九八四年發表的這篇文章中，陳映真對台獨論者的「粗暴無禮」猶且覺得情有可原（「因為那是美日資本主義帝國勢力造成的」），但是十年後當他再談到台獨是否為一種「本土化」運動時，他的中國民族主義情感就一發不可收拾了。在一篇呼應陳昭瑛但也有所質疑的文章中，陳映真明白反對賦予台獨運動任何僭稱「本土化」的正當性。他說：不管是日治時期的武裝抗日鬥爭、台灣語文運動，或者是國府統治時期的二二八反內戰鬥爭、七〇年代的保釣運動以及七八年的鄉土文學論戰，都「在在反映了台灣反帝民族運動的反殖民、反同化、堅持種性（中國的種性）的性質」。台獨論者企圖將台灣從中國這個種性的母體割裂出去，無論如何是違反「本土化」精神，既在道理上說不通，也無實踐上的可能（陳映真，1995：30-37）。

　　我們對陳映真的理論感到興趣的地方是：（一）他將社會主義的階級分析與民族主義的反帝反殖民運動結合起來，充分體現民族主義從十九世紀蛻變到二十世紀，由西歐民族國家的帝國主義演變成第三世界民族國家反帝國主義的歷史結晶。這個論述在台灣一向是比較受到壓抑的，因為國民黨的民族主義只是用來與中共做政治鬥爭，並不想激起反日反美的情緒。換言之，上述王曾才型的民族統一論其假想敵是「毀棄五千年文化的中共」，拿來對付台獨完全是近十幾二十年來的事。然而陳映真的民族統一論敵人不是中共，而是「美帝撐腰下的國府政權及台獨運動」。左、右翼的民族主義大義貌似雷同，槍口所朝的方向卻頗有差異。（二）社會主義的系統性分析雖然以全球無產階級為關懷對象，但是這並沒有沖昏左翼知識分子的腦袋。他們還是堅持各個民族自有其「種性」，「保衛種性」雖然時常與「無產階級革命」並列，但實際上前者在陳映真的心中似乎超越後者，這使得國家認同在他的理論中終究呈現出民

族主義的面貌。

我們在結束民族主義統派的論述前，不能不提到陳昭瑛最近在《中外文學》所發表的文章及其引發的論戰。陳昭瑛在〈論台灣的本土化運動〉一文中，將晚近台獨論者追求台灣主體性的作法列為本土化運動的第三波，並試圖分析它與第一波（反日）、第二波（反西化）之同異。陳昭瑛的論旨是前兩波運動中，台灣意識都是中國意識的一部分，但是一九八三年以來的台獨運動則「以中國為抗爭對象，視中國為仇敵」。這個發展又可分別以台灣意識的質變與台灣主體性的建立兩個現象來說明。就前者言，陳昭瑛很有創意（也很有問題）地運用黑格爾的異化概念來解釋台灣意識的質變與台獨意識的形成，她說：

> 由於台灣人以中國為父母之國，台灣意識自然也是以中國意識為起源，中國文化、漢民族的特有生活方式在台灣的樣貌，是形成「中國式台灣意識」的文化基礎。現在台灣意識尋著原先自我意識形成的道路，發展出一股異己的力量，反過來對抗自己：就對抗台灣意識中固有的中國意識而言，台獨意識是中國意識的異化；就對抗以祖國之愛為特徵的台灣意識而言，臺獨意識是自我異化。（1995a：25）

陳昭瑛認為一九八三年侯德健回歸祖國大陸，引爆黨外集團的統獨論爭，基本上是台灣意識以「外於中國意識」並「對立於中國意識」之型態出現的肇端。論戰過程中由於大中國意識者（如陳映真）反應過度，結果造成台灣意識持有者將中國文化視為沙文主義或霸權心態，二者形成水火不容的對立態勢，這就是她所說的「異化」（1995a：26-27）。筆者認為陳昭瑛以異化論來解釋台獨意識的形成會有問題，是因為陳昭瑛預設了統一才是兩岸應有的常態。當台灣意識由於異化而與中國意識對立起來後，某種尊重歷史發展但

堅持回復統一的主張才能「克服異化」，除此之外別無順理台灣意識與中國意識的良方。但是台獨論者並非都像陳昭瑛所說「以爲台灣意識是台灣開天闢地以來就存在那兒的」，他們大可以同意台灣意識原本以中國意識爲起源，但沒有道理說台灣要尋求獨立就是變態發展，是一種有待克服的異化。以「異化 —— 克服異化」來看待分離主義運動，會迫使中國人將來也必須設法統一朝鮮半島上的韓國及中南半島上的越南，雖然她們「異化」出去的時間比台灣久了一些。

　　台灣主體性的形成則是另外一個發展。陳昭瑛認爲從史明、王育德以迄陳芳明，台獨理論家都試圖以二元對立的方式來逐步建構台灣的主體性，最後所得到的是在六組概念上的二元系統對立，其一是「中國＝中心＝統治者＝外來＝不獨立＝非主體性」，另一個是「台灣＝邊陲＝人民＝本土＝獨立－主體性」。台獨論者「不假思索地以第二組爲含有絕對的正面價值，而第一組則爲負面價值」。陳昭瑛認爲這個理論架構充滿錯誤歪曲，而其中最嚴重的問題是：「爲了建立『台灣主體性』，便必須排除『中國性』。」然而「若要排除一切外來化，則荷蘭性、日本性、美國性也得一一排除，則『台灣性』還剩下什麼？」（1995a：32）。此外，陳昭瑛也懷疑台灣主體性之說只是獨派人士「身處邊陲」的極度焦慮症，他們「亟欲擺脫『邊陲』地位，以自成『中心』」，而且是「追求成爲宰制者的中心」（1995a：33）。

　　這兩個控訴都是嚴肅的，也都與她先前所說的「台灣意識的自我異化」有關。針對異化的問題，陳昭瑛認爲「責罵獨派數典忘祖」並非良策，「因爲異化一旦形成，統一便不是單純的復歸原狀，而是對異化的克服」。所謂「克服異化」，主要依靠的還是要「努力探討中國文化中的進步內涵」，使中國文化的吸引力能再度發揮

（1995a：36）。我們可以看出這個對策與陳映真的反帝反殖民階級鬥爭有多大的差距，不過兩者對中華民族的歷史文化（或乃至自然種性）顯然信心一致。至於台灣主體性的失控，陳昭瑛主張切斷主體性與獨立訴求的必然關聯 —— 台灣人可以尋求文學、文化上的主體性，但不必要求政治獨立。她最後引用蔣年豐的話說：「與其將台灣建立成一個新而獨立的國家，不如將中國建立成一個新而獨立的國家」（1995a：35-36）。我們從陳昭瑛的文章沒有讀到關於國家認同的直接討論，但是她的民族主義理路是極為清晰的。透過一種新儒家式的文化詮釋，她試圖更新中國的內涵，使之對其原有子民產生吸引力，並消弭獨派人士的台灣國家認同。這是文化民族主義者的悲心大願，可是儒家文化在台灣究竟還有多少活力及吸引力，讀者可以自己做個判斷。

　　王曾才、胡佛、陳映真、陳昭瑛上引作品分別代表了民族主義統派的不同理論表現，這些論述或者訴諸種性血緣，或者訴諸歷史文化，或者訴諸利害考慮，或者兼而有之，但都以民族為國家認同之構成單元。我們接著檢討民族主義獨派的理論，就會發現同樣的邏輯如何換一個假定的民族就可以服務於不同的政治立場。這個論述策略上的雷同性，恐怕比統獨主張本身更值得我們注意。

　　獨派人士以民族主義方式界定國家認同者固然也是以種性血緣、歷史文化、共同利害為支撐認同的基礎，但是依賴血緣論述者明顯減少，以歷史文化為基礎者通常很費力地解釋台灣與中國的文化屬性如何同中有異，而其差異又足以分辨彼此為不同的民族，至於強調共同生活經驗或利益與中國大陸不同者，則民族主義色彩最淡，乃至於稍不留神就引起獨派陣營的內部批判。由於這方面的論著汗牛充棟，遠超過筆者閱讀消化的能力，因此以下所引述者乃各種類型之少數代表性人物，其疏陋處在所難免。

　　基本上，獨派民族主義理論不訴諸種族血緣的用意是可以想像的。台灣住民中絕大部分乃近代以降自大陸華南各地移民來台者，以血緣論幾乎可以說都屬於漢人。真正與漢人血緣有差距者乃原住民，可是原住民人數極少，並非移民之祖先。強調原漢差別，只能導出原住民獨立建國，而非四大族群共同建國，這是台獨民族主義論者轉而分析歷史文化或共同利害的原因。可是，儘管如此，獨派人士還是不乏大膽訴諸血緣論者。吳錦發在《文學台灣》某個不顯眼的地方寫道：

　　台灣原住民到底是從那兒來的？歷年來眾說紛紜。但基本上，人類學家都承認他們屬於「南島民族」，和漢民族無血緣上的關係，至於南島民族又是從那兒發源的呢？一八八九年荷蘭學者 Hendrik Kern 發表了一篇重要的論文，以語言學的角度認定「南島民族」發源於中南半島，這個學說將近一百年間廣受肯定，直到最近才有另一位法國學者 Andre Haudricourt 把這個學說作了修正，他認為南島民族的起源在地理上應向更北方一點推，包括中國的南疆和台灣，而最新的理論則更具震撼性，一九八五年語言學家 Robert Blust 發表了一篇重要的論文，肯定指出南島民族的起源地就在台灣。一九九一年七月考古人類學家 Peter Bellwood 更在「科學美國」雜誌（*Scientific American*）舉出種種考古學上的證據，支持 Robert Blust 的說法。這是「台灣原住民」取得「徹底本土起源」的最有力的理論依據，最起碼從包括泰雅、鄒、賽夏、巴則海、洪雅等高山、平埔五族的出土文物，經過碳十四測定，皆證明他們在台灣生存的年代已超過六千五百年。在台灣生存了六千五百年以上，比中國漢民族吹牛的「五千年歷史」還要長久。（吳錦發，1992：9-10）。

這段話的重點是：（一）原住民乃真正土生土長的民族，而且

歷史比中華民族「悠久」；（二）原住民的血緣與漢民族無關（不是王曾才所說的「包含」關係）。可是原住民血緣與其他族群的台灣人有什麼關係？吳錦發接著做了一個證據不詳的宣稱：他「肯定認爲台灣原住民是我們血肉相連的兄弟姐妹」（1992：10）。這是試圖建立台灣閩南人、外省人、客家人與原住民血脈相通，而不與大陸閩南人、外省人、客家人血緣相連的最大膽嘗試。可惜沒有多少台獨論者有如此豐富的想像力。唯一接近此種論點的是吳密察在評論廖炳惠文章時，曾經就「二元對立下的主體性」問題稍作思考，明白承認如果要與中國清楚劃分，只有借助「原住民的養分」。他說：「充分地把原住民的要素納進來成爲台灣的一部分，才可以很明顯的顯示出：『台灣就是跟中國不一樣。』不然講什麼歌仔戲、布袋戲，搞了老半天，到閩南做研究才發現我們有的人家也有，只是程度上不同而已」（吳密察，1994：119）。我們要注意吳密察此處談論的是文化，不是血統。同時他的其他著作也看不出真的有意朝這個方向發展，所以此說不能當真。但是，利用原住民的血緣或文化來證成台灣獨立之必要，基本上是不擇手段的政治策略，獨派人士容或有此潛意識，所幸理論上尚鮮見此極端。

　　獨派知識分子運用民族主義時所強調的大多是與中國有別的歷史文化。事實上，從早期的廖文毅、簡文介、史明、王育德，一直到當前的李喬、陳芳明、林濁水等，他們主張台灣可以獨立建國的理據都可以如下數語表示：四百年來，台灣移民迭遭外來政權統治，在歷次反抗運動中已孕育了獨特的海島文化，此歷史發展與中國大陸有別，其文化型態兼容並蓄，故台灣雖與中國有部份重疊淵源

，目前已成一獨立完整之命運共同體。[4]我們可以從史明流傳甚廣的
《台灣人四百年史》一窺此種民族主義論述的精義：

> 台灣社會與台灣人即台灣民族，及台灣人意識與台灣民族主義
> ，是代代的祖先們艱苦奮鬥，努力於移民與開拓，社會近代化
> 與資本主義工業化，以及進行反殖民地鬥爭的發展過程中形成
> 起來的歷史產物。尤其是為台灣民族的生存所不可欠缺的台灣
> 人意識與台灣民族主義，就是在荷蘭統治下郭懷一等開拓農民
> 所發難的「反紅毛」，鄭氏、清朝統治時代朱一貴、林爽文等
> 開拓農民大眾起義的「反唐山」，台灣民主國時台灣農民大眾
> 的游擊抗日戰，日據時代台灣農民大眾的武裝抗日，台灣知識
> 分子改良派的近代民族解放運動，及台灣工農大眾的社會主義
> 革命鬥爭等，這一連串反殖民地鬥爭的歷史累積中凝結而成的
> 。繼之到戰後，在二二八大革命的「反阿山」鬥爭中，以台灣
> 人先烈們的流血犧牲為代價，刈掉了台灣人對於中國人在血統
> 觀念上的尾巴，把摻雜在台灣人意識裡的「空想大漢民族主義
> 」剷除之後，也就是說，徹底打消了因與中國人同一血統所產
> 生的意識上的瓜葛之後，台灣民族主義，即：「渴求台灣民族
> 的獨立與解放，主張其民族利益，並關切其民族的命運與前途
> 」這個完整的民族理念終於成為台灣人唯一且最高的原理。（
> 史明，1980：1095-96）

敏感的讀者應該會注意史明十分強調「農民大眾」、「反殖民
」等左翼概念，這確實只是四百年史的一種詮釋。另外還有葉榮鍾
等右翼史觀的民族主義運動史，強調的重點則轉向資產階級及知識

---

[4] 關於廖文毅、簡文介、史明、王育德的定位，參見吳叡人（1995b：75-76
）。李喬的觀點下文分析，其餘諸人的相關論述參閱陳芳明（1988；1992
），林濁水（1991）。

分子的議會運動及自治運動。此種路線之爭不是本文關切的焦點，因爲正如陳芳明所說的：「在抗日團體中，右翼運動者提出的『台灣議會』、『台灣自治』、『台灣自決』，左翼運動者提出的『台灣民族』、『台灣獨立』、『台灣革命』等等政治主張，在內容方面縱有差異，但其最高目標都與台灣主權及台灣國格有極其密切的聯繫。這種全新的民族國家認同，對於戰後的台灣民主運動，仍然具有無窮的啓發性」（陳芳明，1992：39）。

　　四百年史觀建構出來之後，從唐山過台灣的移民乃由「炎黃子孫」變成「台灣先民」。民族史從這裡寫起，而民族國家則在遙遠的四百年後等著被締建。也只有在這樣的「歷史」基礎上，我們才能理解爲什麼李喬要呼籲將「文化認同」、「民族認同」與「國家認同」畢其功於一役，「同時完成」。他說：

吾人理解「台灣居民」中漢移民佔多數，彼攜有原鄉文化的事實，但是此攜來文化必經變邊調適而迥異於「原裝」。更重要者，在歷史行程裡，漢人原鄉漢文化僅是台灣文化淵源之一而已。其他：（1）台灣原住民的文化特質，例如民主、開放、敬天、謙卑、達觀率眞、團結合作、共有觀念、重視青少年生活文化教育等。（2）漢人移民社會逐漸形成的「移民精神」，包括冒險患難、熱情友愛互助等……（3）各種宗教在台灣傳播的文化質素，例如博愛、和平信念、尊重本土、堅持民主等。（4）日人遺留的合理主義、法治基礎、正直性格、共同生活圈的規模等，另外就是戰後來自西洋的影響：民主自由信念、理性法治、科學觀念等。凡此，無不指向一事實：台灣文化自文化哲學而典章制度，而生活語言、風習舉止姿勢等，俱已自成上下左右秩序順暢和諧的組織系統。也與「中國文化」可以層層匹比，而能辨的部類系統。所以，台灣文化與中國文化是能夠

分門別戶，各自成就的。（李喬，1993：215-26）。

正是由於歷史發展迥異、文化成分豐富，所以台灣的國家認同可以建立在新社會的文化系統上，而不必受制於原先血統一脈相連。這種論述途徑稱之為「民族主義」也好，稱之為「國民主義」也好，獨派諸人並不堅持。重要的是民族條件已經完備，國家認同就不會有問題了。當然，如果為了避免民族主義在現實政治世界中的流弊，「最好稱為『台灣國民主義』」（李喬，1994：20）；但是如果想要旗幟鮮明地對抗中華民族主義，則稱之為台灣民族主義「不但恰當而且必要、迫切！」（陳儀深，1995：68）。

在訴諸歷史以證成民族特性的諸多論述中，我們必須注意其中一種比較特別的論述，那就是吳乃德所提出來「悲情歷史」說。吳乃德早先區分「國家認同」與「國家選擇」為不同的概念，他認為前者是一種「情感性的國家界定」，是一個人認定他（她）的國家歸屬時，心理上賦予終極價值的選擇；後者則是一種「理性的國家界定」，考量的是一個人所將加入的國家能帶給他（她）何種現實利益。國家認同不是不會被現實條件干擾，可是它本質上是一種情感性的終極價值，欠缺了這個情感性的執著，沒有一個國家可以面對挑戰而不崩潰（吳乃德，1993：44-45）。既然國家認同基本上是一種情感性的價值，吳乃德乃進一步追問什麼東西最可以成為這種情感投注的對象？他引用了 Renan 的理論說：「歷史經驗和歷史記憶是創造群體認同最重要的素材，而非語言、宗教等文化因素。一群人之所以會認為他們和別人不同，主要是因為他們有著和別人不同的歷史經驗；群體的成員之所以屬於同一群體，也是因為他們共享著相同的歷史經驗。而『故土』之所以重要，也正是因為這是過去的祖先、英雄、和聖賢工作的地方。沒有這種歷史經驗和『過去』，群體認同幾乎是無法想像的。沒有過去，就沒有認同。」（吳

乃德，1996b）。

在過去的種種經驗中，吳乃德認為「悲情」乃是其中最重要的元素。他再度發揮 Renan 的論點說：「一個民族的歷史有光榮、也有屈辱，有征服、也有被壓迫。可是真正能鞏固成員的感情和認同的，絕對是屈辱和悲情」。如果歷史悲情才是凝聚民族成員感情的核心，那麼一個國家就不能遺忘過去，尤其不能遺忘過去所發生的屈辱和悲情。以台灣的歷史經驗講，這也許指馬關條約的割台、抗日運動的失敗，也許指二二八的起義、白色恐怖的鎮壓。記住這些歷史悲情，才能維繫住一個國家的認同。

吳乃德在引用 Renan 的同時，並未提及 Renan 也說過「國家之所以能形成，是因眾人具有許多共同點，也同時遺忘了許多事」（Renan，1995：7），因此他的認同理論顯得比 Renan 更強調過去，更繫重於歷史悲情。[5] 我們可以試圖理解的是：吳文乃針對民進黨新世代對台獨黨綱的重新詮釋而發，該黨新世代宣稱「舊世代為了過去、悲情、民族而主張台獨，新世代為了未來、希望、民主而主張台獨」。「台灣獨立不是什麼神聖的使命，不是因為台灣人四百年來受到外來政權的壓迫……，而是務實的政治主張」。我們上面所談的民族主義歷史文化論述，在民進黨新世代眼中是舊世代的思考邏輯，新舊台獨之間既有此矛盾，舊世代之中乃必然（也必須）有人對此挑戰做出答覆。吳乃德當然不是年紀上的「舊世代」，但是他對新世代認同觀的質疑，卻明白表達了反對「民族」共同體由「

---

5 關於政治認同的敘述性結構必須兼顧「記憶」與「遺忘」兩種層面，而不是片面地只「記憶過去，緬懷往事」或「遺忘過去、邁向未來」，詳見蔡英文的〈認同與政治〉一文（蔡英文，1997：73-74）。

歷史文化感情歸屬」滑落爲「共同利益務實考慮」的立場。[6]

　　獨派民族主義論述中當然有主要著眼於「利害選擇」的一個分支，許信良的「新興民族」論就是其中佼佼者。不過在轉向許信良之前，我們也許應該先討論一下張茂桂等人所開出來的理路。

　　張茂桂曾經是民進黨「族群與文化政策白皮書」的撰稿人，他的論旨現在可能會被新世代看成是「舊世代」的思惟。不過，張茂桂的理路不像典型舊世代（如史明、陳芳明）那麼樣具有（陳昭瑛所譏刺的）「返本主義」或（趙剛所抨擊的）「本質主義」色彩，另一方面也沒有吳乃德「不能忘記悲情」的反「時代開創主義」傾向。史明的左翼行動綱領，他沒有完全繼承；吳乃德視爲非關緊要的語言文化，他反而給予相當的重視。他真正在意的似乎是思考如何建立一個以公民意識爲基礎的民族國家，使之既能滿足台灣人追尋「部族偶像」的渴望，又能建立族群之間的相互聯繫與尊嚴。就此而論，他的立場倒是比較接近吳叡人所說的「領土／公民」民族主義。[7]

　　張茂桂認爲台灣社會由省籍問題、族群衝突發展至統獨爭議，其中台獨運動的真正原因並不是族群關係不對等、威權體制轉型、或領土主權混淆，而是台灣人想要「建立一個有名字的『部族偶像』」，爲了要創造一個和台灣的集體生活經驗有實質而且有密切關係

6　筆者認為民進黨內關於「新、舊世代台獨黨綱」或「新、舊世代民族主義」的區分很有問題。嚴格講，重視「歷史文化」與重視「未來利益」只是兩種理解民族內涵的途徑，它們不必然與「新、舊世代」有關。譬如年紀不小的許信良提出了極端利益導向的「新興民族」論，而贊同吳乃德觀念及立場者，則有同屬「新世代」年紀的朱雲珍（1997：107-108）。

7　吳叡人引用 Anthony Smith 的理論，區分民族主義為「領土／公民」及「種族／文化」兩種模型（1995b：58-61）。他自己的主張也屬於「領土／公民」這一種，詳見吳叡人（1997）。

的集體表徵，做爲族群的及社會的自我崇拜基礎」（張茂桂，1993a
：264）。換言之，在歷經四百年的共同生活經驗以及長久與中國隔
離的情況下，台灣人已開始想要發展出一個屬於自己的特別稱謂，
以有別於過去那種虛幻而矛盾的標識，這就是台灣民族主義運動的
內在意義。張茂桂進一步說：這種要求「命名」的動力不一定是來
自被壓迫的經驗（在此他與吳乃德看法明顯不同），而是來自人類
集體生活經驗與道德的需要。因此，「在某一個程度上，我們可以
說『台灣共和國』是一種爲建立族群尊嚴，爲加強個人和群體間的
聯帶關係，以及加強集體生活的道德立場而進行的一場『正名』努
力」（1993a：271）。

　　張茂桂的論述主要依據社會學及人類學的理論概念 —— 如
Benedict Anderson 的「想像的政治共同體」，Harold Isaacs 的「部族
偶像」，E. Durkheim 的「圖騰崇拜」等等。這些用語，以及張茂桂
將民族主義比擬爲「現代人的宗教性活動」之說法，使他所要解釋
的現象無意中蒙上了一層神秘主義的宗教色彩，結果引來了趙剛引
經據典、徹頭徹尾的批判與否定（趙剛，1996）。平心而論，張茂
桂的理論引用雖然有所疏失，但他所提出的民族主義實在談不上是
「巫毒民族主義」或「高燒族群民族主義」。[8] 相反地，我倒認爲其
內涵比較接近部分西方學者所說的「公民民族主義」(civic nationalism
)。

　　公民民族主義的首要前提是放棄以種族血緣爲建構民族之基礎
，這點張茂桂已經講得很清楚，因爲他說他的民族主義觀「排除了
所謂『民族主義』必須客觀上、歷史上是衍自同一起源的一群人的
偏窄說法」（1993a：21）。其次，公民民族主義也要求民族成員身

---

[8] 張茂桂對趙剛的答辯見張茂桂（1996）。

分之取得乃依據共同遵循的法律架構，人人彼此負有履行權利義務
之責任。在〈省籍問題與民族主義〉一文中，張茂桂對此問題沒有
交待，但是到了擴大版的民進黨「族群與文化政策白皮書」，他就
詳細陳述了（當時）民進黨理想中的民族主義政策。他強調台灣民
族主義運動最需要嚴肅思考的問題是：如何在兼顧本質性實踐的同
時，面對時代開創主義的需求（1993b：63）。他考慮了「公民投票
」及「台灣主體性」等對策之後，終於主張民進黨必須「尋求具有
開創精神的民族主義，以此為基礎發展具有健康內涵之現代國民意
識，建立一個多元融合與不等的社會，以建立一個新的現代化國家
」。具體來講，這種民族主義下的國家認同要求（1）保障各族群的
文化特殊性、鼓勵其多元發展；（2）以現代公民權為核心，建立現
代的公民意識、國家意識與共同體精神（1993b：76-78）。筆者認為
這種公民民族主義與自由主義的國家認同已經十分接近，唯一關鍵
性的區別是前者仍十分強調民族（或族群）在國家構成上的根本作
用，而後者則直接以個別公民為單元，並保障個體相對於其所屬族
群的優先性。這是輕重本末之別，孰是孰非可能要看具體情境而定
，本文暫不詳論。[9]

　　最後，我們終於可以轉向許信良的「新興民族」理論。許信良
素以大膽富想像力自豪，他在這本結合數位知識分子思考結晶的《
新興民族》中，也替台灣民族的特性與潛力做了一次最足以令台灣
人自豪的描述。他說世界歷史上出現過許多後人景仰的新興民族，

---

[9] 筆者曾於另文中，以美國政治哲學家 Michael Walzer 的理論說明自由主義
　 的國家認同思惟如何可能容納「族群」或「民族」因素，如果那個分析站
　 得住腳，張茂桂式公民民族主義的主張與筆者在下一章中所要提出的自由
　 主義式務實思考可能就沒有多少差別了，詳見江宜樺（1996）。至於國家
　 認同納入族群因素後之政策意義，見江宜樺（1997a）。

如「十三世紀威震世界的蒙古人，十七世紀入主中國的滿洲人，十六世紀與十七世紀之間的海上霸權荷蘭人，十八世紀和十九世紀建立日不落帝國的英國人，以及本世紀當紅的美國人和日本人」。這些原先不起眼的民族之所以能躍居世界舞台的中心，不是因為種性特別優異或歷史文化特別悠久，而「只是因為它知道的比同時代的其他民族多，它的活動力比同時代的其他民族強」（許信良，1995：17-18）。而台灣人，在許信良看來，由於商業力量滲透全球，學子遊客遍佈各洲，因此「知道最多、活動力最強」，有極大的機會成為二十一世紀的新興民族（1995：29-30）。

我們不想與許信良爭辯台灣人是不是知道最多、活動力最強，我們只想提醒讀者在許氏的新民族構成論中，血緣是毫不重要的（「飄洋過海的移民容易創造不是基於血緣，而是基於契約的新政體」），歷史文化越雜越好（「移民社會的特質之一是它不會刻意去追求『純粹』，更不會逃避『混合』」），真正凝聚台灣人成為一個民族的力量是共同利益 —— 尤其是對外貿易的利害衡量。許信良看準中國大陸是未來全世界最大的市場，因此與中國建立「穩定而長期的大量經濟合作關係」，才是台灣首當確立的戰略目標。對於傳統獨派最憂心的祖國忠誠性問題，許信良的答覆是「不必杞人憂天」 —— 資本固然無祖國，但擁有資本的商人則是有祖國的，他們不會輕易放棄台灣（1995：350-58）。

「新興民族」論之下的國家認同理路是十分奇特的。[10] 它一會兒要擺脫血緣及共同歷史記憶對國民意識的形塑力量，強調台灣人就是到處尋求商機的人；可是一會兒又說商人不是沒祖國的，向我

---

[10] 《新興民族》所引起的評價自然褒貶不一，較正面的有邱貴芬（1996），較負面者如吳叡人（1995a）。

們保證商機之外還有商人永不背叛的東西。可是這個凝聚整個民族
於不墜的要素到底是什麼？是新世代所說的（沒有填上具體內容的
）「未來、希望」呢？還是內容包羅萬象、越雜越好的多元文化「
混合」呢？許信良的新興民族想像超出上述所有民族主義的界定，
使他的國家認同觀不像民族主義獨派所描繪的樣子，而比較像是本
文稍後所要討論的後現代主義認同，這種發展，大概是民族主義國
家認同論述所能帶給我們的最大驚奇！

　　由於民族主義式國家認同思考的內涵包羅萬象，我們很難逐一
檢討每種民族主義論述的利弊得失。我們所能做的，毋寧是指出這
種論述的內在基本理路有什麼道理與什麼問題。在本節一開始，筆
者就說明「以民族主義思考國家認同問題者，大抵主張國家必須以
民族為基礎」。所謂民族，可以指一群具有相同血緣關係的人，也
可以指一群血緣不盡相同，但共享某些歷史文化遺產的人，更可能
指儘管歷史文化無重疊基礎，但目前剛好居住於同一生活地域，因
利害休戚相關而彼此產生認同感的一群人。通常反對民族主義的人
指責民族主義式國家認同具有「本質主義」（essentialism）的傾向，
說這種認同追溯某種亙古不變的民族特質，據以排斥「非我族類」
的邊緣成員。其實民族主義的複雜光譜中，只有強調種性血緣的那
一個次類型才符合本質主義指控，至於其他類型，或多或少都承認
「民族」是後天人為建構而成的。

　　當然民族的建構不可能完全憑空想像、完全隨著人群的意志而
建構出來。所謂「建構」，是指在某個歷史發展的特定階段中，若
干懷抱較強烈「我族意識」的菁英，針對當時已經存在、但未固定
化的人群共同特質，加以系統化地述說、整理，從而產生了固定化
的特質描述。這種人為的努力使原先只是偶然呈現、性質猶有較大
變遷餘地的人群特質，開始以固定而刻板的方式定著下來。而在固

定我族形象的同時，往往需要以對比的方式建構另一個（或另一些）特質不同的他族。稱頌我族特質之優秀性、貶抑他族爲相對低劣的族群，藉此鞏固我族成員對自己族群的認可與歸屬感，培養民族的自信心。因此，所謂「建構」，確實是在某些已然存在的素材上加工，不是完全依憑建構者的意志轉移。不過這些素材並非生來如此、不可變更的東西，是「建構」使他們定著化、刻板化，變成了從此不能輕易再被改變的特質。民族的「本質性」與「建構性」大概可以用這個方式加以理解。

如果民族的性質可以這樣去理解，那麼所謂民族共享的歷史文化或集體記憶，或甚至一大部分所謂的共同血緣，其實都是在某個民族主義熾烈的時代中建構而成的。這種「民族的建構大業」自然有它出現的理趣。基本上，人群出於自保，多少有賴於「我群」或「我族」意識之培養。只有具備共同意識的人群，才能擊退外敵，保全自己。可是爲了強化我族之凝聚力及尊榮感，對於他族的惡意描繪或指控往往成了難以避免的手段。民族主義歷來被較具自我反省能力的人視爲弊大於利，當與此一刀兩刃的特性有關。

將民族主義當成國家認同的基礎，在類似台灣這樣的社會裏，引起的問題比它所能發揮的功用還多。台灣目前相應於自保需要的「我群」意識其實已相當成熟，不管是美國、日本、或中共有意侵犯，台灣人都不會懷疑自己應同心協力對抗外來挑戰。新黨在一九九六年初的飛彈危機中號召共同對抗中共威脅，說明了即使是民族主義統派也知道當前的敵我區別或「我群／他群」防禦界限何在。然而在「我群」意識不需要民族主義證成的情況下，運用民族主義於「我群」內部之中的國家認同問題，會因爲不同民族主義者對民族內涵的理解南轅北轍，反而撕裂了對外抗爭上一致團結的「我群」。如前所言，中國民族主義與台灣民族主義都是高度建構的產物

，它們目前處於互不妥協的情勢。但由於它們所謂的「客觀基礎」——「台灣自古爲中國的一部分、台灣人乃是中國人」與「台灣四百年來歷史發展自成一格，台灣人不屬於中國人」—— 根本只是不同人群的主觀建構，因此這種國家認同思惟下的統獨對立乃是不可能化解的。民族主義統派一心希望獨派有朝一日幡然覺醒，認同中華民族；民族主義獨派一心希望統派早日放棄幻想，認同久遭蒙蔽的台灣。這種期待若想在短期內實現，除非動用國家資源來進行大規模政治社會化或甚至族群淨化，否則根本不可能。但是國家認同有必要建立在這種功能有限、後患無窮的民族主義思惟上嗎？難道在一個自保意識清楚的人群中，就不能把國家認同奠立在比較「非由歷史文化決定」的因素嗎？我想這是台灣自由主義式國家認同理論提倡者的起點。

三、自由主義的憲政民主認同

當「最自然而然」的認同思惟方式呈顯出越來越多問題時，比較不那麼「自然」的自由主義式思惟就開始有發言的餘地。以台灣的發展經驗而言，自由主義思惟的興起當然還得說是拜長期民主化之賜。畢竟我們無法想像如果台灣不是因爲過去數十年來經濟自由化、政治民主化、社會開放化的影響，自由主義式的國家認同能夠有崛起的機會。可是一個日趨世俗化、現代化的台灣，終於容許人們不再以傳統的民族主義思考來看待國家認同問題。當統獨爭議白熱化到令人窒息的情況，暫時超越統獨、轉移目光到國家合理性基礎問題的人乃越來越多。

簡單地講，自由主義的國家認同要旨是：一個國家不必以民族爲建立其成員共同歸屬認同感的基礎。國家要注意的反而是本身的

憲政制度及人權保障是否完備、合理，只有合理的憲政制度及人權
保障才是一個公民決定認同一個國家的關鍵。族群的歸屬，就像性
別或階級的分門別類一樣，不應當是國家成員身份的過濾標準。我
們看得出來，這種論述的精神與前述民族主義中的公民民族主義十
分接近，因為兩者都肯定現代國民意識的重要性，也承認多元族群
文化並存的事實。但是公民民族主義的理論家執著於「民族」概念
之不可放棄 —— 那怕它實際上只指涉「空間範疇」或「共同空間」
，而與歷史文化、血緣種性無關 —— 而自由主義的理論家則認為憲
政才是唯一具有正當性的認同基礎，「民族」概念再怎麼改良也不
必成為國家認同構成上的用語。換言之，國家不必預設民族，無論
是那一種意義下的民族。

　　為了比較清楚瞭解自由主義式思惟的內涵，我們還是按照先前
討論的方法，列舉幾種比較具有代表性的說法。

　　我們先從陳其南的論述開始。陳其南不久前還是全國「社區總
體營造」的總工程師，這個計劃背後所預設的理念，其實就是自由
主義色彩濃厚的公民國家主義。「公民國家」（或「政治國家」）
的理念，來自陳其南對中西國家型態發展的比較研究。他認為中國
自古是個「超級民族主義」所支撐的國家，中國人向來只知道血緣
及民族意識，卻完全沒有「公民」（citizen）的概念。反觀西方，則
遠從希臘城邦時代起，就已經有「公民」及「公民共同體」的實踐
經驗與理論建構。「公民」相對於「私民」，是一種以國家和社會
成員身分而存在的人格，「在遇到有關國家政治和社會利益的問題
時，他做為一個公民的身份是超越其私民身份的，他必須以普同公
民的原則為優先，而克服個別私民的利益與人際關係。在大部份的
西方國家社會中，這種理念是居於主宰地位的，而且是已經內化到
整個國家社會體制中，無形中形成一種約制力量，足以約束私民心

態的破壞作用。不論是在體制或個人的層次，公民意識都必須內化成一種精神和倫理法則，如此所有其他建立在『公民』成員基礎上的政治體制和社會秩序才能夠有效地運轉，並自我調整」（陳其南，1992：10）。

　　陳其南認爲公民意識和公民倫理是現代國家不可或缺的構成要素。一個國家當然會有固定的領土，有共享或不共享的歷史文化，有單一或分歧的種族血緣，但是這些基礎都不像公民意識那樣，足以成爲國家認同或政治歸屬的理論基礎。他說：「在一個現代的國家社會中，其構成的唯一基礎是『公民』，這個公民身份是國家社會形態的最終指涉點。在一個國家社會中，個體成員之間的關係本質必須徹底地第一優先地建立在『公民意識』的架構上，這個『公民意識』必須超越傳統封建的民族血緣與地方地緣關係之上，也必須凌駕近代中國所特有的『黨緣』關係」（1992：12）。換言之，「在決定國家體制和歸屬的問題上，政治生活方式的理想或意識型態應該比民族、文化和歷史因素更爲基要和優先」（1987：28）。這種視政治體制和政治生活方式比種族血緣和歷史文化更根本的看法，就是自由主義國家認同觀的基本論旨。[11]

　　從這個角度來看，陳其南對民族主義統派和民族主義獨派的主張便都不能苟同。他認爲台灣民族主義者提倡「命運共同體」，執政當局提倡「生命共同體」，這兩種論述都沒有共同體的真正要素 —— 公民意識。「假如『台灣民族』意識足以產生共同體意識，那麼『中華民族』的觀念老早就可以蘊育出同樣的結果出來了」（1992

---

[11] 張茂桂先生提醒筆者陳其南其實有「族群」色彩十分濃厚的一面，只是在本書引用的資料中他剛好比較不說族群。我想「陳其南是個公民論者或是族群論者」對筆者並不重要，重要的是他在所引文文獻中確實表達了自由主義國家認同觀的特色，足以作爲一個例証來說明。

：xvi）。民族主義論者固然不乏開口閉口公民身分如何如何之說，但多半只是口惠，從來沒有認真瞭解公民身分落實下來所需要的是什麼憲政制度及社區民主。陳其南四處奔走，散佈社區總體營造的理念，就是著眼於「公民意識的具體呈現主要是在社區與職業團體兩個領域」（1992：12）。台灣的地方社區缺乏自發性的組織，舉凡環境衛生、交通秩序、公園規劃、犯罪防治等莫不翹首仰盼政府（特別是中央政府）的指導，這根本缺乏民主自治的信心與理想，即使實現了「總統直選」的民主外貌，國家社會之中仍然沒有具備公民意識的國民。另一方面，各種職業團體也一樣缺乏民主自律的精神，對成員資格的審定、職業倫理的建立、活動績效的評鑑等，仍然無法完全自理。國家干預無所不在，公民意識黯然不彰，這才是台灣社會真正的困境。

　　陳其南認為「公民國家」的理論固然對所有「缺乏公民國家理念的統獨運動」迎頭痛擊，但是這個理論不但不自外於統獨辯論的發展，而且可能成為將來解決統獨問題的關鍵。他說：「在目前的階段，台灣急迫需要的是鞏固『公民國家』的健全體制，不論將來是統是獨，這個體制都將成為不可動搖的基礎與立國精神」（1992：30）。換言之，台灣如果走上獨立，自由主義者會希望她不是因為台灣民族主義而成功，而是因為台灣人民真正落實了民主自治的原則。如果台灣最後與大陸統一，自由主義者也希望那是因為中國大陸終於實踐了真正的民主共和，使同樣自由民主的台灣願意與之統一。自由主義對國家認同方式有一定的堅持，與統獨兩種政治立場卻沒有必然的關聯。這種情形跟上一節所分析的民族主義認同觀，是完全一樣的。

　　陳其南替自由主義（或公民共和主義）的國家認同做了一個最基本的說明，但是關於自由主義「認同」觀念的深度，則有賴其他

理論工作者加以補足。我們接下來所介紹的兩個論述，基本上都不是單方面地肯定自由主義的認同觀，而是將它與民族主義（或社群主義）對比，在深刻反省兩種理路之利弊得失以後，才謹慎地以自由主義式認同爲基礎。因此他們的工作是比較學術性的，但是背後仍然蘊含著現實的關懷，以及傾向自由主義解決方案的意志。

　　蔡英文的〈認同與政治〉就是典型的代表。他在文章接近結尾的地方才表明現實的爭議如何預設爲全文的理論關懷：

> 台灣牽涉「認同」之政治的論述，大致來說，有兩個基本之途徑，一是「民族主義式的」，它的旨趣在於，嘗試從鄉土的情感（不論是鄉土的熱愛或受壓迫的「悲情」）、特殊的歷史經驗與文化生活的方式，或價值觀念，找尋集體之認同，藉此塑造台灣民族之主體。另一則是「自由主義式的」，它的論證之主旨在於，論證自由憲政的體制及其人權的基本原則（不論是政治的、或社會經濟的人權）乃是整合政治社會內部之多元分歧的基礎。這兩項論述產生的爭議出自於各自差異的立論觀點，從「民族主義」之觀點來看，自由憲政體制及其原則之政治認同無法激發公民對其生活之政治社會產生歸屬感或忠誠之情感，其基本的理由在於他們預設個人主義的前提，以及依此而表述的特殊的政治文化，在其中，公民是以個體的身份而被承認，這套論述無法說明在社群與民族之歸屬感的政治含意。從「自由主義」的觀點來看，台灣民族之主體的建構容易走向以某一多數之「族群」爲中心的政治與文化的支配，而產生偏激的「民粹主義」，侵犯性的「民族主義」，或者所謂的「族群」之集體崇拜。（蔡英文，1997：78）。

蔡英文認爲兩種論述（自由主義與民族主義）都各執一端，無法形成有意義的交集。爲了破解這個僵局，他乃費力地從頭討論「認同

」之構成理則。希望從抽象的原理中，找出兼顧自由主義與民族主義的國家認同觀。

蔡英文認爲「認同」基本上是一種建構的過程，這個過程包含兩個環節：一個是「人自我反省、批判與解釋的能力」，另一個是「人對社群團體的歸屬感」。前者以一種普世主義般的「超越能動性」讓人的個體性不至於被淹沒在生活世界的集體性事物中，後者則指出個人生活所繫的社會文化（如語言、風俗習慣……）或生物生理特質（如膚色、性別……）等都會影響個人認同的形塑。兩種力量皆有其成就個人認同的道理，但也有其弊端。偏執於抽象的普遍原則（如人權、正義），而無法顧及具體的歷史實踐處境，將「可能帶來威迫性、或宰制性的結果」；而歸屬作用的認同力量也往往「虛構『迷思』，而無法正視政治與文化之形構本身所秉具的『歷史偶然性』」（1997：51-59）。因此，調合是不可免的，而調合之道則是以某些普遍性的道德規約或原則（如平等、正義等等）爲「個人與社群在辯論公共議題時，彼此可以論述、溝通的『形式上的條件或語言』」。另一方面，這些普遍性的原則也必須「落實於一具體、特殊的處境形勢，取得實質的內涵」。簡言之，「這種普遍性與特殊性的關係不是相對稱的，而是構成相對立的辯證的動態關連」（1997：72-76）。

蔡英文的「辯證動態關聯」有一點抽象難解，但是將之運用於國家認同問題，則看得出其意義何在。他說：

> 依此而論，我們肯定自由主義所揭櫫的「民主憲政」及其原則的認同意義。由地域性而形成的族群文化認同，必須形塑與安置於一更廣泛的民主憲政的架構及其原則，同時民主憲政蘊含的一些基本價值（如平等自由），必須取得人民共同的承認，並且，以它們作爲調節爭執、衝突的機制、與作爲人民相互結

合的形式上的紐帶，否則此地域終究無法成為一具合理性之良
序的政治社會的型態，而可能長期陷入於一因認同差異造成的
衝突。這民主憲政及其原則的落實條件，第一是依賴公民具有
的反思能力，藉此，他們對於個人特殊的認同歸屬，能夠保持
某種程度的批判，更進一步能理性地論究共有的制度與實踐；
第二，必須能適度地回應公民在其具體生活世界中表達的政治
與社會利益的需求，讓公民共有一共同商議的公共論壇。最後
，民主憲政及其原則，就某一個地區的現實發展而言，並不純
粹只是普遍倫理之原則的運作，本質上，它們必然受其地區性
的社會、歷史、政治與文化之環境的塑造，具體表現區域性之
文化的內涵（1997：79）。

　　表面上看來，蔡英文的認同觀彷彿是「普遍主義」與「特殊主
義」的妥協，但是以實質建構方式言，這仍然是以民主憲政原則為
根本底蘊的思惟。民主憲政原則提供了反省、批判民族文化價值的
立足點，而民族文化則只是公共論述所以展開的空間與討論的素材
。後者提供了認同所需要的適度歸屬感，但是歸屬感最終而言仍不
能抗拒變遷。我們不敢講蔡英文的國家認同理論像陳其南那樣肯定
公民意識及普遍憲政原則，但是說他比較偏向自由主義，大概不是
毫無根據的臆測。

　　除了蔡英文之後，蕭高彥也提供了類似的分析以及類似的綜合
方案。在〈共同體的理念〉一文中，蕭高彥區分西洋政治思想史中
主要的共同體理念為（1）古典的政治共同體（2）近代國家（3）市
民社會（4）民族。在「民族」這一部分，他指出一般認為民族所共
者乃是某種「共同的特徵或屬性」，譬如相同的血統、共同的語言
或文化。但是，近代民族事實上不光是「文化性自然性民族」，它
必然也得發展成一個「政治性法律性國家」。因此，就如同 F. M.

Barnard 所強調的，民族主義都有一種「雙重轉化」的論述：一方面文化內涵必須被政治化，另一方面政治正當性基礎必須通過文化社群而取得（蕭高彥，1996b：278-80；1997：18）。在理論上，雙重轉化所帶來的一個結果是近代民族主義都想要同時結合「合理性」（rationality）以及傳統主義（traditionalism）。可是實踐上，由於民族主義政治主張過分著重對外反抗帝國主義的一面，因此內在合理化的程序始終沒有真正完成。換句話說，對內公民自我統治的理想往往被文化差異或國情不同的藉口犧牲掉，這幾乎是民族主義無法避免的結果。（1996b：281）。

　　蕭高彥認為，由於不同的共同體理念各有其不同的發展邏輯，我們在建構共同體時不宜將不相容的元素作無意義的拼湊。不過，就目前台灣的歷史發展型態而言，「以自由主義公共領域為核心所形成的共同體理論為主，並適度的整合公民共和主義的政治參與觀，以及浪漫主義有關文化的分析，使憲政體制能有一相應之公民文化，應該是一個較佳的理論選擇」。這個方案比蔡英文的「辯證動態關聯」理論多一層考慮 —— 不只要整合自由主義的普遍主義原則與民族主義的特殊主義文化，而且要參酌古典政治共同體的政治參與觀。形貌上這是多元兼顧的國家理論，不過由於他也強調「這個方向的核心問題是如何建構與自由民主政制互補的共同體與政治認同理論」（1996b：287），因此我們似乎可以視之為比較傾向自由主義的國家認同理論。

　　不過，在另外一篇討論國家認同問題的文章中，蕭高彥的理論分析似乎又因為「李登輝現象」的影響而有了比較悲觀的看法。他一方面指出政治哲學對國家認同議題之處理不出「文化民族主義」與「政治民族主義」兩個對照性的典範，另方面又認為李登輝的馬基維里風格已經解構了這兩個典範所形成的論述格局，使台灣的國

家認同問題陷於難以預測的情境（1997：20-23）。

　　所謂「文化民族主義」，當代政治哲學界的代表人物是 Charles Taylor。他主張文化社群乃是形成政治領域的構成要素，國家認同應該是文化認同的延續。所謂「政治民族主義」，其當代思想代表人物是 J. Habermas。他主張政治共同體的認同乃是由憲政體制與公民政治活動所形成，不需要也不應當將文化認同與政治認同混淆（1997：16）。這兩種理論的相對優劣以及分別必須克服的問題十分清楚：「多元文化主義〔按即 Taylor 文化民族主義的落實〕強調文化社群的優先性，而由於文化社群乃是人類生活世界中較爲直接且能當下立即創造意義的環節，所以在此種取向的理論之中，問題不在於凝聚力的形成，而是此種具有高度凝聚力的文化社群所要求的自決或獨立之主張如何與憲政規範的合理主義取向加以調和。相反地，憲政愛國主義〔按即 Habermas 政治民族主義的落實〕所面臨的則是一個逆轉的情境，在其中合理憲政制度之締造不是主要問題，必須克服的課題乃是此種合理制度所建基的理性原則是否足以構成公民政治認同之充足條件」（1997：18）。雙重轉化的論旨在這裏再度出現，但是蕭高彥認爲台灣社會的政治發展已經不容許這個轉化按其應有規律完成了。

　　中斷這個轉化過程的是李登輝的崛起以及李登輝運用馬基維里手段操控政局的廣泛效應。所謂馬基維里手段，就是以「非正當化政治」作爲政治創新的主要進行方式，這包括「政治道德」的獨立化、任意改變制度的意志、以及利用宗教力量增強政治影響等等。蕭高彥認爲，由於李登輝體現了卡里斯馬式領袖的意志，其高明權術已造成非主流派與反對黨的瓦解。此時「用自由主義與憲政民主的理念來批判李登輝現象是不會有結果的，因爲它們彼此之間構成沒有交集、無法共量的政治邏輯」（1997：22）。

　　蕭高彥的分析十分具有想像力，如果他的判斷正確，那麼短期內自由主義與民族主義都無法解釋台灣國家認同的性格，而必須等「馬基維里時刻」結束以後我們才能知道何去何從。不過，大部分的理論工作者似乎都沒有對現實情勢感到如此悲觀。部分的原因當然是李登輝是否堪稱「新君王」一事仍有爭議，但除此之外，目前自由主義與民族主義交戰（或融合）的歷程依然如火如荼，看不出所謂超越「合理性」及「傳統主義」的卡里斯馬力量已經出現在政壇或社會中。不過，蕭高彥的論述倒是修正了他在先前一篇文章所透露的自由主義性格，而更接近黑格爾哲學中等待黑夜來臨的貓頭鷹。

　　我們從蔡英文與蕭高彥的作品中看到自由主義式國家認同觀的興起，但同時也看到他們對國家認同論述能否定於自由憲政一個焦點的審慎保留。他們都承認民族的、文化的因素在國家認同的形構上有一定的影響力，而且也應該正當化其影響力。就此而論，他們似乎可以說是支持自由主義與民族主義的某種結合，這個印象使人容易將他們與吳乃德最近的理論企圖混爲一談，因爲後者正努力建立台灣民族主義的基礎於自由主義之上。但是筆者認爲兩者的理論進路是完全不同的，蔡、蕭基本上抗拒以民族主義爲主軸的國家認同建構，只是在舖陳自由主義的思惟時，承認民族主義也有不可忽視的力量。而吳乃德的出發點乃是先確立台灣國家認同就是台灣民族主義的表現，再進一步探究這種民族主義的意識形態基礎是不是包括自由主義的若干價值。此一差別雖不醒目，卻具有理論類型分野上的重大意義，值得我們稍作討論。

　　吳乃德關於族群政治與國家認同一系列的實證研究，主要關心的是台灣民族主義運動是否如 Anthony Smith 所說的「民族永遠需要族群元素」？他在前引一九九三年的文章中已經約略肯定族群（身

分）認同大致與統獨立場有顯著關聯，只是此一族群認同是否已發展成更具解釋力的族群意識，則尚無足夠資料確定（1993：41）。在一九九六年的〈自由主義和族群認同〉一文中，他進一步追問：除了感情性的族群認同外，台灣民族主義運動是否還有其他值得注意的意識形態基礎？他選擇用來回答這個問題的試驗性答案是自由主義，而根據他在一九九三年所做的問卷調查結果，發現自由主義果然對台灣民族主義也提供了一種「合理化」的作用（1996a：20-30）。

　　吳乃德建立自由主義與民族主義關聯的方式有二：一個是引用 J. S. Mill、H. Beran、Y. Tamir、H. Kohn 等人的理論來說明自由主義與民族主義未必水火不容（這是政治理論及哲學思想的層面），另一個是使用問卷調查來檢證台灣人的自由主義心態與民族主義運動之並存性（這是實證研究的層面）。關於前者值得商榷的地方，筆者已於第二章詳細討論，此處不再贅述。關於後者的妥當性，也許這裡可以反省一下。

　　基本上，用問卷題目來測量「族群認同」、「民族主義」、「自由主義」等複雜問題都無法完全避免概念上的化約。因此筆者關心的不是複雜概念能不能化約爲問卷，而是「問卷的目的與發問的方式是否產生落差」，以及「問卷之結果如何詮釋」。吳文用來檢定「台灣民族主義」強度的問題有二：（1）「如果台灣宣布獨立之後仍然可以和中共維持和平的關係，那麼台灣就應該獨立成爲一個新的國家」（2）「如果大陸和台灣兩地在經濟、社會、和政治各方面的條件相當，那麼兩岸就應該統一」。兩者交叉來看，如果對前一問題越是採否定態度（亦即「反對台獨」）、而對後一問題越是持肯定態度（亦即「贊成統一」）者，則可歸類爲強烈的中國民族主義。反之，如果對前一問題越是採肯定態度（亦即「贊成台獨」

）、而對後一問題越是持否定態度（亦即「反對統一」）者，則可歸類爲強烈的台灣民族主義。介於其中者，則是程度不同的現實主義者與保守主義者。（1992：40-46；1993：46-48；1996a：17）。這是單方面地由統獨立場來推斷民族主義立場，與我們先前討論民族主義所蘊含的多種意義有相當的落差，但暫且可以接受。[12]

　　接著，吳乃德用「從自由主義原則延伸出來」的「分離主義」來檢定受訪者的自由主義強度，問題就比較複雜。吳認爲「自主和志願結社就是自由主義的重要基本原則，這個原則隱含了對分離主義的接受或認可」（1996a：26）。因此，他分別以西藏、香港、澎湖居民以公民投票決定脫離中國或台灣能否被接受，來檢測受訪者對分離主義寬容度——也就是自由主義傾向——的強度。結果他發現：「相較於中國民族主義者，台灣民族主義者對分離主義的容忍度顯著地較高」。也就是說，「理性的自由主義式分離主義」確實和「台灣民族主義」有相當關聯（1996a：30-31）。在「台灣民族主義」、「分離主義（自由主義）」與「族群認同」之間，吳乃德的

---

12 吳乃德以這兩個問題來測量中國（台灣）民族主義，應當與他區分「國家選擇」與「國家認同」爲不同心理活動有關，筆者已於上文說明這個分野很難成立——換言之，我們不能說吳文中的「現實主義者」只是國家選擇者，而不具備國家認同。另外，即使我們接受吳乃德的界定，在測量情感性的國家認同強度時，也不應該只用這兩個問題，而至少必須同時間：（3）「如果台灣宣布獨立之後會引起中共武力犯台，台灣仍然應該獨立成爲一個新的國家」以及（4）「如果大陸和台灣在經濟、社會和政治各方面的條件不相當，兩岸還是應該統一」。筆者認爲加上這兩個問題再做交叉，才能眞正測出台灣（中國）民族主義的認同強度。（1）與（4）可以測量中國認同的強度，（2）與（3）則可以看出台灣認同者的決心。不過歸根究底言，這些問題都是與統獨抉擇有關，不算直接問到民族主義的信念，後者的問題包括「我覺不覺得台灣的歷史文化與中國大陸有明顯區別？」「我覺不覺得台灣島上的住民利害休戚相關？」「我覺不覺得台灣人民有權利要求建立一個獨立於中國大陸的國家？」等等。

總體觀察表現爲如下的審慎意見：

> 我們以交叉分析檢查台灣民族主義者，在族群認同和分離主義
> 態度之間的重疊性。我們初步發現，兩者之間並沒有很顯著的
> 關係。也就是說，在台灣民族國家認同的形成上，自由主義式
> 的分離主義所扮演的角色並不是增強族群認同的基礎，而是在
> 族群認同尚未清楚形成歷史階段中提供了另一個合理化的基礎
> 。……在控制了台灣族群認同之後，分離主義態度對台灣民族
> 主義仍然有極為顯著的影響力。「理性」的自由主義式分離主
> 義，和「感情的」族群認同，似乎和台灣民族主義互相獨立地
> 發生相關。也就是說：在台灣民族的認同上，分離主義所扮演
> 的角色，並不是加強、或合理化了感情上的族群認同，理想上
> 的分離主義似乎有其獨立的角色。（1996a：30-31）

　　就本書的關切而言，我們對吳乃德此篇文章的質疑有二。第一
，以分離主義作爲自由主義的檢測方式，可能誤解了自由主義的精
義，將自由主義導向一種必然與民族主義相容的表述。政治思想上
的理解是自由主義主張個人權利、有限政府、分權制衡、政教分離
等等，這些原則大可以用問卷調查的方式來測量。可是分離主義並
不是自由主義的核心原則，它與自由主義的關係其實可正可負。從
尊重自主自立的原則來推，分離主義確實算是自由主義的延伸；可
是如果分離主義的基礎是種族差異而不是基本人權之捍衛，自由主
義並不會支持分離主義。美國的自由主義思想家大多對少數民族的
基本教義運動持反對態度，就是一個最明顯的例証。當然更重要的
是，即使是吳乃德所引述的自由民族主義者 Yael Tamir，也不認爲民
族自決的理想落實方式是「追求政治獨立」，而是「追求文化自主
」（詳見本書第二章）。自由民族主義者反對一個民族輕易訴諸獨
立或分離，才是吳文在建立自由主義與民族主義關聯性時，必須考

慮的理論難題。

第二，吳乃德希望在「族群認同」因素之外，能找出台灣民族主義的其他意識形態基礎。這在問題意識上屬於「先肯定了族群因素在國家認同構成上的作用，再思考自由原則是否並存」，自由主義可能是民族主義運動的意識形態基礎，但不能替代民族主義直接成爲國家認同的定義標準。這個觀察可以從吳乃德稍後另一篇文章的結尾看得出來。在發現了台灣民族認同對民主文化沒有產生令人擔心的負面影響後，吳提出了兩個可能解釋：（一）台灣民眾具有高度的民主素養和政治成熟，足以克服分歧的民族認同所帶來的挑戰。但是吳似乎不太相信這個可能性。（二）民族認同事實上很微弱，不足以腐蝕民主程序的合法性。吳在這裡當然不是希望有朝一日民族認同足以動搖民主程序，但是他還是感嘆「民族認同的微弱正反映出台灣民眾對價值的缺乏。……很少人願意爲價值和信念付出」。他自嘲這也許不是壞事 —— 因爲如此政治人物才不容易煽動意志淺浮的民眾。可是他不禁提醒：「只是當面臨國外強權的威脅，很少人會有抵抗的意志」（1996c：21-22）。我們如果將這段文字與他批評民進黨新世代台獨綱領的那一篇文章並列，就不難看出他對民族主義理想情操的肯定與期盼。最終而言，他的理論應該屬於民族主義思考理路的結晶，所謂「自由主義」只是在有限度的意義上用來解釋台灣民族主義的性格，這跟本節所說的自由主義理論仍然有相當差距。

當然，採用自由主義並不是什麼嚴正偉大的選擇。自由主義的國家認同觀同樣有一些盲點，必須明確地指出來。譬如說：自由主義刻意壓低族群與文化因素在國家認同中的作用，但是族群與文化因素「事實上」是國家認同的重要因素，不可能完全忽視不顧，否則我們無法解釋爲什麼一個西班牙人就是不願歸化成爲法國人或德

國人，即使後者提供了同樣或更高水平的憲政公民權利。又譬如說，即使在族群文化背景最多元分歧的國度裡，也不能阻止長時期的發展下某種「軟性」民族主義的產生。美國、瑞士和澳洲都是自由主義理論家最喜歡引用來作為憲政民主共識成功超越族群分歧的例子，但是美國、瑞士、澳洲仍然有她們的「民族性」，不僅僅是一些公民意識的集結而已。這些問題筆者已在第四章討論過，此處不再詳述。

　　筆者願意進一步提出來的是：雖然自由主義國家認同觀比民族主義更能在「理性」的層面禁得起反思批判，更能在這個時代的「價值選擇」上被合理化，但是它內在所蘊含的普遍主義傾向使它很難成為特定國家建構國家認同的適當基礎。一個真正具有自由主義憲政理想或人道關懷的人，在邏輯上的結果應該也是一個超越自己國族利害的世界公民。雖然在現實上他（她）不一定要熱愛國際性人權、民主組織甚於祖國，可是他（她）至少得幫助世界各地最需要幫助的人，支持最人道的移民政策，譴責各種威權獨裁的政府，甚至在是非分明時勇於背叛自己的國家。這些行為在現代歷史上不乏例証，也經常贏得世人的崇敬，但是國家認同在此時就只是無意義的詞彙。自由主義的普遍主義理想使它比較能証成世界公民的作為，而將一般人關切的國家認同立場拋卻。這是為什麼現實中很難有一個國家只尊奉民主憲政原則、完全不提倡我群意識的道理，也是為什麼蔡英文、蕭高彥等在肯定自由主義的原則之餘，必須替民族文化因素留下理論地位的原因。

　　因此，自由主義在理念上可以抗拒「民族」，但是自由主義國家認同觀卻無法不考慮「我群」的因素。「國家認同」問題的設定，使自由主義在這個實踐領域必須偏離純粹理論的建構，加上它原先可能排斥的質素，否則我們不必假設有一種自由主義式的國家認

同理論。就是因為這個偏離，使自由主義者在決定國家認同時，必須有一個實際的國家對象，而不是完全天馬行空式地妄加議論。具體地講，台灣的自由主義者可能在國家認同問題選擇了統一或獨立的立場，但沒有人公開宣稱自己認同美國、日本、或其他任何外國、或根本是世界公民。真正企圖超越統獨的不是自由主義者，而是另外一些主張後現代、後結構、後殖民的理論家，我們現在就轉向這個論述來討論。

四、邊緣團體的顛覆策略與跨國聯盟

把「後現代」、「後結構」、「後殖民」歸為一個論述，其實嚴重簡化了這些論述的內在歧異。「後現代」是一頂大帽子，泛指一切超越啟蒙運動、反對本質主義、反對真理符應說、肯定邊緣異端的時興用語。有時它（在精神上）與解構主義、女性主義、後殖民主義、文化多元主義等相互支援，有時則互有堅持，分道揚鑣。「後結構」主打「結構主義」，反對二元對立、主客區分、真假明辨之制式思惟。「後殖民」原來針對「殖民主義」，強調抵抗及顛覆殖民者政治、文化支配，但在簡單的反抗律則之後，又發現殖民文化影響既深且鉅，必須繼續反制「內部殖民」，以求弱勢者之真正解放。這些激進論述不約而同地在八〇年代以後陸續進入台灣，不僅在學院中分別發揮引領風騷的作用，而且在政治上也漸漸形成支撐社會運動的力量，最後他們終於發展出一些針對台灣國家認同問題的相關論述，成為足以與自由主義、民族主義鼎足而立的理論體系。

就像民族主義與自由主義內中存在著千差萬別，本節所討論的各種激進主義也難以說得上是單一論旨的思想。不過，儘管它們異

質性極大，相對於前面兩大論述系統，我們仍然可以大膽地說：在國家認同問題上它們有若干共同特色或相互支援的特色。筆者在下文將說明「後結構主義」的反本質主義及空白主體說顛覆了國家認同主體所在的一切定性；「後殖民主義」的反帝反霸立場解除了民族主義思惟的國家想像、建立了國際／本土辯証結盟的後國家可能性；而「基進民主」則打擊一切統治機制，站在弱勢群體的位置發動無所不在的邊緣戰鬥。它們在國家及國家認同問題上的論述展現了一種攻擊族群民族主義、質疑資本自由主義的另類選擇，值得我們詳細討論。

「後結構主義」的國家認同思路在廖朝陽一篇評論陳昭瑛〈本土化運動〉的文章中表述得最爲清晰有力。陳昭瑛的統派民族主義論點我們已在第二節中交待，當時那篇文章引發了《中外文學》一系列的論戰。[13] 廖朝陽的評論要點甚多，此處無法一一摘述。值得我們注意的是，他質疑陳昭瑛固然點出了台灣主體性與台獨之間「沒有必然關係」，但兩者之間「有沒有或然關係」呢？廖朝陽的看法是任何主體固然與任何政治文化沒有先天必然存在的關聯，但主體性與特定的認同內涵還是可以（不斷）由具體案例裡的條件形成一種或然關係。就前者言，正足以說明陳昭瑛的「中國不能分裂」乃是強迫台灣這個主體必須接受中華認同的荒謬；就後者言，又可以合理化獨立的訴求（或台灣認同）是現階段具體社會條件下台灣

13　論戰分為兩個階段，前期先是針對陳昭瑛的文章有廖朝陽（1995a）、張國慶（1995）、陳芳明（1995）等三篇評論，陳的兩篇答覆（1995b，1995c），以及邱貴芬（1995a）、廖朝陽（1995b）橫向的切磋。然後因為廖咸浩的加入（1995a），演變成廖咸浩與廖朝陽之間來回七次的對辯（廖咸浩，1995a，1995b，1996a，1996b；廖朝陽，1995c，1996a，1996b）。這場大論戰最後在兩廖「同意簽出」的情形下暫時收場，但誰也不知道何時戰火會再度引燃。另外，《海峽評論》也有陳映眞（1995）、林書揚（1995）、王曉波（1995）等人之回應。

主體的適當選擇（雖然長遠來看不是不能再變動）。廖朝陽文章精彩之處是透過他對本質主義的批判提出了所謂「空白主體論」，他的說明甚為細膩，我們必須以較長的引文轉述：

　　在文化認同的建構過程裡，眞正的先驗主體只可能是沒有實際內容的空白；因為沒有實際內容，所以這樣的空白不能以「命令」的方式來規範理性層次的思考，卻能超越理性，成為理性的支撐點。任何實質性的認同內容都是從主體外部「移入」，作用在填補空白，所以也不能劃入這個「一無所有」的非理性層次。

　　這裡所謂空白主體至少有兩層意思。第一，主體的觀念通常是以自由（自主、自律）為基礎。但是眞正的自由不能含有實質內容，因為內容來自獨立存在的實體，有內容也就表示自由在特殊性的層次受到具體條件的限制。第二，空白並不是虛無，主體空白也不是「主體的死亡」。自由超越實質內容，但是仍然必須依附有實質內容的具體秩序才能進入理性的層次，發展創造、生發的可能。同理，空白主體在自觀的層次具有絕對性，對客體卻不能形成絕對命令，反而必須不斷藉「移入」客體來調整內部與外部的關係，在具體歷史經驗的開展中維持空白的效力。……空白主體也可以視為一種存在的單位或形式，是客觀物質條件下，生命面向經驗流動，相對於經驗內容所形成的空間層次。也就是說，這裡的空白並不排除內容，反而是一個接納、改變內容，對內容賦予意義的空間。正因為本身沒有內容，所以空白必須靠內容來完成本身容納、創造的本質；也就是說，主體必須不斷透過移入內容來建立或印證本身移除內容的可能。這就是它的絕對性所在。……

　　從這個角度看，所謂認同也就是從主體之外移入某些符號

結構，形成認知現實的特定方式。這個移入的過程可以有種種
變化。如果符號結構在移入主體之後對主體的空白狀態構成掩
飾，使主體遺忘空白層次，反而以為這移入的內容就是主體的
本來面目，結果便會使第二義的認同選擇變成不可質疑的絕對
命令，以超我（superego）的形式形成理性的逆轉……。不管是
蘇聯解體後東歐出現的種族狂熱還是絕對化的中國民族主義，
都可以這樣解釋。如果本土化運動真的是用一種絕對命令來取
代另一種，只有內容的更換而無法在認知方面有所突破，那麼
我們自然可以說，本土文化的主體性與中原文化的主體性是具
有同質性的對立兩端，兩者都是以「一元論之整體性來理解歷
史現象和文化現象的思想模式」。但是這並不是民族認同的唯
一選擇：我們也可以承認空白的效力，從移除舊認同，建構新
認同的可能性來建構另一種民族認同（廖朝陽，1995a：118-21
）。

在廖朝陽的理論裡，國家的主體性其實是空白的狀態（或形式
），國民所要認同的內容永遠是自外界移入。而認同既可以移入，
自然也就可以移出。國家認同乃是一種不斷界定、不斷創造的過程
，它沒有什麼不變的本質，有的只是順應具體時空條件下的暫定性
自我認識。因此，針對陳昭瑛所憂慮的「若要排除一切外來性，則
台灣性還剩下什麼？」他的回答是「不必剩下什麼，只留下一片空
白」最好（1995a：120-21）。

話雖是這麼說，廖朝陽的獨派立場還是以一種不違反其理論的
方式表達出來。他說：「相對於種種絕對化的立場，獨派本土化運
動的主張往往顯得比較開放，也具有相當的理論強度」。他引李喬
及張茂桂的部分論點來証明台獨論者十分清楚「創造與變化」的必
然性，而且說「新認同〔按指台灣認同〕所以切合真實，恰恰因為

它是以新的狀況、新的可能爲基礎」，不像舊的中國認同那樣死硬地堅持某種主體內容的無上命令（1995a：115-17）。換句話說：「台灣文化已經要走向移出自己的層次，中國文化卻不能捨棄佔有自己的要求」（1995a：121），這才是爲什麼台獨之所以造反有理，而中國統一則是抱殘守缺的原因。

　　廖朝陽的「後結構」式國家認同分析自然無法爲陳昭瑛所接受。陳指出「如果要貫徹解構主義的精神，避免自相矛盾，則解構主義台獨論最終亦不免要將台獨論述的各種內容拆除」，如此一來不僅中國認同是虛構的移入，台灣認同也同樣難逃一死，陳昭瑛倒是樂於看到台獨論者如此封死其退路（陳昭瑛，1995b：139）。其實不只民族主義統派看到這個思考方式的弱點，就是同屬獨派陣營的邱貴芬也暗叫不妙，主張台灣認同最好還是用後殖民，而不是後結構主義的方式去處理。邱貴芬覺得後現代主義與她心目中的後殖民主義之間有「一線之隔」，前者將主體建構論推到極限，就只好「廢除認同，遊離脫軌，徹底顛覆權力結構的定位」。但是這樣一來不僅讓台灣主體性「變得一無所有」，而且不能「完全封死」將來又移入中國認同的可能性，對台獨運動恐怕沒有多少「政治實用價值」（1995a：143-45）。反之，後殖民主義強調「歷史經驗在身份建構過程裡不可否認的重要性」，如此一來才能堅定「中國／台灣＝殖民／被殖民＝中心／邊緣」的不對等關係，並激發台灣人強烈「改變這個權力結構」的精神動力。因此，後殖民主義論述是比較有政治實益的（1995a：142，145）。

　　面對敵友雙方的批評，廖朝陽不但沒有退縮、修正，反而更誠實地把空白主體推到邏輯上的極致。他說：「認同中國『有何不可』的說法本身並沒有問題，問題是出在『有何不可』已經被調包，成爲『必然如此』」。他又說：「我提出空白主體的概念，用意並

不在建構一個可以爲（或專爲）獨派服務的主體論」。顯然廖朝陽
十分清楚解構主義真的可統可獨，甚至証成第三種超越統獨的可能
性（如「菲台聯邦」或「巴士共和國」）。只是他寧可忠實於自己
的理論，也不願爲了政治實益轉向邱貴芬的後殖民主義。當然，以
目前的現實條件來看，他確實不認爲自己的理論真的會危及獨派理
論的立足點，因爲社會的發展已經充分顯示台灣認同正在成爲台灣
主體性（在這個時代）所選擇、所迎合的現實力量（廖朝陽，1995b
）。

　　廖朝陽的「後結構」與邱貴芬的「後殖民」雖然理論進路不同
，但兩人支持台獨運動的立場則一。[14] 這種政治立場到了另外一批
同樣運用後殖民主義思考國家認同問題的理論家手裡，就完全走了
樣。陳光興的「新國際主義本土左派」論述正好可以說明「後殖民
主義」不一定支持台獨立場的微妙情勢。

　　陳光興以思考第三世界文化研究的意義起家，從一九八九年回
國後就極力提倡「新國際在地主義」（New Internationalist Localism
）的左派社會批判。一九九一年的「五二○」社運經驗幫助他完成
一種「超越統獨」的「人民民主新國際在地主義」（1991a，1991b
）。所謂「超越統獨」，是希望「逃離既有思考統獨的問題架構，
搜尋新的聯合反對力量的方式」。所謂「人民民主」，是以各種社
會運動中的（弱勢）主體群（如女性、原住民、同性戀、勞工……
）爲基點，進行各種由下而上、反抗國家機器剝削宰制的抗議運動
。而所謂「新國際在地主義」，則是希望進一步將「本地」的反對

14　關於邱貴芬所主張的「後殖民主義」，以及廖朝陽對她的評論，也曾經
　　是《中外文學》另一波小論戰。這個討論比較偏向語言使用的問題，與
　　本文焦點略有出入，故不予討論，請參閱邱貴芬（1992a，1992b）、廖
　　朝陽（1992a，1992b）。

運動與「本區域」的國際反對運動聯結起來,以區域間團體的主體性相互尊重與結盟為前提,打破國界,對跨國資本主義及殖民文化進行反擊(1991b:129-32;1994:221)。在這種戰鬥定位中,陳光興摸索出了一種關於國家認同、統獨問題的新思考點。

接著,在一九九四年發表的〈帝國之眼〉及一九九六年的〈去殖民的文化研究〉二文中,陳光興將上述「新國際在地主義」精緻化、複雜化,成為批判民族主義國族建構的利器,也同時點出了它跟自由主義憲政思惟及文化多元主義的差別。[15]〈帝國之眼〉批判的具體對象是一九九四年初開始成形的「南進政策」。陳光興詳細地分析《中國時報》「南向專輯」幾位作者的文章及寫作位置,認為從自我標榜的「本土左派」(楊照)到「以台灣為中心」的右派(吳密察等),都迷失於「以國族主義自我中心」為意識形態的南進帝國美夢。由此他注意到,「台灣意識」雖然形成於過去的反殖民鬥爭,但是現在已悄悄被李登輝所代表的「漢人、福佬、資產階級、異性戀、男性」體制所收編,變成另一種帝國主義慾望四處投射的「次」帝國(1994:196-203)。從這個令人失望的發展看來,台灣意識所成就的台灣民族主義注定要重蹈美日帝國主義以及過去的中華民族(帝國)主義的覆轍。他說:

> 做為大中國沙文主義的對立體,台灣國族主義的進步性在於對抗統治集團的惡霸式運作;同時它也在鏡像對立中學到了(複製)大中國的潛意識鬥爭形態,繼續想要透過國家機器從上而下的方式來營造新的國族文化,而不是主動基極的使弱勢群體

---

15 嚴格講,〈去殖民的文化研究〉所提倡的已經不是單純的「新國際在地主義」,而是一種結合歷史唯物論、基進地理學與第三世界殖民論述三種理論來源的綜合性方案(其核心則為「批判性混合」方案)。本書限於篇幅及研究重點,不能對此理論詳加敘述。

有更大的自主性空間來建立不同於國族主義主體的文化主體性
（1994：202）。

針對這種不斷自我複製的國族沙文主義，陳光興認爲「統一」
或「獨立」都不會造成什麼差別。反而由於「統獨」無限上綱，弱
勢邊緣群體的處境才會無人關注。因此，只有打破「統獨優先論」
、打破「國族認同」迷思，才可能尋得人民民主解放的契機。真正
的主體必須著落在受剝削的人民，真正的認同必須投向「社會運動
中進行抗爭」的具體行動者（1991b：129-31）。從理論上來講，這
表示「認同」必須是混雜的（女人、同性戀、勞工……），「疆域
」必須是跨越國界的（國際／在地不斷辯証）。關於前者，陳光興
說：「破殖民認同」的文化想像不是以國族爲基礎，而是「批判性
的混合」。

> 批判性混合的基本倫理學原則就是「成爲它者」（becoming others
> ），將被殖民者的自我／主體內化爲（弱勢而非強勢的）它者
> ，內化女性、原住民、同性戀、雙性戀、動物、窮人、黑人、
> 非洲人……將不同的文化因子混入主體性之中，跨越體制所切
> 割的認同位置及邊界，消除階級、父權、異性戀、種族沙文體
> 制所強加的「殖民」核心關係。因此，批判性混合是被殖民弱
> 勢主體之間的文化認同策略（1996：107）。

關於「疆域」的問題，他使用「破國族」（post-nation）一詞來
加以描繪。「國族之後的想像空間是一群『破爛』的國族」，由原
先被壓抑的社會主體所建構，像是「同志國」、「工人國」、「女
人國」、「原住民國」……等等。它們彼此聲援，以「非國家中心
主義」的方式與國家機器鬥爭，或是說，「與體制玩遊戲」。同時
，也正因爲「同志國」、「女人國」等是跨越現存國族國家界線的
，所以它們這些「破國」與舊的「族國」不同，不會以搶奪國家機

器的權柄為目的，而只是要實踐人民民主的旨趣（1994：209-10）。

　　陳光興認為他的「後殖民」（或「破殖民」）策略與英美流行的「多元文化主義」是截然不同的。多元文化主義號稱尊重族群差異，設法維護少數族群之尊嚴。但是它基本上還是「以種族及族群為劃分的主軸，其實承續了殖民主義的分割範疇」，因此，每當多元文化主義論者自詡保障族群差異有功時，他們只是以主流強勢族群的身分「將其他文化收集起來放入國族櫥窗中加以展示」（1996：103-104）。從這個指控，我們也可以看得出來，即使自由主義式的憲政認同進一步向族群因素稍作妥協而承認多元文化的正當性，陳光興仍然不會喝采贊同。他的理論是真正的左翼，在國家角色與國家認同問題上與自由主義或民族主義都有區隔。

　　從廖朝陽到陳光興，我們看到「空白主體」演變成「混雜認同」的有趣過程。在廖朝陽手裡，後結構式的「認同移入與移出」仍然有利於台獨理論的發展（因為具體歷史情境站在台灣人意識上揚這一邊）；可是到了陳光興的「多元主體、輻湊式認同」，就完全擺脫統、獨的召喚，成為國際主義式的人民動態聯盟。同樣地，在邱貴芬手裡，後殖民主義仍然以「反抗殖民文化、顛覆殖民者語言」為行動策略，從而與台獨運動有所呼應。到了陳光興的「破國家、破殖民」方案裡，這種單為一種立場服務的政治實效也被解消殆盡了。陳光興的論述使我們再度看到理論思惟本身的「中立性」——我們無法說後現代主義就是親近於獨立，就像我們無法証明民族主義或自由主義必然與統一（或獨立）發生關聯。

　　最後筆者想簡單討論一下基進團體在「與體制玩遊戲」的精神下，究竟對國家認同問題玩出了什麼名堂。我們選擇的資料是《島嶼邊緣》第八期的「假台灣人專輯」。

　　「假台灣人專輯」原本是想為「台灣意識」高漲下處境不安的

外省族群而做，但很快編者就發現作者群呈現出來的問題意識遠非「外省人專輯」所能涵蓋，於是乾脆改題目為「假台灣人 —— 台灣的第五大族群」。專輯編輯葉富國在「專輯說明」中解釋：

> 「假台灣人」這詞語中的「台灣人」乃是指「台灣國族」。而「假台灣人」則是後殖民論述下，從「台灣國家機器的內部殖民」這一角度來看「台灣國族營造（nation-making）」時的產物。……假台灣人乃針對著「台灣國家機器的內部殖民下的國族營造」。所以假台灣人或假台灣國族因為「假」的可能意義而有不同的含意。簡單來說，假至少有（1）虛幻（2）想像（3）模仿（4）摻假（摻雜或雜種）四種意義（葉富國，1993：102）。

關於台灣國族是「虛幻」（illusory）及「想像」（imagined）的意義，這從前文諸多討論可以推知，不必贅述。比較有意思的是所謂「模仿」（mimic）及「摻假（摻雜）」（hybrid）兩點。「模仿」指涉國家機器會以某些社會集團為國族的「模範代表」，使之成為其他人的模仿對象。而配合這種國族模仿，又常常出現一些由政府發動的大規模「文化建設」或「精緻文化」。這些手法的總成效果是讓新興國族自以為很有文化，以及自以為很同質化。至於「摻假」，則是指新建構的國族認同中摻雜著邊緣的、非主流的、異質的成份。換言之，也就是無法被台灣「四大族群說」輕易歸類的「第五種台灣人」（1993：104-106）。

專輯作者之一丘亞飛針對台灣國族想像的虛偽性、人造性、殘酷性寫了一篇控訴意味濃厚的文章。文中主要論點有二：（一）根據 B. Anderson、C. Tilly 等之研究，國族（nation）是被國家機器（state）經營製造的產品，而不是先有國族再產生國家機器。這一點在今天關於國家認同的討論中已經是老生常談了。（二）現代化的擴

張是「世界資本主義」、「國家機器體制」和「全球文化」鐵三角的構造體。既然這三個組織是人民主體性被壓抑的來源，它們也就必須成為左翼社運抗爭的具體對象。同樣地，這個論點今天也已成為邊緣團體社會實踐的常識性原則了（丘亞飛，1993：69-73）。我們重述其要義，主要是為了指出《島嶼邊緣》的立場與上述陳光興「後殖民／破國家」論述的一貫性。

「假台灣人專輯」最有創意的文章應屬「台灣人」所寫的〈假台灣人〉一文。這篇文章用戲謔、顛覆的筆法寫出了葉富國所說的「模仿」與「摻雜」兩層特質。作者認為台獨論述中的主流基本上是本質主義式的，常要求人們以追尋原鄉的方式重新發現自己的台灣人特質。作者稱此為「真台灣人論述」。此外還有一種台獨論述是以看起來比較文明進步的方式來建構台灣的特質，像「命運共同體」、「四大族群說」等等，這種論述可以稱為「新台灣人」——亦即「四大族群互動形成的共同體」。「新台灣人」比任何具體存在的台灣人都還要真實，成為所有台灣人必須模擬效法的對象。我們最多只可以「補充」或「建設性的批評」這四大族群說，卻不被允許把它顛覆掉。這就是模擬意義下台灣人的悲哀（台灣人，1993：35-41）。

但是台灣人還有一種處境，就是「諧擬」（parody）。「諧擬」相當於葉富國所說的「摻假」，表示許多台灣人根本當不成「真台灣人」或「新台灣人」，而只是一堆不入流的「第五種台灣人」。他們是這個社會的「人渣」，但也正由於他們的存在，適足以顛覆掉「四大族群說」或「勇敢的台灣人」等等莊嚴肅穆的說法。作者說：

> 假台灣人既無主體性、也沒有什麼本質；既不可能形成什麼中心，也不可能被代表或再現（represent）；這是一個沒有族群歷

史的或傳統的族群，一個由破碎、片斷、混亂的符碼及經驗所
混雜而成的（後）現代族群。你是什麼人？台灣外省人？台灣
客家人？台灣原住民？台灣福佬人？何必這麼遜，何不和我們
一起來做假台灣人？我們在肛交、在跳舞、在隨地大小便、在
放屁，我們在搗蛋、在盜用公物、在混、在偷懶、在塗鴉、在
鬧場，我們在打扮、在發浪、在賣騷、在通姦，我們在享受性
愛、在爽歪歪，（你呢？）。我們（都）是假台灣人（1993：
45）。

　　整個「假台灣人專輯」的目的，也許就像「台灣人」所說，是
爲了以一種「後現代」的方式對「人的同質化」予以反擊。「人的
同質化」是現代以來的趨勢，而在台灣，由於近年來族群政治與國
家認同問題的喧囂，使得台灣人民被壓縮到只有一種身份（即族群
身份），喪失了多元異質認同的思考可能（如性別認同、階級認同
）。爲了對抗這種「族群認同至上」所造成的「人的同質化」，《
島嶼邊緣》乃不惜發動後現代主義、後殖民主義的戰鬥，標榜「假
台灣人」這個「第五大族群」爲台灣的「後現代族群」。許多正經
八百的民族主義或自由主義理論家也許很看不慣後現代主義的這種
諷刺，但這些諷刺或遊戲其實有其道理。

　　本節所敘述的後現代主義、後結構主義、後殖民主義在國家認
同上的論述與居於主流位置的民族主義、自由主義論述十分不同。
它們的衝擊在於揭發國族建構的純然虛構，以及現行憲政制度在公
民權的泛泛保障下，對弱勢群體的實質剝削或漠然。它們關於主體
及認同的討論，可能是三種理論途徑中最深刻、最發人深省的。他
們企圖降低族群爭議或統獨問題的用心，也完全可以理解。只不過
他們所提出的社會困境固然爲真，但解放策略卻可能是虛僞無效的
。基本上，熟習如此先進（基進）理論的人大多是與國外學術界接

觸往來的知識分子。他們雖號稱與「人民」站在一起，但所謂「人民」常常只是學運、社運中活躍的青年人或團體領袖，距離廣大沉默的工、農、貧、殘、主婦還有很大一段距離。因此能夠欣賞這些先進理論的還是受過高等教育的精英，而不可能是對洋文一字不懂的「歐巴桑」或「老芋仔」。照他們的說法，邊緣團體的認同對象是國界外的同類邊緣團體，因此「國際／在地」辯証結盟是對抗殖民壓迫者的唯一方法。可是國際連線從來不是底層人民可以想像的事情。只有學者專家或文化精英才能侈言「國際連線」。因此「人民」還是只有被領導或指導的份，而跟冠冕堂皇的「人民民主」完全無緣。

　　以上這些質疑或批評並不表示筆者完全否定邊緣團體的國家認同論述及行動策略，事實上在若干論點上 ― - 如國家認同不應掩蓋社會中的性別、階級問題，國族主義建構的不必要，統獨僵化立場的超越……等 ―― 筆者十分贊同此一論述所提出的原則。只是綜合幾個考慮來看，我相信某種以自由主義爲基底的理論可能還是比較切合當前台灣的實際情況，但這個論點需要詳細的說明，本書最後一章即是筆者的嘗試。

第六章　務實性國家認同思考如何可能

一、以自由主義為基底的國家認同

　　筆者在第二章到第四章分析了西方政治理論關於國家認同問題的研究，然後又在第五章分析了國內三種討論國家認同的理論類型。我這樣做的目的，除了想探究不同論述立場的理論背景，也想避開當前討論統獨問題的二元對立僵局，藉著拉開距離反省我們如何產生統獨立場的思惟方式，再回來反省這個分裂性的議題是否有合理溝通的可能。我的分析發現任何一種理論進路（或思惟方式）都可以適用於「統一」或「獨立」，或甚至開出第三種可能。換句話說，一個統派（或獨派）所運用的思惟方式與他（她）最終確立的政治立場沒有必然關聯。這在一個意義上也等於說：統派獨派自以為顛撲不破的立論方式有可能只是單方面的論証，未必經過深刻的、設身處地的比較與反省。譬如，主張「台灣是中國不可分的一部分」的人，從來不願意去想越南、外蒙等這些原來也是「中國不可分的一部分」的土地為什麼現在與中國分離了；而主張「台灣是新而獨立的民族」的人，也極少認真考慮原住民想不想、能不能主張自己是個「新而獨立的民族」—— 我說的是「獨立」而不是「自治」，就像台獨論者所要求於中國者。又譬如，認為台灣由於政治經濟制度比中國大陸合理，因此理應獨立的人，似乎沒有心理準備「一旦大陸政治經濟制度與台灣發展得相類似」，那兩岸是不是應該統一？反過來講，認定大陸將來必定會走向政治民主化、經濟自由化的統派，似乎在催促兩岸統一的同時，並沒有顧及台灣過去一百年來與中國分離所造成的歷史文化效應。後結構、後殖民論者也是一樣，如果「中國認同」禁不起解構，「台灣認同」大概也逃个了

；如果「假台灣人」可以顛覆四大族群，「假中國人」當然更可以終結五族共和。不過在這個推論上，後結構、後殖民論述大概是最清楚自己的雙刃效果的。

那麼，既然理論進路都是可統可獨、不統不獨，我們把統獨爭議轉化成國家認同思考方式之比較又有什麼幫助？反正國家認同的決定最終而言還是感性的，費力氣去反省「我如何獲得這個統（獨）的立場」有什麼意義？針對這個質疑，筆者確實有一些不同想法。筆者不認為國家認同的理性反省無益於所謂感性的統獨抉擇。如果一個人期望由於理論層次的釐清，統獨問題就能有一個標準答案，那是不切實際的幻想。可是理論層次的釐清，卻必然有利於迫使不同政治立場支持者面對自己思路上的特質與困境。在一個潛移默化的意義上，啟動他（她）放棄、修正不合理堅持、尋找更合理解釋的過程。這裡所謂合理不合理，並不是指任何抽象的普遍理性或他人之強詞奪理，而是自己在具體特定條件下所可能接受，並用來改變自己、說服自己的那一種理性。統獨抉擇的本質是不是由感性所決定，我們不知道。但是感性的抉擇有可能因為理性的反省而修正或深化，卻是人類日常生活經驗所不斷印證的。即使以國家認同來講，許多人在過去一段時間裡由統轉獨或由獨轉統，反映的就是理性的作用在這個號稱感性的問題上，或多或少產生的影響。

更重要的是，理論進路一般而言比統獨立場更有接受合理溝通的可能，因為它們本身就是人類理性思索的結晶。理性思索不一定會產生共識，這是自古以來的事實。可是在相對限定的範圍內，人類也始終不放棄繼續溝通、繼續在若干議題上找尋可接受方案的努力。如果我們從這個角度來看，試圖去探尋某種（或某些）關於台灣國家認同問題的合理思考，就不能說是徒勞無益的工作。筆者進一步認為，經過前面的分析，台灣國家認同如果能以自由主義式的

思考爲基底，再加上一些務實（pragmatic）的修正與考量，或許是
理論上最能達成共同可接受方案的作法。以下我就試圖解釋這個看
法的幾個要點。

　　所謂「以自由主義爲基底的國家認同」，是由三個基本論點所
構成。第一個論點主張國家認同應該以憲政制度認同爲核心，儘管
族群因素與歷史文化因素也是構成國家認同的成分。我們在第一章
討論國家認同如何形成時，曾經提及「國家認同」是一個多面向的
概念。它既有種族血緣的考慮，也有歷史文化傳統及政治社會經濟
體制等方面的意義。經過前面數章的分析，我們發現持民族主義心
態的人比較重視種族血緣與歷史文化，持自由主義心態的人比較強
調憲政制度與公民權利義務。可是我們也發現，雖然不同思考理路
的人對國家認同的想像迥異，卻無法完全否定其他思考理路者所提
出的證據。民族主義者認爲每個人都應當歸屬於一個他（她）生長
的文化社群，然而不得不承認個體畢竟擁有選擇遷徙他鄉、另尋國
家認同的權利。自由主義者認爲只有制度良窳才是一個人決定國家
認同的合理判斷標準，其他的因素都屬偶然任意、無理可講；但是
自由民主國家迄今仍是以生父生母或出生所在決定國民身份之賦予
，並且也默認一個國家總是有屬於自己的文學、舞蹈、美術、習俗
慶典等特色，而這些召喚人民認同國家的文化因素與憲政制度無關
。因此，國家認同事實上具有多種面向、包含多種因素，不是單獨
一種成分所能壟斷。

　　不過，筆者之所以主張國家認同還是應該以憲政制度認同爲核
心，是因爲我們知道「國家認同」畢竟與「（民族）文化認同」有
別。「國家」首先是作爲一種具備壟斷性武力、獲得人民首肯的政
治組織而存在。它的壟斷性武力表現在壓制其統治範圍內其他暴力
團體的挑釁，以及防衛外敵入侵掠奪的能力。但也正因爲它具有如

此強大的武力，所以在規範意義上必須獲得人民某種形式的承認，否則它將無異於聖奧古斯丁（St. Augustine）所講的「大規模盜匪集團」。從這個角度切入，我們就可以理解爲什麼憲政制度必須是形成國家認同的核心考慮。如果一個個體沒有機會表達自己對國家這個龐大組織的好惡、沒有權利要求國家不合理的支配逐步改善，那麼他的國民身份只是一種負擔、一種夢魘。反過來講，如果他能看到國家組織因爲他的呼籲及努力而日益合理化，日益成爲一個統治權力有所節制、遵奉法治、保障人權的政治共同體，那麼他的「認同」才會自心中浮現，而不是虛應故事的口頭表述。這種認同與我們欣賞不欣賞一個燦爛美好的文化沒有直接關聯。民族主義者認爲國家必須是特定民族歷史文化的承載者與保護者，基本上誤解了國家的本質。國家當然具有保護歷史文化的功能，可是歷史文化也可以透過其他種種非國家組織的制度獲得保護。國家（或政府）很少是成功的文化保護者，因爲它的本質不在此，主要功能也不在此。它是爲了促進人群的安全保障、仲裁人們之間的糾紛而產生。它可以進一步幫助人民在和平安全的情境下去追求良善的生活，從而實現古典哲學所謂的「倫理性」，但是它不是爲了發揚特定文化傳統而存在。在國家本質的認定上，「文化認同」論者，誤把第二序的國家功能擺在第一順位，其結果將使人們無法理解國家統治正當性的根據，也模糊了個體認同一個國家的自主意識。

　　談到自主意識，就可以順便說明第二個論點。以自由主義爲基底的國家認同觀除了主張國家認同應該以憲政制度爲核心，也主張每一個個別公民有權利選擇所欲認同的國家，而不認爲每個人生來就從屬於一個民族，必須永遠認同於此民族或是所謂代表此民族的國家。傳統民族主義最令人不安的主張之一，便是完全以「脈絡下的自我」來理解一個人與國家的關係。脈絡論強調歷史文化對個別

主體的無形影響，基本上並沒有什麼錯誤。但是從「脈絡論」過渡到「忠誠論」，卻是一個充滿問題的推理。民族主義與社群主義的理論家似乎都認為：一旦我們承認文化社群是構成自我的既定資料，則文化社群自然就是個人理當維護的「善」，因為它的消褪失色也必然造成個人生命的衰竭。由此民族主義與社群主義者進一步主張我們應該忠誠於自我所從出的脈絡，不能拋棄、背離此一文化社群。部分的脈絡論者甚至認為即使我們能夠批判、反省自己所從屬的文化背景，這種批判能力的根源也是由該文化脈絡所孕育、所提供。換句話說，個體不能有選擇變更脈絡的權利；如果有，也是脈絡所賜。

　　這種「忠誠論」十分威權保守，與現代社會對個體自主能力的認知差距很遠。現代社會理論雖然肯定文化脈絡與集體認同對個別主體的正面意義，但是也注意到文化脈絡不一定就是個人的「善」，有時候它對個人生命的開展限制多於幫助，從而成為個人不得不試圖擺脫或修正的框架。以家庭關係為例，如果一個人的父母兄弟姊妹親愛和諧，這個人確實可以從家庭獲得許多鼓勵，視家庭為個人在外遭遇挫折時的避風港。但是如果一個人生在父母不諧、兄弟姊妹彼此欺騙傷害的家庭中，我們如何要求他把自己的家庭當成一種重要的「善」？如何期待他樂於向別人介紹自己的家庭、或永遠死守家門，既無怨懟也不遷出？家庭是人際關係中最重視血緣感情的一種，猶且未必為個人之「善」，則國家民族又怎能以「脈絡論」證明自己永遠是個別成員的資產？同理，如果親密如父子、夫妻之關係猶且容許依法離異，則國人同胞憑什麼要求彼此永遠效死忠誠？筆者並非認為社群脈絡毫無意義，也無意鼓勵人際之間率性結合分離，但必須指出文化脈絡有利有弊，須視具體情境而定。當一個人的生命與原屬的文化脈絡產生難以調合的衝突，或是自我有了

另創生命之春的企盼，我們必須尊重其選擇權。只要他能找到自己嚮往的目標，而新的社群又願意接納他，我們不該情緒性地指責他不忠、背叛，彷彿他生在此地則死也必當爲此地之魂。

「以自由主義爲基底的國家認同」所主張的第三個論點是：憲政制度認同固然是自由主義的基本堅持，但是它也可能被民族主義或基進論述所接受，成爲各方面人士理解國家認同的共同基礎。而它的被接納，並不代表制度認同是 John Rawls 所謂的「交疊共識」，而是力爭之後的妥協。就自由主義與民族主義及基進論述的觀點比較，自由主義主張國家認同應該以憲政民主與公民權利爲構成原則。憲政民主要求一個國家必須是保障基本人權、政治程序開放、統治權力分立制衡的國家，公民權利則指涉人民在政治共同體內，可以個別公民的身分獲得、實踐、並保有其合法權利義務。自由主義爲基底的國家認同不問成員是否帶有共同血緣或共享一種歷史記憶及文化習俗，但是它也不是僅僅由共同的經濟利益或物質考慮而結合在一起，因爲後者根本與公民意識、共和精神有重大出入。另一方面，自由主義爲基底的國家認同也不認爲所謂體制內的管道（如議會、法院、政黨制度……）都是無藥可救，以致公民必須以社會運動爲唯一正當方式來實踐「人民民主」，並且把公民認同的對象只投射於參與社運的同志而已。自由主義承認現存體制充滿問題，但不想完全繞過這部所謂的「國家機器」，把希望寄託在流轉無常的「人民意志之展現」。事實上，社會運動原本是憲政體制本身所保障的一種活動。自由主義不會否定這種實踐的意義，只是不認爲民主的落實僅此一途。

我們在這些對照之中固然看到自由主義、民族主義、以及基進論述的差異，但無意中也發現了自由主義思惟可能成爲共識基礎的理由。那就是：民族主義與基進學派其實都不至於反對憲政民主與

公民權利的原則。目前的民族主義者中，不管是統派獨派，在建構
（或維護）其民族想像時，都承認這個民族必須也是奉行民主原則
的民族。筆者還沒有看到過有任何統派獨派主張「即使我的民族不
尊重自由民主，我還是要認同她；即使是專制威權，也比沒有民族
認同好」。同樣地，在基進理論中，「人民民主」反抗的根源是認
爲國家機器未能確實保障弱勢群體的生存權與平等待遇，而不是對
這些基本人權有所質疑。這可以說明爲什麼「人民民主」的論述中
，有些人（如趙剛）還是可以有條件接受自由主義一詞 —— 只要那
是「進步的自由主義」（如 Michael Walzer、Hannah Arendt 等）（
趙剛，1996：8, 51）。自由主義的價值在落實的過程中一直產生種
種扭曲，但自由主義的國家認同原則本身並沒有太大問題，這就是
筆者大膽推斷它仍然可以爲民族主義及基進理論接受的理由。

　　反過來講，如果我們以其他兩種思考理路爲基礎，則國家認同
的建構會有比較多的問題。以民族主義爲基底的國家認同觀強調政
治共同體必須建立於一個民族之上，或者必須設法使既定疆域內的
民眾形成一個民族。所謂「一個民族」，表示絕大部分的公民同出
一種血緣種性、共享一套歷史文化、或至少是生活習俗。如果嚴格
以血緣種性爲制定民族成員之標準，就會淪爲本質主義式的種族主
義，人類已經承受過太多這種種族運動對內對外所造成的悲劇。如
果以共享的歷史文化爲標準，還是得試圖營造一個虛構的民族史觀
、確立一種文化符碼的普及性。這通常表示統治團體壟斷歷史的詮
釋權、推動強制性單一語言教育、或甚至決定宗教信仰及國民禮俗
的標準。但是世界上沒有一個國家是「本來」就共享一種文化或一
種歷史觀點，因此少數族群對多數統治集團的同化政策總是反抗不
斷。近年來美國、加拿大、澳洲等國所風起雲湧的文化多元主義就
是要挑戰這種同化政策背後的「同質化」原則。台灣原住民及客家

人的抗議活動或多或少也與這種力保多元文化差異的信念有關。最後，如果「民族」一詞只是代表一群共同生活在一起，彼此有密切互動，並且還有意願維持這種關係的人，那麼前述的問題就比較不會發生，但這樣的群體 —— 這樣不同血緣、不同歷史記憶、不同文化習俗的一群人 —— 還有必要求取一個民族的命名嗎？

　　至於基進論述的國家認同觀，其優點是讓我們看清楚國家主體必然出現的混雜性（如台灣「主體性」之中的唐山成分、日本遺跡、原住民色彩及歐美影響），以及「認同」遷徙流轉的可能（誰知道一千年後住在現在台北盆地的人自認爲屬於什麼國家、自願性地講什麼語言？）。但是它的缺點是太誇大了主體認同產生變化的能力與速度。認同來自於主體對所處環境脈絡的摸索、認識、熟習與選擇性接納，藉著這個探索的過程，主體辨明了自己的獨特性以及與他人相互的關係。這是爲什麼我們說認同同時回答「我是誰？」以及「我歸屬在那裡？」的道理。這個認識與選擇自我定位的過程當然容許變化，可是由於認同不是一夜之間可以形成，而環境脈絡的變遷更有其遲緩漸進的特性，因此要求一個人「認同原住民、認同異性、認同外勞、認同同性戀……」恐怕是說的容易、做的困難。而號稱要放棄「中國性」、「台灣性」，成爲無所不可包容的空白主體，也不是二代三代的時間就可以完成。基進論述提供了許多反省國家認同的想像空間，但是對當前世局變幻下的台灣國家認同問題幫助不大。

　　因此，「以自由主義爲基底的國家認同」所提出憲政民主的主張，固然企圖獲得民族主義及基進論述的支持，但不會爲了求取支持，而承認民族主義的「民族國家」原則或基進論述的「空白主體、流動認同」主張。由於後面兩種主張是民族主義與基進論述的核心主張，因此它們可能爲此而相對不承認自由主義所提出的憲政民

主要求。在這種衝突僵局中,自然沒有任何所謂「交疊共識」。筆者認為僵局的打破,有賴各方面提出更多大家可以接受的理由,進一步誠心溝通,互相檢討、說服。這種費力的過程不是 Rawls 所描述的「交疊共識」可以形容,因為交疊共識並不預設各方須放棄或修正其整全性學說,只是避重就輕地找尋各種整全性學說可以重疊的部分。其結果是最後的共識也許沒人反對,但也沒人衷心支持,因為那不是各學說的核心主張。筆者所提出的說服工作則鼓勵各種學說立場的人攤開來談,以爭取對方「支持」(而不是「不反對」)為目標。只有如此,所謂「共識」才具有積極性,才能真正落實。當然這種「溝通共識」會比「交疊共識」更難達成,可是它的過程意義十分重要,其本身就具有促進共同體成員彼此對話的功能。當一個政治共同體可以因類似對話而產生聯繫的感覺,實質共識的內容就反而顯得不那麼重要了。[1]

二、政治共同體與「我群」意識的形成

上文交待了「以自由主義為基底」的三個基本論點,然而處理國家認同問題,光是「以自由主義為基底」仍然不夠。因為國家認同不能只回答「這是怎樣一個國家」的問題,也必須回答「這是那一個國家」的問題。在這個地方,只憑著普遍主義式的自由主義論

---

[1] 所謂「實質共識的內容」不那麼重要,我們可以舉 Rawls 的共識內容為例。Rawls 相信其正義二原則將是民主社會交疊共識的共同結論,事實上許多人未必贊成 ── 特別是「差異原則」。重要的是有不同意見的人必須進行溝通說服工作,不能因為預見結論不符合自己主張而拒絕對話。此段文字乃因應蕭高彥先生在中國政治學會評論筆者〈當前台灣國家認同論述之反省〉一文所提出的問題,筆者此處所做的說明或許不盡如意,但十分感謝蕭高彥先生此一深刻的問題。

述（保障基本人權、尊重公平正義）並不能回答「爲什麼認同台灣
，而不是美國？」之類的問題。因此，我們必須加上一些特殊主義
式的務實考慮，使本章所提出的理論能適用於台灣。

　　筆者認爲務實性國家認同理論必須對自由主義做出若干修正。
其中第一個修正，就是放棄社會契約論及原子論，以尊重歷史發展
過程的心情看待國家的興起，並且以社群主義式的眼光重新審視個
體與社會的關係。傳統上，自由主義以各種形式的社會契約論來解
釋政治社會的起源，並根據這個理論合理化人民對政府所提出的種
種權利。然而筆者認爲社會契約論作爲一種歷史解釋，完全沒有事
實根據。而其作爲政治權利義務的哲學式假設，則沒有絕對的必要
性；如果我們放棄契約論，仍然可以找到其他證成公民權利的方法
，因此它在哲學推理上是不關緊要的。進一步講，社會契約論既然
可以放棄，那麼原子式的個體主義當然也沒有存在的價值。原子論
固然對自由主義的個人權利論述有些許助益，但是它與社會契約論
一樣違反存在事實，漠視人際之間「我群意識」的重要性，因此自
由主義最好修正這個學說，接納社群主義關於個體與社群關係的部
分論點。

　　放棄社會契約論之後，我們可以從歷史自然發展的角度重新理
解國家的生成。國家（就其廣義言）的成因沒有一定的律則，有的
國家來自於人群聚落不斷擴張，由氏族而村落而國家；有的國家肇
因於大帝國的崩潰，呈現與上述相反的歷程；有的國家因兼併而躍
上歷史舞台；也有的國家因殖民拓邊而演變成獨立。決定國家出現
與否的關鍵是各種複雜的歷史事件 —— 諸如戰爭、通婚、族群衝突
、抗暴革命等等。歷史事件有因果聯繫，但是何種特定因果造成何
一特定國家則純屬任意偶然。過去的國家興亡史固然出自歷史之無
常，將來任一國家會遭逢何種命運也非今人所預知。因此就事實面

講，政治共同體之生成沒有定理可循。其道德上之正當性則決定於國家是否能保障成員安全、使成員各遂所欲而不相害。

民族主義者視此一偶然形成之共同體為「民族國家」，並假定他們共享一種歷史神話、宗教、語言、或生活習俗。其實這些共同特徵沒有一項經得起檢驗，「民族」之說只是一個不精確的形容。筆者認為這種人群聚合比較適合叫做「具備我群意識的政治共同體」（a political community with a "we" consciousness）。它是一個「政治共同體」，因為它具備了合法化的壟斷性武力、人民承認的正當性、以及制度化的行政組織。而說它具備「我群意識」，則是因為它的成員大部分有彼此聯繫的主觀感覺，儘管他們並未擁有共同的歷史神話、宗教、語言、或生活習慣。

「政治共同體」與「我群意識」之間，存在著一種微妙的辯證關係。基本上，正如 Hobsbawn 和 Gellner 等人所說，往往是先有了政治國家，然後才由國家創造出一種強烈的我群意識（即他們筆下的「民族」）。這種後天營造的我群意識通常會被過度美化，變成一種遠在政治國家成立之前即存在的集體心靈，而且它的有效邊界會與政治國家的邊界一致。因為「民族」產生於「國家」之後，所以 Gellner 等人認為在國家之前並沒有真正的民族意識。但是在政治共同體出現之前，是否真的不可能有任何實際存在的民族意識呢？Anthony D. Smith 的理論傾向於認為此種集體意識不是空穴來風，否則我們將無法解釋若干族群國家之所以出現的動力 —— 譬如在一九四七年以前的猶太人族群意識。如果我們調合以上兩種理論，或許可以得到一個比較實際的圖像：政治國家形成之前，確實需要某種型態的我群意識。這種我群意識的範圍不大，至少絕非國家成立之後的全體國民意識。國家之所以形成，必須由此等具備我群意識的人（或許如 Smith 所說的族群核心）積極行動，透過歷史事件的輻湊

發展而締造國家。但是在成功創建政治國家之後,統治集團必然利用手中掌控的各種工具(包括法令、勞役、教育、經濟分工體系、社會政策等)繼續塑造一個範圍與既定疆域約略吻合的民族意識,以之神聖化國家的歷史文化根源。

　　我們必須特別注意後面這個階段的發展,因為它與本書所討論的「國家認同」關係密切。基本上,國家認同所表現出來的我群意識不是國家形成之前的意識,而是國家形成之後營造出來的意識。國家統治集體在國家認同的形塑上發揮重大作用,這是研究民族主義的學者一致同意的。但是我們不能以為國家認同只是由統治階層打造而成。事實上,政治國家在國家認同形成上所產生的作用只是所有成因中的一部分,它的角色主要表現於兩方面:第一、它規定了成員自由活動的有效界域,使疆域內的各種現象、訊息,互動形成某種半封閉式的空間。成員的活動力仍然可以跨越它的有形疆界(如出國旅遊、寫信打電話到國外),但或多或少要得到國家機器的允許或默認(如護照簽證、海關檢查、電訊管制)。第二、它的公民教育、兵役稅賦、金融法規、福利政策等等都直接界定了公民身分與國家認同的範圍。只有一個被本國政府以公民資格保護、管制的人才談得上對這個國家認同與否;其他人是外國人,除非歸化,否則既無權利也無義務認同這個國家。

　　但是,在國家的形塑力量之外,還有一些比較間接、分散的機制,對於政治共同體我群意識的形成產生重大作用。它們包括Benedict Anderson 所說的印刷資本主義,不過種類比文字媒體還要繁複,例如舞蹈、音樂、廣播、飲食、服飾等等。這些機制透過日常生活的實踐,以一種「雖非周延、但相當廣泛」的方式連結了互不來往的共同體成員,使各種局部性的我群意識輻湊交織成一張涵蓋全國的大網。其中任何一項機制所聯結的群眾都只是人口中的一

部分，因此它們並不是民族主義者所誇稱的「所有民族成員的共同文化」。但是由於部分人口與部分人口之間多少發生重疊，結果某種環環相扣、未必有同一中心的網絡最終還是觸角遍及全國。它們擴展的界域深受國家機器有效統治的邊界影響，但是其凝聚「我群」意識的力量卻不下於政府本身。它們以多元的、分散的方式聯結個別成員，使人人成為社群主義所說「脈絡下的自我」，而不是自由主義所假定的虛空中的原子。這些局部性的我群意識存在於村里、學校、教會、工廠、公司、宗親組織、法人團體等等，它們本身不等於國家層級的我群意識，但是它們是國家我群意識的血肉。如果沒有這些局部性的我群意識，國家認同會形同空殼。

　　我們可以直接以台灣這個政治共同體為例說明上述的理論。台灣（或「中華民國在台灣」）目前確實是一個獨立自主的政治共同體，從傳統政治學的標準來看，這是因為台灣有土地、人民及一個主權政府。但是從歷史社會學的角度來看，倒不如說台灣之所以有相當獨立的地位並且維繫了相當長的時間，乃是因為這個限定地域上的民眾已經培養出共同生活經驗的基礎，而各種大眾傳媒的有效流通更是在一定程度內區隔了「我群」意識的範圍，使 Anderson 所說的「想像共同體」浮現出來。所謂「共同的生活經驗」，指的是包括假日塞車、選舉買票、颱風淹水、唱 KTV 與人仇殺、起會倒會、聯考求神問卜、升官發財看風水等等數不盡可能只有台灣才有、別處沒得尋，或別處也有、但加起來沒有這種效果的經驗。所謂「大眾傳媒的作用」，指的是電視台、報紙、暢銷書、廣播節目等媒介，提供給原來不相識的一群人（如住在淡水的張三與住在恆春的李四）同一批訊息或話題，使他們不自覺地連結起來，成了所謂的「同胞」。「張菲不主持龍兄虎弟了」、「陳進興又殺了一個人」、「時報鷹球員被收押光了」、「Trust me, you can make it!」等等

這些與政治不一定有關的訊息或話題，不斷地透過傳播媒體聯結了眾多老死不相往來的台灣人。換句話說，傳媒塑造了「我們」的意識，形成了政治共同體的基礎，而這個過程甚至不管傳媒的內容是什麼。即使電台每天廣播「台獨是死路，我們一定要追求統一」，其「淨效果」還是凝聚了台灣作為一個獨立實體的社會心理，因為無論贊成反對，人人都接受到了這個訊息，並且有所反應。[2]

　　有人會說，如果共同生活經驗與傳媒聯繫是形成共同體的基礎，那麼「台灣」的界域應該不是現在這個樣子。以生活經驗言，若干台北人一輩子到南部的次數可能沒有到美國加州的次數多；以傳媒效果論，日益世界化的有線電視及電腦網路難道不是使我們覺得麥可・喬丹更像自己的同胞了嗎？其實以社會心理的形成來講，這種情形確實是存在的。只不過這些跨出界域的機緣還不算多，不算多到足以超過共同經驗和傳媒在台灣內部所建立起來的聯繫。更何況現存政治共同體還有一個主權政府，會不斷透過各種邊界維持的措施（如進出口管制、學歷認證、徵兵課稅等等）來鞏固已然形成的範疇。這種具備我群意識的政治共同體算不算一個「民族」，自然見仁見智，但筆者認為似乎沒有必要使用「民族」一詞加以形容，因為「民族」是個僵化而名實不符的概念，它無法掌握上述共同體多元分歧、變動活潑的我群意識。

三、危機時刻的民族主義式動員

---

2 筆者認為，這個理論不僅可以用來解釋政治共同體的國家認同如何形成，也可以解釋國家認同在一個人身上的變遷。許多通稱的「第一代外省人」在近年統獨爭議白熱化的時刻，驟然發現自己似乎不再認同出生所在的中國大陸，而對生活了大半輩子的台灣反而比較有感情。我們姑且不論他們是否有回鄉探親適應不良的經驗，他們對台灣的認同已經可以用這裏的「我群意識」來解釋。

　　自由主義的國家認同觀有一個先天的弱點，就是比較不容易產生堅定的愛國情操。一個民族主義者動輒可以「拋頭顱、灑熱血」，「為國犧牲、勇赴沙場」。但是持自由主義國家認同觀念的人常先質問「這個國家為我做了什麼？我值得為她犧牲生命與幸福嗎？」這種反省是重要的，因為國家是為了實現個人的幸福而存在，如果國家動不動就要人民犧牲，人民的生命未免太輕賤。自由主義通常也相信自由民主的國家禁得起反省，而產生同樣令人動容的愛國心。不過在實踐上，自由主義面對國家存亡危機時如果只靠這種理性的愛國動員，結果恐怕不很樂觀。固然，自由民主社會的成員並非許多人所誤解的「霍布斯式個體」，以自利自保為最高考量，而是比較像托克維爾說的，能夠依「正確理解的私利」（self-interest properly understood）來行事，但是「開明自利」終究不如「出於強烈使命的民族感情」，能夠激發的愛國情操有限。針對這個弱點，自由主義必須承認在憲政體制本身遭受外來武力威脅而有被消滅的危機時，國家除了呼籲公民們保護憲政制度，還應當訴諸憲政認同之外的感性力量，以凝聚國民抗敵的決心。這些力量存在於家族親情、宗族聯繫、或甚至視政治共同體為一民族的幻覺。

　　因此，筆者所提出的第二個務實考慮是「國家認同在大部分時候訴諸憲政民主原則，但是當國家危急存亡之際，可以訴諸民族主義式的動員」。所謂「危急存亡之際」（或「危機時刻」），我們必須嚴格界定為「國家遭受外來武力威脅，而有被消滅或吞併的時刻」。一個政治共同體可能因內亂及外患兩種方式解體，因此兩種情形照說都是國家的危機時刻。但是以動員民族主義的正當性來看，只有外敵入侵才是運用民族主義感情的適當情境，內亂並不算。內亂固然也是政治共同體存續與否的重大挑戰，但內亂既起於共同

體成員之歧異與分裂,「民族」的幻覺已經破滅,這時煽動民族主義必然只是殺戮的藉口,其正當性遠低於共同體遭逢外患之情形。筆者提出這個區分平時與戰時的務實考慮,主要是對自由民主憲政應付危機時刻的能力,不像一些自由派人士那麼有信心。有些人認為國家安全越是受到威脅,我們越是要貫徹自由民主,筆者沒有這種理想主義式的信心。我認為憲政民主的力量是在平時累積,其效果如何要看憲政體制本身合理化的程度。但是遇到重大危機時刻(如中共武力犯台),則「覆巢之下無完卵」、「保衛台灣、反抗兼併」、「犧牲小我,完成大我」等等具有民族主義色彩的動員是可以被合理化的。

　　然而筆者必須強調的是,這種危機時刻出現的次數很少,而目前的台灣絕對不屬於此種危機時刻。雖然政壇上總有各黨各派的人喜歡以危機論來合理化其主張,譬如以危機論來推銷雙首長制、以危機論來限制兩岸交流、或以危機論來促銷自己才是解除危機的候選人,但這些都是另有目的的藉口。台灣始終還處於平常狀態,還是只能用憲政民主的原則來規範政治行動。這也表示,在絕大部分時刻(包括目前),以自由主義原則來落實公民權利,促進性別、階級、族群、宗教……等等各方面的公平,仍然是整個社會最該關注的問題。自由主義的國家認同觀促使我們把注意力集中到政治共同體內亟待解決的弊端與問題,而不是以統獨問題之立即解決為要務。

　　「危機時刻的民族主義動員」最容易被人質疑的地方是:如果平時都是以自由主義方式在培養憲政認同,那麼等到戰爭危機出現了,忽然要求人民發揮民族主義式的情感,這種臨時轉換是否可能?筆者認為轉換是否可能要看我們如何理解民族主義的潛在力量。在第二章的討論裏,筆者一再強調民族主義雖然缺乏著名思想家的

背書，然而它在群眾之中卻始終具有極大的號召力。顯然這種意識形態的力量不是建立在清晰的理念或嚴密的推理，而是因爲它能勾動人類感性思惟的部分，使解釋不清楚的情緒得以抒發。譬如在納粹德國號召民眾追隨希特勒時，「領袖原則」不僅風靡了一般民眾，連許多高級知識份子也陷於狂熱崇拜。「希特勒是德國的民族救星、希特勒永遠正確」 —— 這難道經得起理性能力的反省嗎？可是德國人寧可相信這是真理。又譬如台灣每逢選舉，就少不了有人以情緒化的文宣指責對手是「漢奸」或「台奸」，而「中國豬滾回去！」「外省人選外省人」等口號更是震天價響。難道選民不知道這種文宣充滿惡意攻擊、欺騙煽惑嗎？他們大概知道，可是仍然覺得受用，因爲這些口號可能觸動了某種心靈深處的記憶 —— 這也許是小時候講台語被罰打手心，也許是最近到銀行領款因外省口音太重被櫃台小姐奚落，也許是公司老闆特別不信任我的背景，也許是坐計程車時與那個愛聽叩應節目的運匠發生過口角。人們不是因爲理性反省而接受了民族主義，而是因爲憤怒、悲傷、嫉恨、得意而讓民族主義植入意識或潛意識之中。Hannah Arendt 有句名言掌握了這種情緒的精神，她說：「當你因猶太人身份被人攻擊時，你必須以猶太人身份反擊」（"When one is attacked as a Jew, one must defend oneself *as a Jew*"）。Arendt 一生信仰跨越性別、種族、國籍的政治理想，可是她對自己被納粹迫害的經驗，只能說出這句族群意義鮮明的感嘆。

　　正是由於民族主義具有這種排除理性、激引感性的力量，本書作者才會再三呼籲人們不要以民族主義的思惟決定自己的國家認同。可是也正因爲民族主義具有這種原始而激昂的爆發力，筆者才敢假定即使平時不刻意培養民族主義，在戰爭危機來臨時它也能迅速湧現，成爲一個政治共同體對抗外敵入侵的感性憑藉。我們永遠不

必煩惱自由憲政文化會不會消除了太多民族主義的力量，以至於「待要用時方恨少」；我們該小心的是平常時候如何不讓這股力量橫衝直撞，使政治共同體充滿悲情與憤怒。

另外，還有一種質疑也是我們必須面對的。自由主義者通常不信任民族主義，認為兩者本質上完全不相容。如果只因為戰爭危機來臨就打算擱置自由主義、訴諸民族主義式動員，那必然產生種種傷害憲政秩序與基本人權的後果。即使政治共同體因此而獲得保全，人權的傷害已經無法挽回。因此他們認為這種危機動員理論不值得採納，人們必須堅持自由主義的理想。關於這個論點，我們可以以趙剛一篇批判民族主義的文章為例來說明。趙剛在〈新的民族主義，還是舊的？〉之中指出他同意民族主義可以分成自由民族主義與族群民族主義兩種，前者來自英美進步自由主義傳統，強調參與民主與公民自治；後者衍生自德日法西斯傳統，強調自然主義的同質性整合與機械秩序。但即使是自由民族主義，當危機來臨時，都一樣有可能迅速轉化成族群民族主義，而出現壓迫次等公民及種族歧視等現象。他說：

> 在「民族大熔爐」的美國，在危機時（例如在大蕭條時期，大戰時期），自由民族主義也迅速轉化成族群民族主義，出現了各種族群歧視運動，甚至族群集中營，這在美國史上，向來都是真自由主義者、反戰者、與左翼所共同批評的對象。因此，即使是自由民族主義，由於它自身所必然承載的單一認同政治，在政治社會與經濟危機與巨變時，往往有很高的潛力滑向民族主義光譜的另一端。在自由民主體制（liberal democracy）基礎深厚，以及族群民族主義低度發展的美國尚且如此，何況台灣？因此我們不能忽視哈伯馬斯所說的公民權在歷史中成為民族認同的同義詞的「社會心理連帶」：自由民族主義和族群民

族主義並非佔據直線的兩極,而是一馬蹄形曲線的兩端,兩者的距離並不遠(1996:16-17)。

趙剛的質疑是十分嚴肅、十分值得重視的。筆者已經在第二章表明無法贊同自由民族主義的理論,雖然理由與趙剛所提到的不同,但可以瞭解自由民族主義何以不見容於左翼社會學者。現在筆者容許自由民主國家在危機時刻採用民族主義動員,當然也就無法避免趙剛所質疑於自由民族主義的問題。筆者只能說這是兩害相權取其輕的不得已作法。如果自由主義能夠證明本身足以對抗外患,我將樂於徹底堅持自由憲政的立場。但是在個人有限的瞭解裏,自由主義只擅長於政治共同體安全保障沒問題時,對人權維護與社會正義發揮指導性功能。至於如何動員群眾抵抗侵略、或是合縱連橫牽制敵人,自由主義幾乎沒有任何理論可言。政治思想傳統對這一方面問題有實質建樹的乃是公民共和主義、民族主義、以及其他帶有集體主義色彩的論述。自由主義在危機問題上常常提出類似「寧為玉碎、不為瓦全」的標竿,可是現實政治並不容許自由主義者漠視共同體大部分成員的安危,而遷就於少數公民的權利要求。因此戰爭一旦來臨,抉擇總是痛苦的。人民的言論自由會受到一定程度的限制,集會遊行自由、選舉被選舉的自由、市場交易買賣的自由、出國返國的自由等等都可能受影響。這種情形不僅見於美國,也同樣發生於英國、法國。筆者寧可面對這種可能性,承認自由主義的無能為力,卻不願假定自由主義毫無問題,使政治共同體失去存活的機會。

四、社會正義與集體權利

「以自由主義為基底的國家認同」所必須考慮的第三個務實問

題是族群的存在以及族群的集體權利。我們在第二節討論「我群意識」時，已承認政治共同體並不是完全由單獨、個別的原子式公民所構成，而是應當理解成多元社會脈絡環環相扣的複雜共同體。每一種次級共同體（或社群）皆有其成員共享的「我群」意識 —— 如「我們客家人」、「我們陳姓宗親」、「我們埔里居民」、「我們統一獅球迷」……等等。這種次級共同體的範圍沒有「我們全國同胞」廣大，但是群體意識卻可能比國家意識強。在以自由主義爲構成原則的國家認同理論中，並不憂慮這些次級團體的認同比國家認同佔據更重要的地位。但是具體的問題是，除了承認次級團體的自我認同外，自由民主國家可不可能進一步賦予這些團體某種集體權利，使它們有更好的機會維護團體的活力與尊嚴？

　　這個問題基本上是由多元文化主義（multiculturalism）所刺激出來的。在晚近若干歐美國家中，少數族群開始對自己在社會中所遭受的歧視和不公平對待感到憤怒。譬如印地安原住民抗議美國政府侵奪他們的土地，亞裔學生抗議中小學歷史課本未記載祖先的故事與貢獻，同性戀抱怨政府偏袒異性戀婚姻體制，女權運動者抗議職場性騷擾及同工不同酬，回教信徒不滿政府的政教分離限制了他們文化傳統的發展……。多元文化主義爲這些少數族群建立理論，指出問題的根源來自國家只以自由主義的普遍人權原則決定政策，結果完全忽視了「以群體爲基礎的權利」（group-differentiated right），致使具有存在意義的少數團體被各個擊破，喪失團體成員作爲團體成員可能享有的權益。因此，傳統的社會正義原則必須修正，必須納入族群因素及集體權利的保障。

　　多元文化主義的訴求有道理嗎？這是目前西方學術界激烈爭議的話題之一。反對者認爲族群概念過於籠統，從少數民族到同性戀到全國婦女，幾乎隨便一群人自認爲受到壓迫就可以少數族群自居

，要求多元文化政策的特殊保障。這樣一來，以個體為基礎，不分性別、黨派、宗教、種族血緣等一律享有平等公民權的原則就會被打破，使國家呈現割裂、偏頗的局面。贊成的人則認為：正是由於自由主義的平等公民權原則漠視了各種集體差異的存在，所以今天少數族群才會遭受如此不公不義的對待，喪失公民權的實質保障。譬如公司錄用職員，往往以「才能（績效）原則」為藉口排除女性（只因為女性有生兒育女的「問題」）；或是軍隊不准同性戀者入伍，只因為他（她）們「破壞」了傳統軍人的榮譽與美德。類似這樣的爭論方興未艾，並不容易獲得確定的結果。筆者基本上同意集體權利有一定程度的正當性，但並不表示每一種主觀認定的團體都有要求特別待遇的權利。集體權利該不該賦予一個具備我群意識的團體，主要得考慮這樣做符不符合「社會正義」（social justice），特別是族群之間的社會正義。

　　所謂「正義」，既可指涉某種人格特質（如「某某人是個正義之士」），也可指涉主體與主體間相互對待的某種樣態（如「某甲對某乙不義」）。前者與此處所談的社會正義無關，後者則可引用至族群這種行為主體之間來談。根據筆者對政治哲學相關文獻的理解，主體與主體間的正義可以歸結成兩項原則，第一是「公平對待，各得應分」，第二是「濟弱扶傾，創造和諧」。所謂「公平對待，各得應分」，強調的是「平等」與「衡平」等價值。人類的道德觀念要求「善有善報、惡有惡報」，反映到司法案件上是「犯罪者受其罰」；反映到政治職位分配上，是「賢者當道、能者當職」；反映到經濟活動上，則是「各盡其力，各得所值」。這是最基本的正義觀念，如果一個社會不能實踐這個原則，就會被批評為不正義的社會。但是人類的道德直覺中，也認為「濟弱扶傾、創造和諧」是體現正義的一項原則。根據這項原則，人際對待不一定要符合「

各得應分」的平等標準，反而某種刻意扶助弱勢者的不平等安排才是更崇高的正義行為。例如政府對富人徵收重稅以嘉惠無工作能力的窮人，或是公司老闆定額雇用身心殘障的求職者，這都是「抑強扶弱」正義觀的表現。

「公平對待」與「濟弱扶傾」在哲學上存在著若干本質上的衝突，支持前項原則者不一定認可後項原則，反之亦然。譬如在柏拉圖理想的正義國度中，才智出眾者執政治國，才質低劣者則須永遠接受統治，甚至在幼年期就被優生政策所消滅。而馬克思的理想社會則是人人各取所需，不問能力及付出之多寡。又如經濟學家的正義觀體現在市場交易秩序之維持，而社會學家則傾向批判市場秩序的剝削與不義。由於眾人對正義的主要內涵看法有別，因此一個社會往往得試圖兼顧兩種原則，使「社會正義」能在人群中得到支持。

在一個社會中，如果族群是有意義的行動單元，自然也可以沿用上述的社會正義原則。具體地講，以族群為單位的社會正義既可表現在「各族群公平對待、各得應分」之上，也可反映在「強勢族群扶助弱勢族群，以促進整個社會之和諧」。就前者言，如政府採行多語政策、提供各族群母語教育經費；保障各族群皆有政治參與機會，政黨提名候選人或任命官職時考慮族群比例之平衡；對於影響特定族群重大利益之決策，須確保該族群參與決定並加重其意見之份量（如核電廢料經常儲存於原住民生活區即屬嚴重違反族群正義之事）。就「濟弱扶傾」而言，族群正義要求公共建設或福利措施之提供，須特別照顧弱勢族群；政府或私人公司雇用特定弱勢族群，應予規定及補助；教育資源之分配，側重提升弱勢族群之受教機會等等。

Will Kymlicka 曾經試著從多元文化主義的角度，替社會中的少

數族群整理出三種具有正當性的集體權利。第一，在一個多族群（
或多民族）國家中，少數民族有權利要求自治（self-government rights
）。自治的形式很多，從聯邦制的分權設計到最極端的分離獨立，
都是尋求自我統治的方式。第二，少數民族（或族群）也有權利要
求表現自己族群文化的特色，Kymlicka 稱之爲「多元族群的權利」
（polyethnic rights）。例如各種族裔團體可以要求政府補助經費支持
文化慶典活動，或是要求政府允許族人基於宗教理由免戴安全帽、
穿著傳統服飾上班等等。第三，爲了扭轉少數族群因過去遭受壓抑
而導致目前積弱不振的情境，他們可以享有「特別代表制的權利」
（special representation rights）。特別代表制是說各個政黨必須讓出
一定名額或比率的提名名單給弱勢族群（如婦女代表名額佔四分之
一），或是規定立法部門必須保障一定席次給少數族群（如原住民
配額）。Kymlicka 認爲哪一種族群可以提出哪一種集體權利的要求
，須視實際情形而定。通常有權利要求自治者只有嚴格意義下的族
群（亦即原住民或少數民族），他們當然也可以要求特別代表制。
但是像殘障團體或同性戀則只能要求特別代表制，而不能要求自治
權利或多元族群權利。相對地，經濟上處於優勢的少數族裔（如美
國的亞裔移民）則可以提出多元族群權利（亦即文化方面的權利）
，但不能要求自治或特別代表（Kymlicka, 1995：26-33）。

　　Kymlicka 的方案值得斟酌之處甚多，本文基於篇幅限制無法詳
細討論。但是就大方向言，肯定少數族群的集體權利已經成爲目前
先進國家處理族群關係的原則。而在一個多族群國家中，良好的族
群關係顯然是構築國家認同不可或缺的條件。多元文化主義的思考
迫使我們修正「以自由主義爲構成原則」的國家認同理論，使我們
在排除民族主義所塑造的「民族國家」幻象後，反過來正式承認少
數族群的存在，以及少數族群作爲少數族群的集體權利。換言之，

我們必須面對大多數國家都是多族群國家（polyethnic states）的事實。為了確保族群間的地位或尊嚴平等，以及為了促進境內各族的和諧，國家執政者應該放棄「同化」及「淨化」兩項政策。當一個國家不以實現單一民族國家的神話為目標，她或許就能認真考慮如何保存既有族群之文化資產，使境內少數族群樂意留在這個國家的範圍內而不尋求分離或獨立。當然為了營建一個支撐所有族群的政經架構，國家必須設下某些普遍性的權利義務規定，但是在特定範圍內，卻應該允許高度自治或刻意尊重相關族群的作為。因此，如果說民族國家的精神是「去異求同」，多族群國家的精神就是「存異求同」。唯有這樣，族群間的社會正義才能落實。

　　最後讓我們試著以具體的例子來看看族群正義如何貫穿於國家認同的議題。基本上，國家認同涉及國名、國歌、國旗、國徽等象徵性政治符號，也涉及國家體制（民主共和國或部落君主國等）、中央與地方關係（集中制或聯邦制、分離是否合法而可能）以及公民教育的內涵（本國歷史地理及公民身分）。在某些事項上，族群正義或許沒有太多著力的地方，譬如國名之決定（臺灣可以表決命名為「中華民國」、「臺灣共和國」、「福爾摩莎」…等，但很難刻意取為「閩外客原共和國」或其他試圖兼顧所有族群感情的命名）。在另外一些事項上，則兼顧各族群感受或約略達到各得應分的努力是可能的，如語言教育採多語政策（或者要求精通母語及一種他族群語言，或者按地域差異下放語言教育權）、公民教育按適當比例介紹各族群的歷史地理及人文活動特色、國旗國徽國歌可以重新設計以反映各族並存等等。在更特定的一些事項上，則族群正義甚至要求國家主政者完全尊重相關族群之意願與尊嚴，如原住民山地保留區之自治管理（巫師或族長制度可以存在共和國之中、核廢料未經原住民同意不得儲存於其家園）、乃至依法分離獨立之權利

等等。

　　社會正義與集體權利的強調，有助於我們反省一個多元族群國家之「國家認同」該如何經營，而這個理念的落實，則會牽涉到許多既有社會政策在大方向上的調整。由於社會整體資源有限，提倡少數族群的集體權利自然會引起若干疑慮或反對。我們可以預見的主要問題有二：第一、許多人會發現集體權利牴觸了自由民主社會普遍保障每一個個體基本權利的原則。譬如為了改善弱勢族群的教育水平與提升其社會地位，族群正義要求原住民入學考試可加重計分，或是政府用人保障一定的原住民名額。這些措施必然排擠了原本有機會被錄取的其他合格學生或公民，從而侵犯了唯才是用的普遍主義原則。但是，自由主義把一切問題化約到個別主體基本權利保障之做法，原來就不是正義社會的唯一標準。本世紀以來，西方自由民主國家莫不以確保個別公民言論自由權為要務，但是在這個架構下，仍然無法防止少數族群的母語瀕於滅絕。時代的進展似乎已經到了重新肯定某種集體人權的時候，只要我們察覺到族群文化認同是有意義的資產，引進某種「以群體為基礎的權利」就成為合理的考慮。但是這種做法並非根本推翻或取代自由主義，而只是與時俱變的修正。第二，正如英美等國推動「矯正歧視政策」（affirmative action）至今成敗難卜，我們落實族群正義的的做法也可能導致意料之外的反效果。譬如多語教學及廣播的推動，勢必產生相當沉重的社會經濟成本；原住民大學的成立，也不知是否會固定化原住民競爭機會落人一等的現況，而非改善其遠景。像這些問題都還要以更長的時間，集合更多人的智慧去判斷、檢討，我們此處所提出的修正原則只是指出一個大方向，希望自由主義能夠獲得改善。

五、台灣民眾的統獨抉擇

　　最後，讓我們回到台灣民眾的國家認同立場與統獨抉擇的問題。任何關於國家認同的學理性討論，或多或少都針對（或預設）某些有待分析的具體問題。從資料上來看，雖然大多數理論工作者都試圖列舉全球各地的案例，但是細心閱讀之後，我們也可以注意到 David Miller 相當關心英國的北愛爾蘭問題，Yael Tamir 關心猶太復國運動與巴勒斯坦人衝突的問題，John Rawls 與 Michael Sandel 爭議的是美國這個政治共同體該如何理解，而 Charles Taylor 關注的則是加拿大的魁北克問題。借用 Michael Walzer 的名言，我們不可能純然優遊於觀念的世界，而必須「站在洞穴中、居於城邦內、立於土地上」來進行理論的思考。本書在前面數章已明白顯示，台灣的國家認同問題（以及統獨問題）是筆者理論分析的主要對象。凡是在台灣這個案例上沒有啟示性的理論，筆者並不會花太多時間處理。最後筆者所提出的「以自由主義為基底的務實性國家認同思考」，主要也是針對台灣的國家認同問題而發。筆者之所以主張「以自由主義為基底」，是著眼於民族主義的思考造成統獨論戰熾烈化而無可解；而「務實性國家認同」的觀念，則分別針對「政治共同體需要我群意識」、「平常與危機時刻應該區分」、以及「族群因素值得考慮」等因素，對自由主義不夠周延的地方加以修正匡補。我們還沒討論到的現實問題是「統一獨立該如何抉擇」，現在筆者就準備面對這個問題。

　　本書一開始說過「國家認同」和「統獨問題」是兩個不相同的問題。雖然國內學術界通常以「統獨意見」的測量來代表台灣民眾的國家認同，但是國家認同概念另有所指，應該試著以別的方式探究。最近劉義周設計了一套問題，試圖區分台灣民眾的國家認同與統獨抉擇，值得我們注意。在國家認同這邊，劉義周以傳統政治學

對「國家」概念的界定入手。由於一般認為國家乃是由領土、人民、主權政府等幾個主要因素構成，因此劉義周以反映這三個因素的三個題目來測量台灣民眾的國家認同。這些問題是：

(1) 有人認為「中國」應該包括大陸和台灣，也有人認為「中國」應該只包括大陸，請問您比較偏向那一種看法？

(2) 有人認為「中國人」應該包括大陸人民和台灣人民，也有人認為「中國人」僅指大陸人民應該不包括台灣人民，請問您比較偏向那一種看法？

(3) 有關台灣未來的前途，有人認為應該由居住在台灣的人民自己決定，也有人認為必須考慮大陸人民的意見，請問您的意見如何？

　　上述三個問題分別測量人們心目中關於「中國的範圍」（領土）、「中國人的範圍」（人民）及「台灣的自決權」（主權）的看法。其中第一、第二個問題又視受訪者回答中國（人）包不包括台灣（人）而將其結果分成「合一的國家認同」與「分離的國家認同」，經過給定點數並依一定方法計算之後，再把這個項目與受訪者對自決權的態度交叉分析。其結果可以產生六種國家認同態度（表1），而所得出的調查數據百分比則如表2（劉義周，1998：7-12）。

〔表1〕台灣民眾的國家認同分類表

台灣可以自決？

社群觀		可以	不可以	無明確態度
社	偏分離	台灣認同	混合認同	混合認同
群	偏合一	偏中國認同主自決	大中國認同	混合認同
觀	混　合	純自決	混合認同	無明確認同

〔表 2〕台灣民眾的國家認同分類結果表

認同類別	人數	百分比
大中國認同	122	7.6
偏中國認同主自決	613	38.1
混合認同	138	8.6
純自決	233	14.5
台灣認同	352	21.8
無明確認同	152	9.4
全部	1610	100.0

資料來源：政治大學選舉研究中心 1997 年 1 月面訪。

　　這是到目前為止，經驗研究的問卷設計最接近哲學理論關於「國家認同」內涵的一種問法。雖然還有改善的空間，但「國家認同」終於與「統獨抉擇」區分開來，為將來進一步研究鋪下基礎。根據上面表 2 的統計，台灣民眾在國家認同上確實有某種「分裂」的情形：既沒有明顯的多數主張「中國包含台灣、中國人包含台灣人、台灣不可以自決」，也沒有明顯的多數認為「中國不包含台灣、中國人不包含台灣人、台灣可以自決」。以傳統政治學所說的「領土、人民、主權」三要素來分析，台灣民眾在辨識自己屬於那個主權國家、自己國家的領土範圍到那裡、同胞是誰等問題上確實是意見分歧的。

　　筆者認為這種分歧應當與「中國」（「中國人」）概念的歧義性有關。也就是說，許多人可以同時認同於「歷史文化意義上的中國」與「主權獨立的台灣」，而不煩惱自己是不是應該成為「政治中國」的一員。在劉義周的研究裏，認為中國人包括大陸人民與台

灣人民的高達受訪者70.5%,可是主張台灣前途應該由台灣人民自己決定的也同樣超過七成（74.5%）。基本上,只要國家認同裏的文化認同（及族群認同）因素繼續扮演關鍵性角色,我們就不可能期待台灣民眾的「國家」概念會像傳統政治學所假設的那麼明瞭清楚。這種事情沒有辦法勉強改變,只能順其自然。重要的是政治共同體的領土疆域與主權意識是否能夠一致,如果答案偏向肯定,則「以自由主義爲基底的國家認同觀」就有機會慢慢成爲台灣民眾決定統獨問題的原則。

那麼,以自由主義爲基底的國家認同理論將會如何看待統獨問題呢?

筆者認爲,務實性的自由主義者在統獨問題上會主張「尊重大多數人的決定,目前宜維持現狀,將來則看大陸政經發展情形而定,不排除台灣與中國大陸尋求統一,但不是非統一不可」。這個陳述相當複雜,因爲它不只根據本書所提出的自由主義理論,也根據眾多以民意調查爲基礎的經驗研究成果,因此必須逐步解釋。首先,關於自由主義與政治獨立或自決的關係,第二章討論自由民族主義時已指出兩者沒有必然關聯,而上一章整理國內的論述也發現自由主義者並不必然傾向統一或獨立,因爲統一有統一的理由（「如果中國大陸也發展出合理的政經制度」）,獨立有獨立的理由（「目前兩岸憲政民主實踐差距很大」）。這個純粹理論上的推論如果以經驗研究來檢証,結果發現與大部分台灣民眾的意見可以配合。

根據專門從事經驗研究的政治學同仁之研究,在過去數年間,台灣民眾的統獨立場其實很穩定。不管以三分法問（「支持獨立」「維持現狀」「支持統一」）,以六分法問（「儘快獨立」「維持現狀走向獨立」「永遠維持現狀」「維持現狀以後再決定」「維持現狀走向統一」「儘快統一」）,或是以五分法處理（將六分法中

間兩項合併），主張「維持現狀」（包括永遠維持現狀及以後再說
）的人始終佔最多數（約四成到五成）。傾向統一的人逐年下降，
傾向獨立的人緩慢而穩定地增加，但兩者大致分別不超過兩成（參
見圖1，表3，表4）。[3]換句話說，贊成「維持現狀」的人比贊成「
統」、「獨」的人加起來還多或勢均力敵。這表示如果尊重大多數
人的決定，台灣在目前及可見的未來都應該儘量維持現狀，不管現
狀是被理解成一種實質已經獨立的情況，還是被解釋成不放棄統一
的暫時安排。

　　接著我們也發現，人們之所以想要維持現狀，主要是認為兩岸
間的「制度差異」、「中共威脅」、「生活水準不同」等因素是關
鍵。這說明了台灣民眾思考統獨問題的著眼點是自由主義所關注的
憲政因素，而不是血緣或歷史文化的差別。[4]至於將來要不要與中國
大陸統一？如果統一的前提是「一國兩制」，則贊成統一的人不到
一成，反對的人高達七成到八成。如果前提是「大陸實行民主政治
與自由經濟」，則贊成統一的人約五成到六成，不同意的只有二成
到二成六（陳文俊，1997：4-5, 18-19）。對這兩個問題的懸殊反應
說明了台灣民眾十分在意海峽兩岸制度上的差距。如果大陸的政經
體制不變，台灣人並不想與大陸統一。但是如果大陸的自由化、民
主化達到與台灣相當的程度，台灣人也不排除有朝一日兩岸統一。

　　筆者引用這些調查資料，目的是為了點出「務實性」思考在當
前台灣民眾統獨抉擇中的具體存在。針對這些為數龐大的務實主義
者，研究人員有時說他們是「認同混亂」（如果他們「族群」上認

---

[3] 參閱陳文俊（1997：10-11），劉義周（1997：7-8），劉勝驥（1996：136-40
　）。

[4] 參閱陳文俊（1997：17）。不過這個調查項目沒有明白列出血緣及文化因
　素之比較，因此不能做太篤定的推論。

〔圖 1〕台灣民眾統獨意見曲線圖

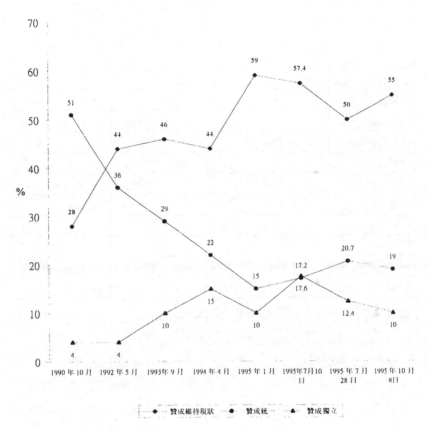

資料來源：中國時報七次「兩岸統獨預測」民調
　　　　　引自劉勝驥（1996：140）

同台灣卻贊成統一，或「族群」上認同中國但贊成台灣獨立）（王
家英、孫同文，1996：341-42；孫同文，1997：119-20），有時則形
容他們爲「現實主義」（如果他們主張「若能保障安全則台獨，若

〔表 3〕問題：關於台灣與大陸未來的關係，有下面幾種不同
看法，請問您比較偏向那一種？

調查時間	調查方法	儘快獨立	維持現狀走向獨立	永遠維持現狀	維持現狀以後再決定	維持現狀走向統一	儘快統一	其他／拒答	回答人數
83 年 01月	面訪	4.3	8.1	12.5	32.1	23.2	4.2	15.7	1600
83 年 04月	電訪	4.0	8.3	12.8	43.1	18.3	2.5	11.0	820
83 年 10月	電訪	4.6	7.1	12.7	36.6	18.9	3.7	16.3	1067
84 年 02月	電訪	2.4	7.4	21.2	34.9	21.4	3.2	9.8	1067
84 年 06月	電訪	6.4	6.7	13.8	32.3	23.1	3.5	14.2	1067
84 年 06月	面訪	5.9	9.9	11.1	35.4	22.7	2.8	12.1	1634
84 年 11月	電訪	3.5	10.4	12.4	32.5	23.8	1.9	15.5	1151
85 年 03月	電訪	7.8	12.7	16.8	33.9	17.3	1.5	9.9	1067
85 年 08月	電訪	6.3	9.9	19.3	34.1	22.0	4.8	3.6	1067
85 年 11月	面訪	8.7	14.5	3.2	21.8	31.5	8.9	11.3	1205
86 年 02月	電訪	8.7	12.6	21.0	24.8	21.7	5.0	6.3	1231

資料來源：行政院陸委會歷年委託民調。

引自陳文俊（1997：11）。

兩岸條件相當則統一」）、「保守主義」（如果他們「對統獨都沒
有意見」或「反對統獨，維持現狀」）（吳乃德，1992：45-46）、
或甚至是「投機型的現實主義者」（徐火炎，1996：96-103）。筆者
認為「統獨抉擇」與「國家認同」不是完全相同的事，因此不宜說
他們「認同混亂」。而「保守」、「投機」等字眼多少都帶有一些
負面的聯想，似乎不如形容他們為「務實」來得恰當。

　　以自由主義為基底的國家認同觀不容易出現「必須統一」或「
必須獨立」的主張，而比較可能迎合「在適當條件下統一或獨立」
的立場。這是因為自由主義看重憲政制度因素多於族群文化因素的

〔表4〕台灣民眾的統獨立場分佈變化表，1994－1997

時間	訪問方法	急獨	緩獨	維持現狀	緩統	急統	無意見不知道	回答人數
1994.01	面訪	4.3	8.1	44.6	23.2	4.2	15.7	1600
1994.04	電訪	4.0	8.3	55.9	18.3	2.5	11.0	820
1994.07	電訪	3.2	8.4	52.1	17.2	3.5	15.6	1193
1995.07	面訪	5.9	9.9	46.5	22.7	2.8	12.1	1633
1995.08	電訪	3.6	8.3	39.3	20.3	2.4	26.2	15258
1995.12	電訪	3.5	10.4	44.9	23.8	1.9	15.5	1151
1996.01	電訪	3.2	7.7	45.0	20.5	1.6	22.1	1223
1996.02	電訪	3.6	11.4	45.2	19.9	1.7	18.2	1085
1996.03	電訪	4.2	12.5	46.5	20.1	1.9	14.7	1085
1996.10	電訪	5.6	10.9	46.0	22.9	2.2	12.2	1205
1997.01	面訪	4.6	13.8	49.8	18.1	2.4	11.2	1610
1997.05	電訪	4.9	12.5	48.0	19.3	2.8	12.5	1211

資料來源：政治大學選舉研究中心。

引自劉義周（1997：8）及隨後惠賜之更新資料。

性格使然。然而，爲了避免自由主義輕易滑向世界主義，造成統獨抉擇出現不切實際的答案（如「歸併於美國」、「與菲律賓組成聯邦」等等），我們在前幾節已經開始強調共同體歷史因素及「我群意識」的作用。如果把這些尊重歷史、文化、族群的有限考量放進統獨問題中，就不難理解台灣所能實際考慮的國家前途方案大概不出「統、獨、維持現狀」等少數幾種。因爲以共同體的我群意識來講，台灣固然已經體現這個必要條件，但是中國大陸仍然具備許多

吸引台灣考慮統一的基礎 —— 通用的語言文字、類似的民俗信仰、歷史記憶的重疊、地理位置的接近、經濟體系的分工等等。這些條件沒有一項是統一的充分條件，但是它們始終發揮著一定影響。一百年左右的分隔與五十年左右的政治對立，形成了今天台灣作爲一個獨立國家的基礎。但是百年的歷史似乎仍未完全取代先前漫長歲月兩岸合一的記憶，而現存共同體中不同世代對自己家園與文化傳承的孺慕也尚未理出一致的見解。以共同體的我群意識言，台灣要獨立或統一都有相應的基礎。這就是許多人所謂的「困境」所在。

但是「困境」也可以是「轉機」。分裂性的認同之所以被視爲困境，大概是從民族主義思惟出發的結果。民族主義追求民族文化與政治疆界的一致性，在此原則下台灣注定是要陷入兩難之局。但是如果以自由主義的思考爲起點，民族文化與政治版圖是否一致就不是主要問題了。台灣今天已經具備一個政治共同體的所有重要特點，她的子民實在不必煩惱民族主義者所欲達成的目標。他們該在意的是這個政治共同體的規劃與建設是否令人滿意，是否符合大眾對一個自由民主憲政國家的期許。綜合這些考慮，筆者認爲「以自由主義爲基底的務實思考」可能是台灣國家認同問題的合理思考，因爲這種思考兼顧了自由主義對公民權利的強調以及自由主義本身較少關照到的現實因素，同時也呼應了台灣大多數民眾在統獨問題上的實際想法。只是過去在民族主義統獨相爭的激烈對立中，類似的主張不容易被辨識出來。現在我們以一種理論把這個實存的主流思惟加以定位，希望有助於未來討論國家認同問題者，能更加清楚合理地面對這個實存的想法。

參考文獻

王家英、孫同文

  1996　〈國族認同的解體與重構──台灣當前的主體經驗〉,《政治科學論叢》,7 期。頁 321-54。

王曾才

  1994　〈中國的國家認同與現代化〉,收入中央研究院近代史研究所主編,《認同與國家:近代中西歷史的比較》,台北:中研院近史所。

王曉波

  1995　〈台灣本土運動的異化:評陳昭瑛〈論台灣的本土化運動〉〉,《海峽評論》,53 期。頁 55-59。

丘亞飛

  1993　〈國族意構情結的「返祖性」(atavism)及其認知構陷〉,《島嶼邊緣》,8 期。頁 68-79。

台灣人

  1993　〈假台灣人:台灣的第五大族群〉,《島嶼邊緣》,8 期。頁 35-46。

史　明

  1980　《台灣人四百年史》,San Jose, CA.:蓬島文化公司。

石元康

  1995　〈社群與個體:社群主義與自由主義的論辯〉,《當代》,114 期。頁 94-104。

江宜樺

  1996　〈麥可‧瓦瑟論多元族群社會的國家認同〉,發表於中研院社科所主辦「多元主義學術研討會」。5 月 30-31 日。

  1997a　〈族群正義與國家認同〉,發表於二二八事件紀念基金會主辦「族群正義與人權保障學術研討會」。2 月 26 日。

  1997b　〈自由民主體制下的國家認同〉,《台灣社會研究季刊》,25 期。頁 83-121。

1997c 〈自由主義哲學傳統之回顧〉，發表於政治大學政治系主辦「政治學研究方法學術研討會」。5 月 31 日。

1997d 〈社群主義的國家認同觀〉，《政治科學論叢》，8 期。頁85-110。

1998 〈當前台灣國家認同論述之反省〉，發表於中國政治學會八十七年度年會暨學術研討會。1 月 24 日。

朱浤源

1988 〈從民族到國家 —— 論 Nation 意義的蛻變〉，《中山社會科學譯粹》，3 卷 1 期。頁 118-32。

1994 〈民國以來華人國家觀念的演化〉，收入中央研究院近代史研究所主編，《認同與國家：近代中西歷史的比較》，台北：中研院近史所。

朱雲珍

1997 《台灣民族主義：起源與內涵之分析》，東吳大學政治學研究所碩士論文。

李　喬

1993 〈台灣（國家）的認同結構〉，收入李鴻禧等著，《國家認同學術研討會論文集》，台北：現代學術研究基金會。

1994 〈「台灣民族主義」的幾個問題〉，收入施正鋒編，《台灣民族主義》，台北：前衛。

邵宗海等編

1995 《族群問題與族群關係》，台北：幼獅。

周陽山

1992 〈台灣與大陸：意識形態的新座標〉，《中國論壇》，33 卷1 期。頁 72-86。

吳乃德

1992 〈國家認同和政黨支持：台灣政黨競爭的社會基礎〉，《中央研究院民族學研究所集刊》，74 期。頁 33-61。

1993 〈省籍意識、政治支持和國家認同 —— 台灣族群政治理論的初探〉，收入張茂桂等著，《族群關係與國家認同》，台北：業強。

1996a　　〈自由主義和族群認同：搜尋台灣民族主義的意識形態基
　　　　礎〉，《台灣政治學刊》，創刊號。頁 5-39。

1996b　　〈國家認同政治支持：民進黨的理解和誤解〉，《民眾日
　　　　報》，8 月 13-15 日。

1996c　　〈民族認同衝突和民主政體鞏固〉，發表於台灣政治學會
　　　　第三屆年會學術討論會。12 月 14-15 日。

吳密察

1994　　〈評論廖炳惠著「族群與民族主義」〉，收入施正鋒編，
　　　　《台灣民族主義》，台北：前衛。

吳叡人

1995a　　〈沒有民族主義的民族〉，《中國時報》，4 月 14 日。

1995b　　〈命運共同體的想像：自救宣言與戰後的台灣公民民族主
　　　　義〉，收入彭明敏文教基金會編，《台灣自由主義的傳統
　　　　與傳承》。台北：彭明敏文教基金會。

1997　　〈民主化的弔詭與兩難？ —— 對於台灣民族主義的再思考
　　　　〉，收入游盈隆主編，《民主鞏固或崩潰：台灣二十一世
　　　　紀的挑戰》。台北：月旦。

吳錦發

1992　　〈為「原住民文學專輯」說幾句話〉，《文學台灣》，4 期
　　　　。頁 9-10。

邱貴芬

1992a　　〈「發現台灣」：建構台灣後殖民論述〉，《中外文學》
　　　　，21 卷 2 期。頁 151-67。

1992b　　〈「咱攏是臺灣人」—— 答廖朝陽有關臺灣後殖民論述的
　　　　問題〉，《中外文學》，21 卷 3 期。頁 29-46。

1995a　　〈是後殖民，不是後現代 —— 再談台灣身份／認同政治〉
　　　　，《中外文學》，23 卷 11 期。頁 141-47。

1995b　　〈國家認同與文化認同不可混為一談〉，《中外文學》，
　　　　24 卷 5 期。頁 125-27。

1996　　〈歷史記憶的重組和國家敘述的建構：試探《新興民族》
　　　　、《迷園》及《暗巷迷夜》的記憶認同政治〉，《中外文

學》，25 卷 5 卷。頁 6-27。

林火旺

1996 〈公民身份：認同與差異〉，發表於中研院社科所主辦「多元主義學術研討會」。5 月 30-31 日。

1997 〈族群差異與社會正義〉，發表於中正大學哲學研究所主辦「南台灣哲學研究」學術研討會。9 月 12-14 日。

林濁水

1991 《國家的構圖》，台北：前衛。

林書揚

1995 〈審視近年來的台灣時代意識流：評陳昭瑛、陳映真、陳芳明的「本土化」之爭〉，《海峽評論》，55 期。頁 50-55。

胡　佛

1983 〈政治文化與青年的國家認同〉（訪問稿），《中國論壇》，15 卷 12 期。頁 16-19。

1987 〈憲政結構的流變與重整〉，《台大法學論叢》，16卷 2 期。頁 1-32。

施正鋒（編）

1994 《臺灣民族主義》，台北：前衛出版社。

浦薛鳳

1963 《現代西洋政治思潮》，台北：正中。

孫同文

1997 〈國族認同對台灣民眾港澳問題態度的影響〉，《政治學報》，29 期。頁 113-39。

徐火炎

1996 〈台灣選民的國家認同與黨派投票行為：一九九一至一九九三年間的實証研究結果〉，《台灣政治學刊》，創刊號。頁 85-127。

陳文俊

1997 〈統獨議題與兩岸關係〉，發表於政大選舉研究中心與行政院陸委會主辦「兩岸關係問題民意調查」學術研討會。5

月 17-18 日。

陳光興

1991a　〈從統獨僵硬軸線中「逃逸」出來：五月人民民主抗爭省思〉，《當代》，63 期。頁 78-91。

1991b　〈飛越杜鵑窩：統獨與人民民主的新國際在地主義〉，《當代》，64 期。頁 126-34。

1994　〈帝國之眼：「次」帝國與國族 —— 國家的文化想像〉，《台灣社會研究季刊》，17 期。頁 149-222。

1996　〈去殖民的文化研究〉，《台灣社會研究季刊》，21 期。頁 73-139。

陳芳明

1988　《台灣人的歷史與意識》，高雄：敦理。

1992　《探索台灣史觀》，台北：自立晚報。

1995　〈殖民歷史與台灣文學研究 —— 讀陳昭瑛〈論台灣的本土化運動〉〉，《中外文學》，23 卷 12 期。頁 110-19。

陳其南

1987　〈本土意識、民族國家與民主政體〉，《中國論壇》，289 期。頁 22-31。

1992　《公民國家意識與台灣政治發展》，台北：允晨文化。

1994　〈傳統中國的國家形態、家族意理與民間社會〉，收入中央研究院近代史研究所主編，《認同與國家：近代中西歷史的比較》，台北：中研院近史所。

陳映真

1988　〈向著更寬廣的歷史視野……〉，收入施敏輝主編，《台灣意識論戰選集》，台北：前衛。頁 31-37

1995　〈台獨批判的若干理論問題：對陳昭瑛《論台灣的本土化運動》之回應〉，《海峽評論》，52 期。

陳昭瑛

1995a　〈論台灣的本土化運動：一個文化史的考察〉，《中外文學》，23 卷 9 期。頁 6-43。

1995b　〈追尋「台灣人」的定義：敬答廖朝陽、張國慶兩位先生

〉，《中外文學》，23 卷 11 期。頁 136-40。

1995c　〈發現台灣真正的殖民史：敬答陳芳明先生〉，《中外文學》，24 卷 4 期。頁 77-93。

陳儀深

1994　〈二十世紀上半葉中國民族主義的發展〉，收入中央研究院近代史研究所主編，《認同與國家：近代中西歷史的比較》，台北：中研院近史所。

1995a　〈藉著台灣民族主義，才能建立台灣國 —— 兼答鄭兒玉牧師的質疑〉，收入陳儀深著，《誰的民進黨？ —— 九〇年代台灣反對運動的參與、觀察與批判》，台北：前衛。

1995b　〈愈描愈黑的「一個中國」〉，收入施正峰編，《民族認同與台灣獨立》，台北：前衛。

許信良

1995　《新興民族》，台北：遠流。

彭明敏

1989　《自由的滋味 —— 彭明敏回憶錄》，台北：李敖出版社。

葉富國

1993　〈「假台灣人」專輯說明及書目〉，《島嶼邊緣》，8 期。頁 102-107。

張茂桂

1993a　〈省籍問題與民族主義〉，收入張茂桂等著，《族群關係與國家認同》，台北：業強。

1993b　《多元融合的族群關係與文化 —— 民主進步黨的族群與文化政策》，台北：民主進步黨中央黨部。

1995　〈「去魅」族群問題 —— 多面向理解與歷史思考〉，收入蕭新煌主編，《敬告中華民國 —— 給跨世紀台灣良心的諍言》，台北：日臻。

1996　〈是批判意識型態，抑或獵殺巫婆？對於趙剛〈新的民族主義，還是舊的？〉一文的回應〉，《台灣社會研究季刊》，23 期。頁 255-69。

張國慶

1995　〈追尋「台灣意識的定位」：透視〈論台灣的本土化運動〉之迷思〉，《中外文學》，23 卷 10 期。頁 127-33。

蔡英文
1997　〈認同與政治：一種理論性之反省〉，《政治科學論叢》，8 期。頁 51-83。
1998　〈西歐民族主義之起源的兩種解釋〉，發表於中國政治學會八十七年度年會暨學術研討會。1 月 24 日。

趙　剛
1996　〈新的民族主義，還是舊的？〉，《台灣社會研究季刊》，21 期，。頁 1-72。

劉勝驥
1996　〈從民意測驗看台灣民眾的統獨輿論之變化〉，《東亞季刊》，27 卷 4 期。頁 122-49。

劉義周
1997　〈統獨態度的世代差異〉，發表於政大選舉研究中心與行政院陸委會主辦「兩岸關係問題民意調查」學術研討會。5 月 17-18 日。
1998　〈台灣民眾的國家認同──一個新的測量方式〉，發表於中國政治學會八十七年度年會暨學術研討會。1 月 24 日。

廖咸浩
1995a　〈超越國族：為什麼要談認同？〉，《中外文學》，24 卷 4 期。頁 61-76。
1995b　〈那麼，請愛你的敵人：與廖朝陽談「情」說「愛」〉，《中外文學》，24 卷 7 期。頁 89-108。
1996a　〈本來無民族，何處找敵人？：勉廖朝陽「不懼和解、無需民族」〉，《中外文學》，24 卷 12 期。頁 143-55。
1996b　〈狐狸與白狼：空白與血緣的迷思〉，《中外文學》，25 卷 5 期。頁 89-108。

廖炳惠
1994　〈族群與民族主義〉，收入施正鋒編，《台灣民族主義》，台北：前衛。

廖朝陽

1992a 〈評邱貴芬〈發現臺灣：建構台灣後殖民論述〉〉，《中外文學》，21 卷 3 期。頁 43-46。

1992b 〈是四不像，還是虎豹獅象？ —— 再與邱貴芬談台灣文化〉，《中外文學》，21 卷 3 期。頁 48-58。

1995a 〈中國人的悲情：回應陳昭瑛並論文化建構與民族認同〉，《中外文學》，23 卷 10 期。頁 102-26。

1995b 〈再談空白主體〉，《中外文學》，23 卷 12 期。頁 105-109。

1995c 〈關於台灣的族群問題：回應廖咸浩〉，《中外文學》，24 卷 5 期。頁 117-24。

1996a 〈面對民族，安頓感情：尋找廖咸浩的敵人〉，《中外文學》，24 卷 9 期。頁 96-106。

1996b 〈閱讀對方〉，《中外文學》，25 卷 1 期。頁 136-39。

錢永祥

1995 〈社群關係與自我之構成：對沈岱爾社群主義論證的檢討〉。收入陳秀容、江宜樺主編，《政治社群》，台北：中研院社科所。

蕭高彥

1996a 〈多元文化與承認政治論：一個政治哲學的分析〉，發表於中研院社科所主辦「多元主義學術研討會」。5 月 30-31日。

1996b 〈共同體的理念：一個思想史之考察〉，《台灣政治學刊》，創刊號。頁 257-95。

1997 〈國家認同、民族主義與憲政民主：當代政治哲學的發展與省思〉，《台灣社會研究季刊》，26 期。頁 1-27。

蕭新煌

1997 〈從省籍矛盾到族群差異，從國家認同到統獨爭議 —— 歷史與社會的思辯〉，發表於二二八事件紀念基金會主辦「族群正義與人權保障學術研討會」。2 月 26 日。

Acton, Lord

1985　　"Nationality," in J. Rufus Fears ed., *Selected Writings of Lord Acton*, Vol. 1. *Essays in the History of Liberty*. Indianapolis: Liberty Classics.

Anderson, Benedict
1991　　*Imagined Communities: Reflections on the Origin and Spread of Nationalism*. 2nd ed. London: Verso.

Arblaster, Anthony
1984　　*The Rise and Decline of Western Liberalism*. Oxford: Basil Blackwell.

Aristotle
1984　　*The Politics*. Translated by Carnes Lord. Chicago: University of Chicago Press.

Berlin, Isaiah
1981　　"Nationalism: Past Neglect and Present Power," in *Against the Current: Essays in the History of Ideas*. Oxford: Oxford University Press.

Cicero
1991　　*On Duties*. Edited and translated by Miriam Griffin and Margaret Atkins. Cambridge: Cambridge University Press.

Dahbour, Omar
1996　　"Introduction: National Identity as a Philosophical Problem," *Philosophical Forum* 28(1-2): 1-20.

Dworkin, Ronald
1977　　*Taking Rights Seriously*. Cambridge, Mass.: Harvard University Press.
1985　　*A Matter of Principle*. Cambridge, Mass.: Harvard University Press.
1986　　*Law's Empire*. Cambridge: Belknap Press.
1990　　"Foundations of Liberal Equality," in Grethe B. Peterson ed., *The Tanner Lectures on Human Values*, Vol. 11. Salt Lake City: University of Utah Press.

1992　"Liberal Community," in Shlomo Avineri and Avner de-Shalit eds., *Communitarianism and Individualism*. Oxford: Oxford University Press.

Forsyth, Murray

1987　"State," in David Miller *et al* eds., *The Blackwell Encyclopaedia of Political Thought*. Oxford: Blackwell.

Friedman, Jeffrey

1994　"The Politics of Communitarianism, " *Critical Review* 8: 297-340.

Gellner, Ernest

1983　*Nations and Nationalism*. Ithaca: Cornell University Press.

Goodin, Robert E.

1988　"What Is So Special about Our Fellow Countrymen?" *Ethics* 98: 663-86.

Gray, John

1986　*Liberalism*. Milton Keynes: Open Press.

Green, Michael J.

1996　"National Identity and Liberal Political Philosophy," *Ethics and International Affairs* 10: 191-201.

Habermas, Jürgen

1992　"Citizenship and National Identity: Some Reflections on the Future of Europe," *Praxis International* 12: 1-19.

1996　"The European Nation State. Its Achievements and Its Limitations. On the Past and Future of Sovereignty and Citizenship," *Ratio Juris* 9: 125-37.

Hampson, Norman 著，李豐斌（譯）

1984　《啓蒙運動》，台北：聯經。

Havelock, Eric A.

1957　*The Liberal Temper in Greek Politics*. New Haven: Yale University Press.

Hobbes, Thomas

1955　*Leviathan.* Edited by Michael Oakeshott. Oxford: Basil Blackwell.

Hobsbawn, E. J.

1990　*Nations and Nationalism Since 1780: Programme, Myth, Reality.* Cambridge: Cambridge University Press.

Kohn, Hans

1945　*The Idea of Nationalism: A Study in Its Origins and Background.* New York: Macmillan.

1968　"Nationalism," in David L. Sills ed., *International Encyclopedia of the Social Sciences*, Vol. 11. New York: Macmillan.

Kramnick, Isaac & Frederick M. Watkins 著，張明貴（譯）

1983　《意識型態的時代：從一七五〇年到現在的政治思想》，台北：聯經。

Kymlicka, Will

1995　*Multiculturalism Citizenship: A Liberal Theory of Minority Rights.* Oxford: Clarendon.

Levinson, Sanford

1995　"Is Liberal Nationalism an Oxymoron ? An Essay for Judith Shklar" *Ethics* 105: 626-45

Locke, John

1975　*An Essay Concerning Human Understanding.* Edited by Peter H. Nidditch. Oxford: Clarendon Press.

MacIntyre, Alasdair

1984a　*After Virtue: A Study in Moral Theory.* Notre Dame: University of Notre Dame Press.

1984b　"Is Patriotism a Virtue? " The Lindley Lecture, University of Kansas.

1988　*Whose Justice? Which Rationality?* Notre Dame: University of Notre Dame Press.

1994　"Nietzsche or Aristotle? " in Giovanna Borradori, *The*

American Philosopher. Chicago: University of Chicago Press.

Mill, John Stuart

1977　*Considerations on Representative Government*. In J. M.
Robson ed., *Collected Works of John Stuart Mill,* Vol. 18.
Toronto: University of Toronto Press.

Miller, David

1988　"The Ethical Significance of Nationality," *Ethics* 98: 647-62.

1995　*On Nationality*. Oxford: Claredon Press.

1997　"Nationality: Some Replies," *Journal of Applied Philosophy*
14: 69-82.

Mulhall, Stephen and Adam Swift

1992　*Liberals and Communitarians*. Oxford: Blackwell.

Nussbawm, Martha C., *et al.*

1996　*For Love of Country: Debating the Limits of Patriotism*. Edited
by Joshua Cohen. Boston: Beacon.

Parekh, Bhikhu

1994　"Discourses on National Identity," *Political Studies* 42: 492-
504.

Plamenatz, John

1976　"Two Types of Nationalism," in Eugene Kamenka ed.,
Nationalism: the Nature and Evolution of an Idea. New York:
St. Martin's Press.

Poole, Ross

1992　"On National Identity: A Response to Jonathan Reé," *Radical
Philosophy* 62: 14-19.

Pye, Lucian W.

1971　"Identity and the Political Culture," in Leonard Binder *et al.*,
Crises and Sequences in Political Development. Princeton:
Princeton University Press.

Rawls, John

1971   *A Theory of Justice*. Cambridge, Mass. : Harvard University Press.

1993   *Political Liberalism*. New York: Columbia University Press.

Renan, Ernest 著，李紀舍譯

1995   〈何謂國家？〉，《中外文學》，24 卷 6 期。頁 4-18。

Resnick, David

1992   "John Locke and Liberal Nationalism," *History of European Ideas* 15: 511-17.

Reé, Jonathan

1992   "Internationality," *Radical Philosophy* 60: 3-11.

Ryan, Alan

1993   "Liberalism," in Robert E. Goodin and Philip Pettit eds., *A Companion to Contemporary Political Philosophy*. Oxford: Blackwell.

Ruggiero, Guido de

1927   *The History of European Liberalism*. Trans. by R. G. Collingwood. London: Oxford University Press.

Rustow, Dankwart A.

1967   *A World of Nations: Problems of Political Modernization*. Washington, D.C.: Brookings Institution.

Sandel, Michael J.

1982   *Liberalism and the Limits of Justice*. Cambridge: Cambridge University Press.

1987   "The Political Theory of the Procedural Republic," in Allan C. Hutchinson and Patrick Monahan eds., *The Rule of Law: Ideal or Ideology*. Toronto: Carswell.

1992   "The Procedual Republic and the Unencumbered Self," in Shlomo Avineri and Avner de-Shalit eds., *Communitarianism and Individualism*. Oxford: Oxford University Press.

Schapiro, J. Salwyn

1958   *Liberalism: Its Meaning and History*. New York: D. Van

Nostrand Co.

Smith, Anthony D.

1991   *National Identity*. Reno, Nevada: University of Nevada Press.

1993   "The Nation: Invented, Imagined, Reconstructed?" in Marjorie Ringrose and Adam J. Lerner eds., *Reimaging the Nation*. Buckingham: Open University Press.

Tamir, Yael

1993a   *Liberal Nationalism*. Princeton: Princeton University Press.

1993b   "The Right to National Self-Determination as an Individual Right," *History of European Ideas* 16: 899-905.

Taylor, Charles

1985   *Philosophy and the Human Sciences: Philosophical Papers 2*. Cambridge: Cambridge University Press.

1993   *Reconciling the Solitudes: Essays on Canadian Federalism and Nationalism*. Montreal & Kingston: McGill-Green's University Press.

1995   *Philosophical Arguments*. Cambridge, Mass.: Harvard University Press.

Vincent, Andrew

1997   "Liberal Nationalism: an Irresponsible Compound?" *Political Studies* 45: 275-95.

Walzer, Michael

1983   *Spheres of Justice: A Defense of Pluralism and Equality*. New York: Basic Books.

1984   "Liberalism and the Art of Separation," *Political Theory* 12 : 315-30.

1988   "Interpretation and Social Criticism," in Sterling M. McMurrin ed., *The Tanner Lectures on Human Values*, Vol. 8. Salt Lake City: University of Utah Press.

1990   "The Communitarian Critique of Liberalism," *Political Theory* 18 : 6-23.

1992　*What It Means To Be an American.* New York: Marsilio.

Watkins, Frederick

　1967　*The Political Tradition of the West: A Study in the Development of Modern Liberalism.* Cambridge, Mass.: Harvard University Press.

索引

一、重要名詞索引

二、英文人名索引

自由主義、民族主義與國家認同 揚智叢刊 31

著　　者/江宜樺

出 版 者/揚智文化事業股份有限公司

發 行 人/葉忠賢

責任編輯/賴筱彌

登 記 證/局版北市業字第 1117 號

地　　址/台北市新生南路三段 88 號 5 樓之 6

電　　話/886-2-23660309　23660313

傳　　眞/886-2-23660310

郵政劃撥/14534976

印　　刷/偉勵彩色印刷股份有限公司

法律顧問/北辰著作權事務所　蕭雄淋律師

初版一刷/1998 年 5 月

定　　價/新台幣 250 元

南部經銷商/昱泓圖書有限公司

地　　址/嘉義市通化四街 45 號

電　　話/05-2311949　2311572

傳　　眞/05-2311002

ISBN /957-8446-66-7

E-mail /ufx0309@ms13.hinet.net

國家圖書館出版品預行編目

自由主義、民族主義與國家認同 / 江宜樺著.
--初版. -- 臺北市：揚智文化.1998[民 87]
　　面； 公分 . --(揚智叢刊;31)
　　參考書目：面
　　含索引
　　ISBN 957-8446-66-7(平裝)

　1.政治-哲學,原理

570.1　　　　　　　　　　　　　87002782